WIND BREAKER

SATORU NII

9

FIGUREN:

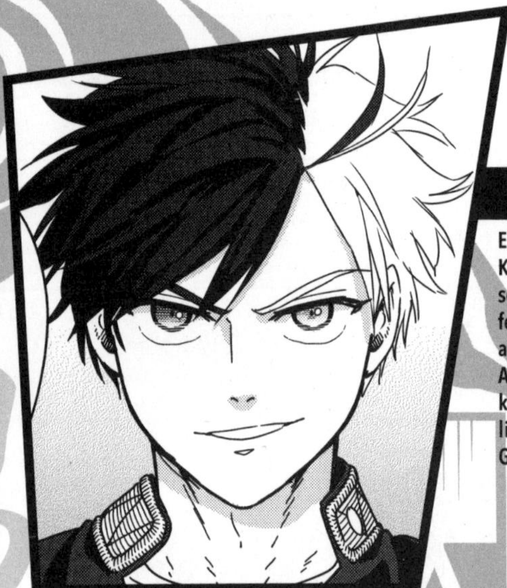

HARUKA SAKURA

Ein Schüler im ersten Jahr der Furin-High. Kam an die berühmt-berüchtigte Rowdyschule, um sich dort an die Spitze zu kämpfen. Obwohl er sein Leben bisher immer allein gemeistert hat, findet er durch den Austausch mit seinen neuen Klassenkameraden nun endlich seinen Platz. Seine linke Pupille und Haarpartie sind von Geburt an nur schwach pigmentiert.

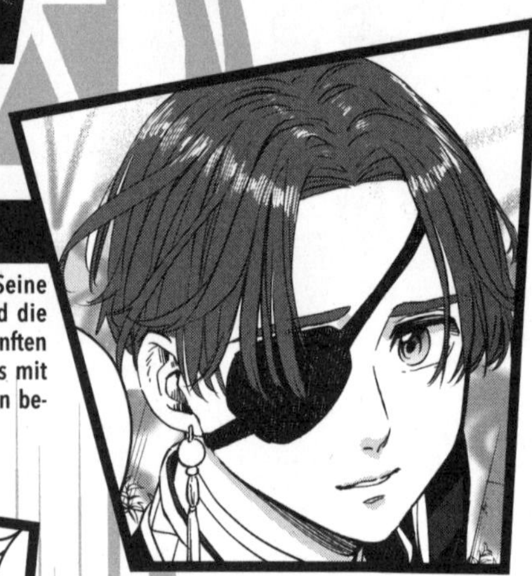

HAYATO SUO

Ein Schüler im ersten Jahr der Furin-High. Seine Markenzeichen sind seine Augenklappe und die Quastenohrhänger. Hat im Grunde einen sanften und freundlichen Charakter, aber wenn er es mit gemeinen und hinterhältigen Personen zu tun bekommt, zeigt er sich kühl und reserviert.

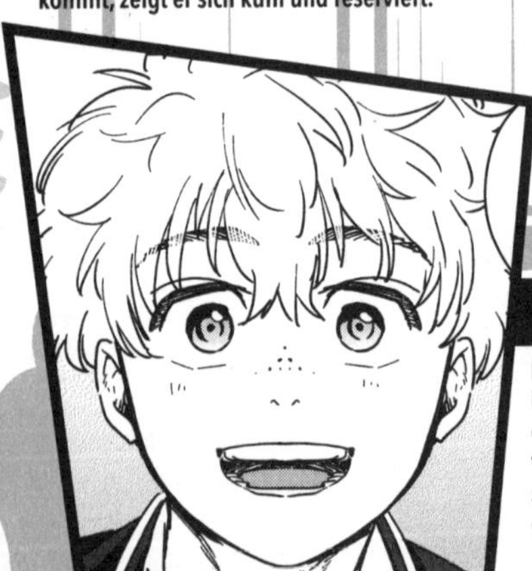

AKIHIKO NIREI

Ein Schüler im ersten Jahr der Furin-High. Musste sich in der Mittelschule als Laufbursche verdingen, bis ihn ein Schüler der Furin-High aus seiner Misere befreite. Seitdem fühlt er sich der Schule verbunden und schrieb sich später selbst dort ein. Auch wenn er kein großer Kämpfer ist, auf sein Köpfchen ist Verlass. So hat er etwa die Namen und Gesichter jedes einzelnen Furin-Schülers auswendig gelernt.

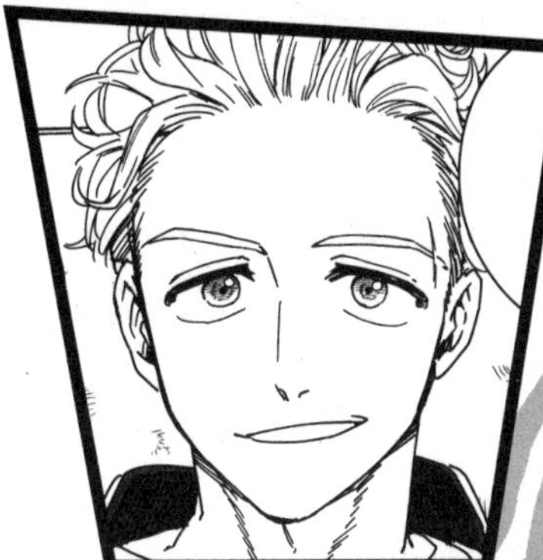

HAJIME UMEMIYA

Ein Schüler im dritten Jahr der Furin-High und höchster Repräsentant der Wind Breaker. Wird für seinen aufgeschlossenen Charakter von den Schülern der Furin und den Bewohnern des Viertels geschätzt, doch gegenüber jenen, die den Frieden dort bedrohen, kann er auch ganz andere Seiten aufziehen.

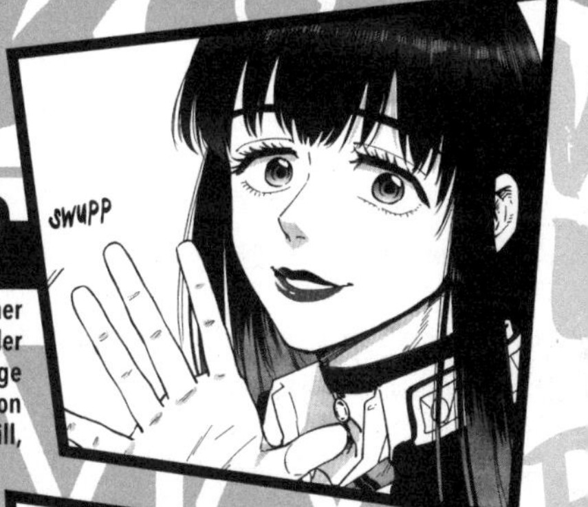

TASUKU TSUBAKINO

Ein Schüler im dritten Jahr der Furin-High und einer der Vier Himmelskönige der Wind Breaker. Kopf der Jikoku-Clique. Mag niedliche und hübsche Dinge und lässt sich von nichts und niemandem davon abbringen, das, was er liebt oder ausprobieren will, auch wirklich in die Tat umzusetzen.

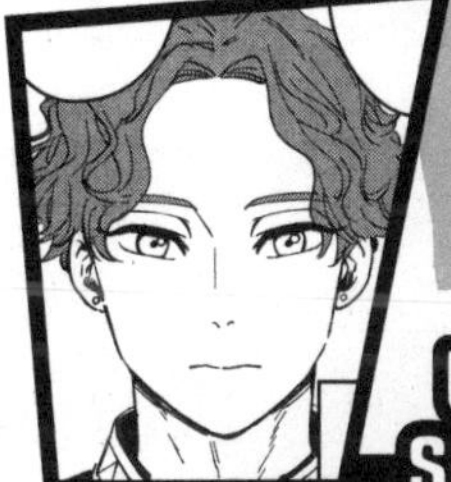

URYU SAKAKI

Vize der Jikoku-Clique im dritten Jahr. Jüngerer Bruder der Sakaki-Zwillinge.

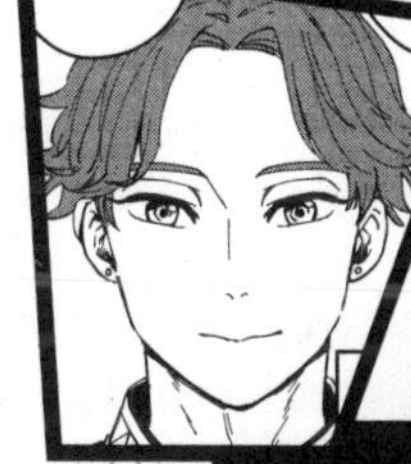

SEIRYU SAKAKI

Vize der Jikoku-Clique im dritten Jahr. Älterer Bruder der Sakaki-Zwillinge.

WAS BISHER GESCHAH:

Haruka Sakura hat sich an der Furin-Highschool eingeschrieben, einem berühmt-berüchtigten Tummelplatz für Rowdys und Schlägertypen. Sein Ziel ist es, sich dort an die Spitze zu kämpfen. Als er jedoch an Ort und Stelle ankommt, muss er feststellen, dass die Schule mittlerweile die »Wind Breaker« hervorgebracht hat, eine Gang, die sich dem Schutz ihres Viertels verschrieben hat. Erst durch die Konflikte mit rivalisierenden Gruppen wie Lion's Den und KEEL, welche Sakura gemeinsam mit seinen älteren Mitschülern und Klassenkameraden meistert, wird dem einstigen Einzelgänger klar, dass er seinen Platz gefunden hat. Aber nun erreicht Sakura und seine Freunde eine Einladung Tsubakinos, seines Zeichens einer der Vier Himmelskönige der Wind Breaker. Was den Jungs damit wohl bevorsteht?!

INHALT

KAPITEL 67 ABENDLICHE STRAßEN 005

KAPITEL 68 FORTSCHRITTE 027

KAPITEL 69 SPEZIALTRAINING 049

KAPITEL 70 NACHTWACHE 071

KAPITEL 71 WIE ZWEI SCHWESTERN 093

KAPITEL 72 WÄCHTER DER NACHT 115

KAPITEL 73 GEMEINSAME FRONT 139

KAPITEL 74 OUTLAWS 161

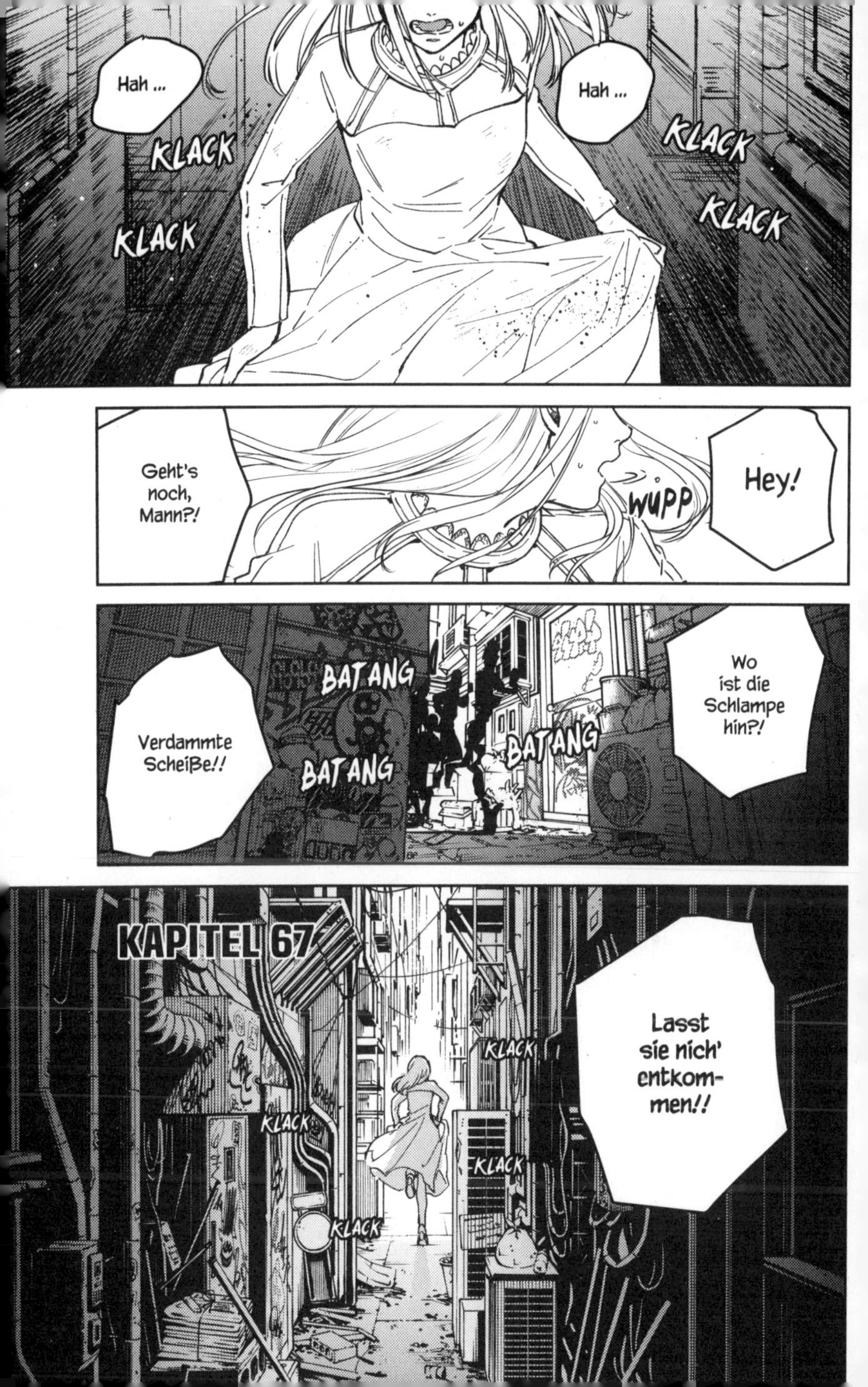

Hah ...
Hah ...
KLACK
KLACK
KLACK
KLACK
Hey!
WUPP
Geht's noch, Mann?!
Wo ist die Schlampe hin?!
BATANG
BATANG
BATANG
Verdammte Scheiße!!
KAPITEL 67
Lasst sie nich' entkommen!!
KLACK
KLACK
KLACK
KLACK

KAPITEL 67: ABENDLICHE STRAßEN

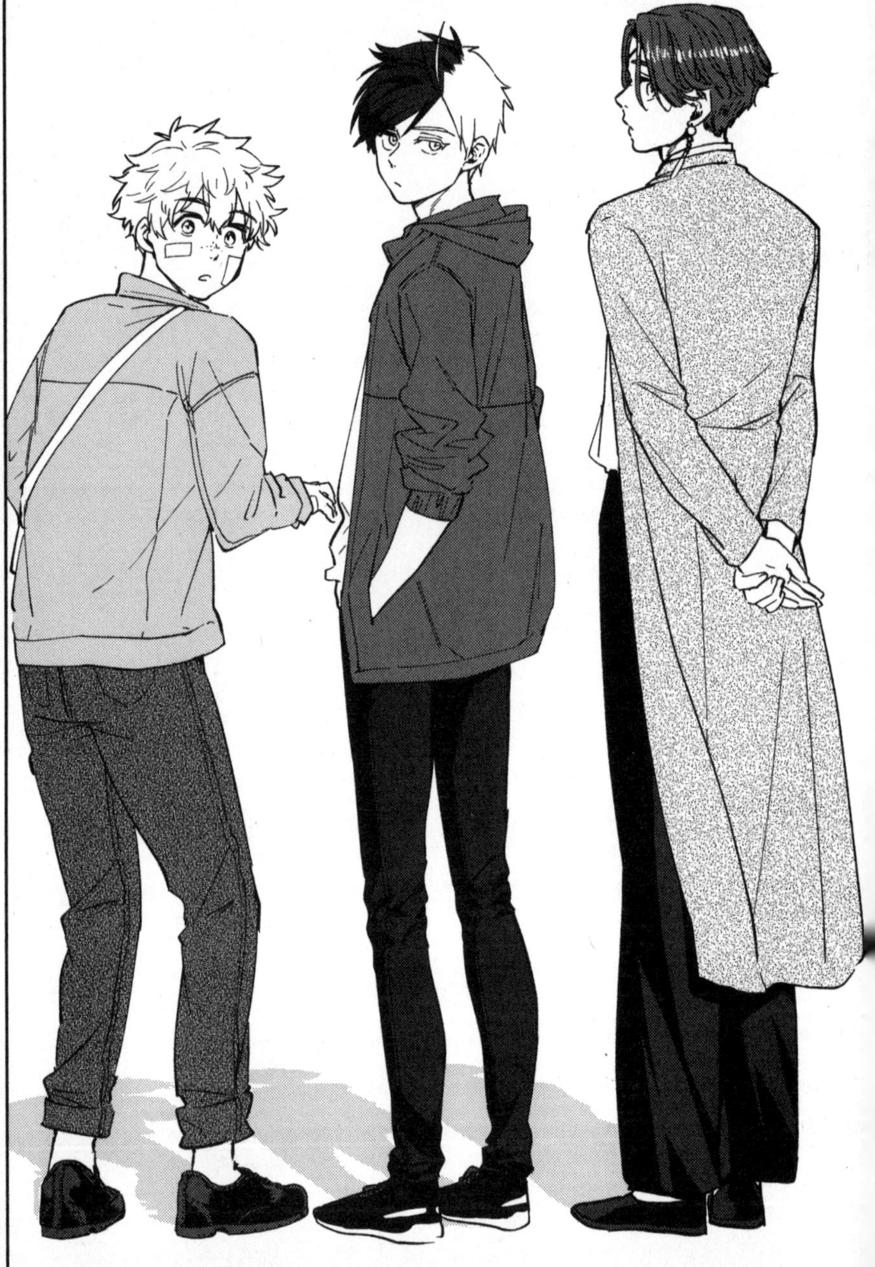

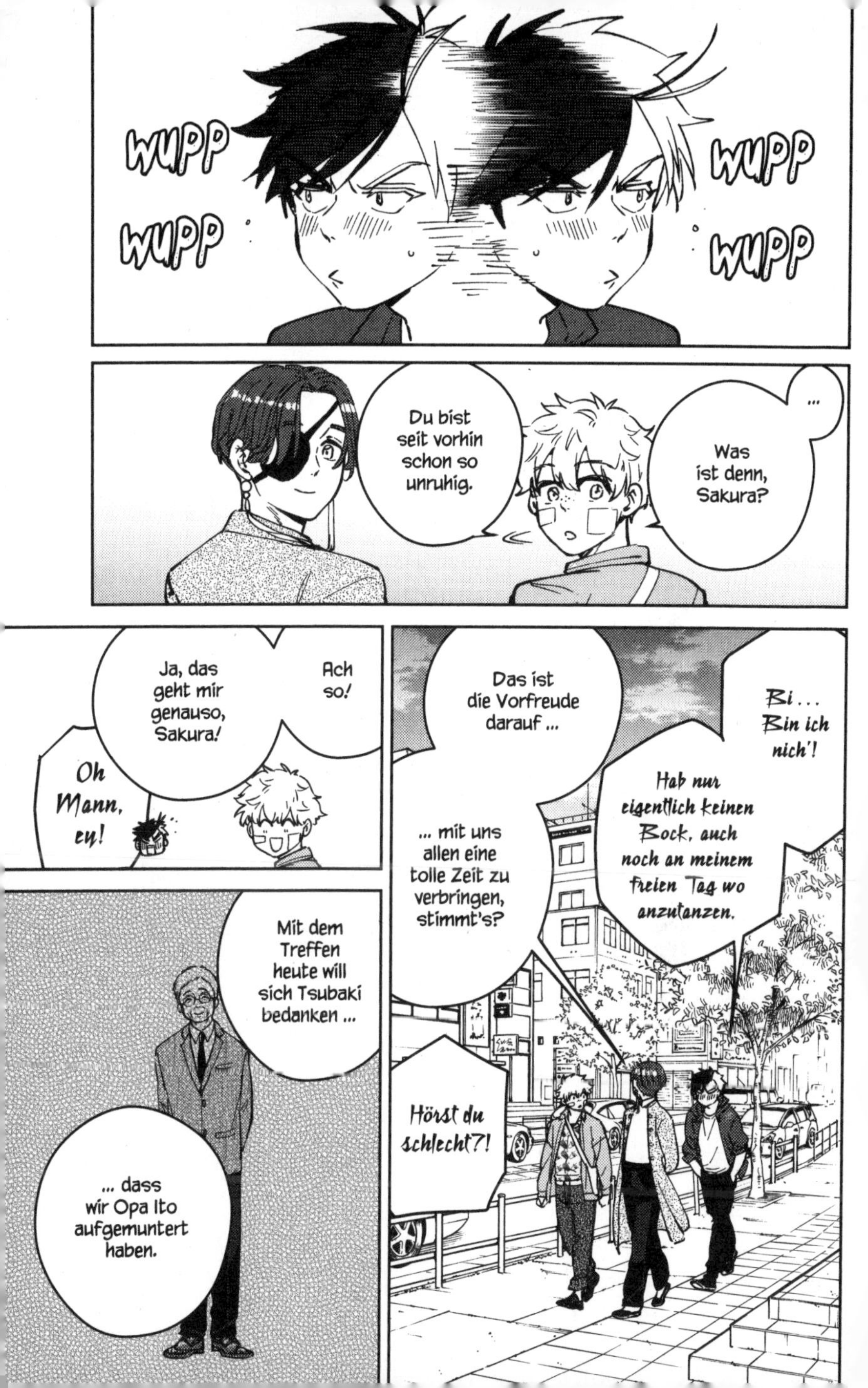
WUPP
WUPP
WUPP
WUPP
... Was ist denn, Sakura?
Du bist seit vorhin schon so unruhig.
Bi ... Bin ich nich'!
Hab nur eigentlich keinen Bock, auch noch an meinem freien Tag wo anzutanzen.
Das ist die Vorfreude darauf ...
... mit uns allen eine tolle Zeit zu verbringen, stimmt's?
Hörst du schlecht?!
Ach so!
Ja, das geht mir genauso, Sakura!
Oh Mann, ey!
Mit dem Treffen heute will sich Tsubaki bedanken ...
... dass wir Opa Ito aufgemuntert haben.

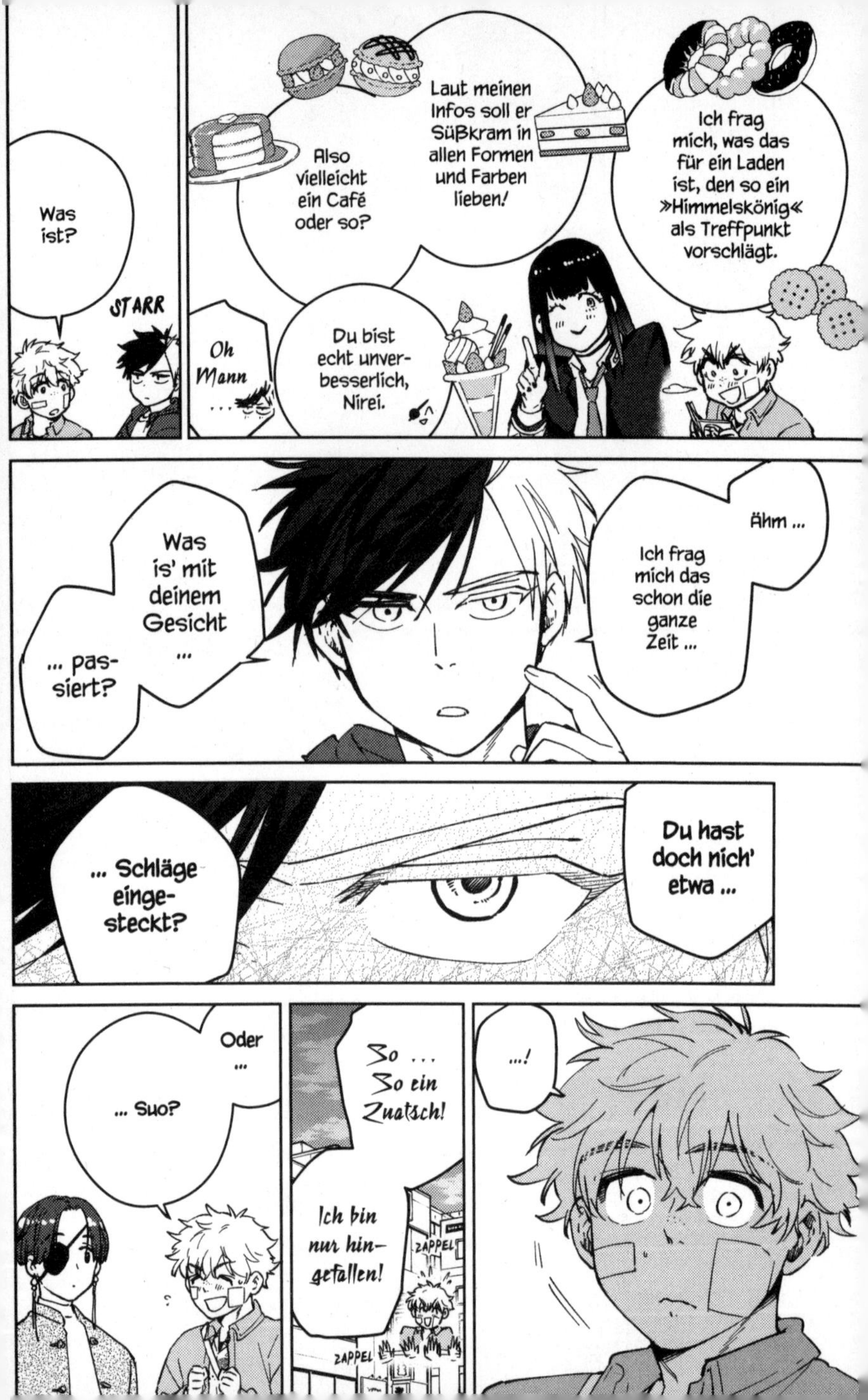
Ich frag mich, was das für ein Laden ist, den so ein »Himmelskönig« als Treffpunkt vorschlägt.
Laut meinen Infos soll er Süßkram in allen Formen und Farben lieben!
Also vielleicht ein Café oder so?
Du bist echt unverbesserlich, Nirei.
Oh Mann ...
Was ist?
STARR
Ähm ...
Ich frag mich das schon die ganze Zeit ...
Was is' mit deinem Gesicht ...
... passiert?
Du hast doch nich' etwa ...
... Schläge eingesteckt?
...!
So ... So ein Quatsch!
Ich bin nur hingefallen!
ZAPPEL
ZAPPEL
Oder ...
... Suo?

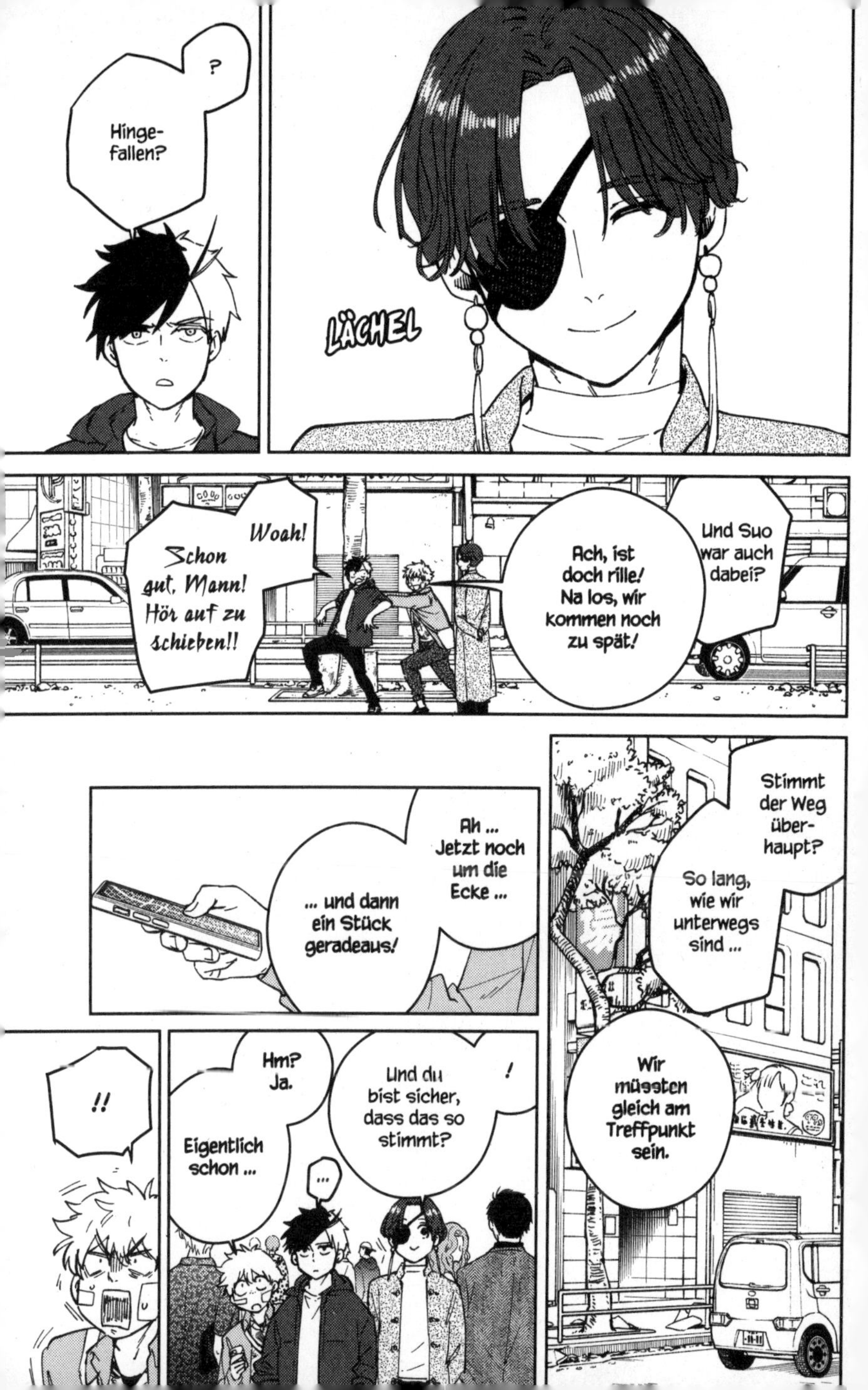

LÄCHEL
?
Hinge-fallen?
Und Suo war auch dabei?
Ach, ist doch rille! Na los, wir kommen noch zu spät!
Woah!
Schon gut, Mann! Hör auf zu schieben!!
Stimmt der Weg überhaupt?
So lang, wie wir unterwegs sind ...
Wir müssten gleich am Treffpunkt sein.
Ah ... Jetzt noch um die Ecke ...
... und dann ein Stück geradeaus!
!
Und du bist sicher, dass das so stimmt?
Hm? Ja.
Eigentlich schon ...
...
!!

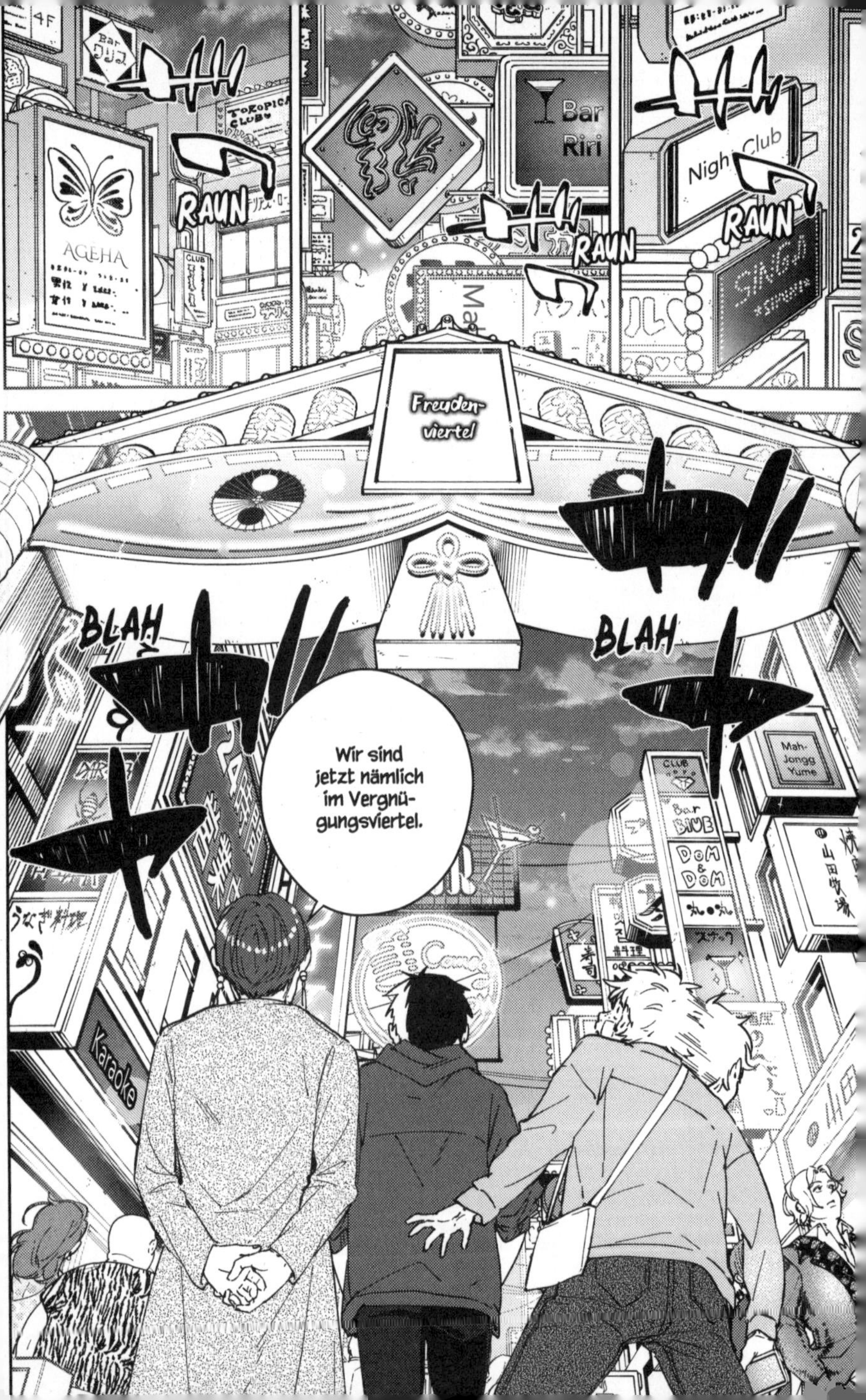
RAUN
RAUN
RAUN
Freuden-
viertel
BLAH
BLAH
Wir sind jetzt nämlich im Vergnügungsviertel.

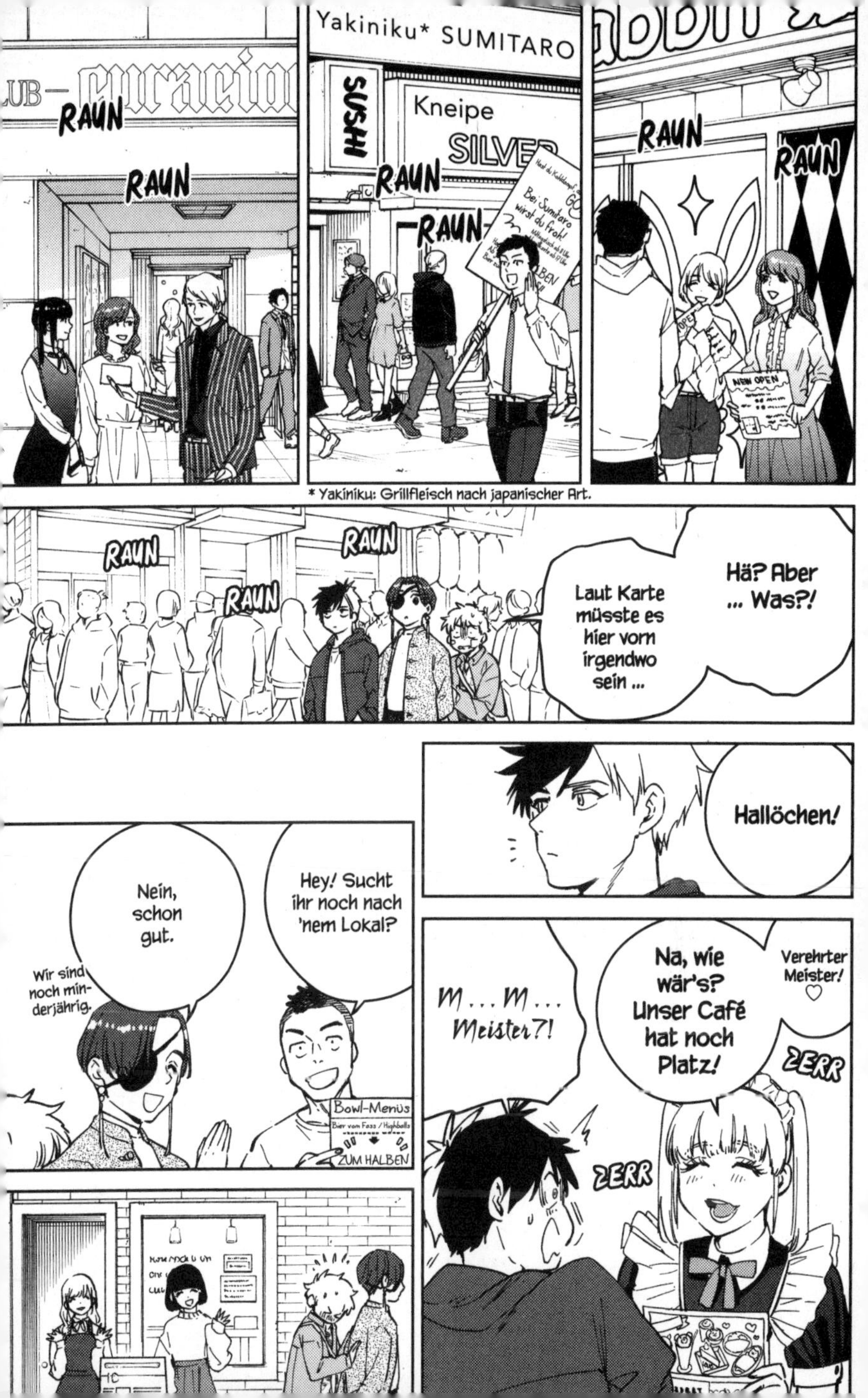
RAUN
RAUN
Yakiniku* SUMITARO
SUSHI
Kneipe
SILVER
RAUN
RAUN
Bei Sumitaro wirst du froh!
RAUN
RAUN
NEW OPEN
* Yakiniku: Grillfleisch nach japanischer Art.
Hä? Aber ... Was?!
Laut Karte müsste es hier vorn irgendwo sein ...
RAUN
RAUN
RAUN
Hallöchen!
Hey! Sucht ihr noch nach 'nem Lokal?
Nein, schon gut.
Wir sind noch minderjährig.
Bowl-Menüs
Bier vom Fass / Highballs
ZUM HALBEN
Verehrter Meister! ♡
Na, wie wär's? Unser Café hat noch Platz!
ZERR
M ... M ... Meister?!
ZERR

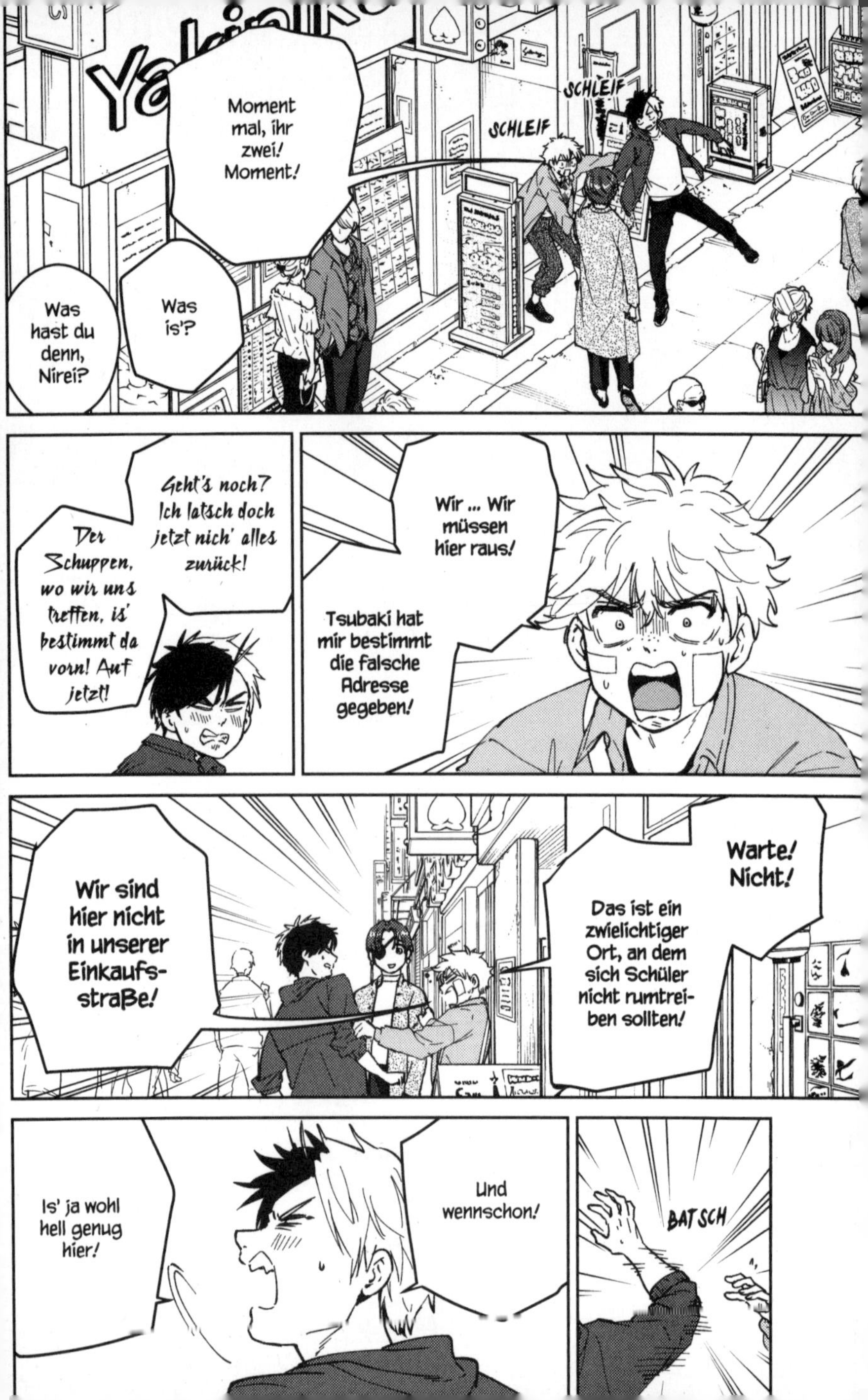
Moment mal, ihr zwei! Moment!
SCHLEIF
SCHLEIF
Was hast du denn, Nirei?
Was is'?
Geht's noch? Ich latsch doch jetzt nich' alles zurück!
Der Schuppen, wo wir uns treffen, is' bestimmt da vorn! Auf jetzt!
Wir ... Wir müssen hier raus!
Tsubaki hat mir bestimmt die falsche Adresse gegeben!
Wir sind hier nicht in unserer Einkaufsstraße!
Warte! Nicht!
Das ist ein zwielichtiger Ort, an dem sich Schüler nicht rumtreiben sollten!
Is' ja wohl hell genug hier!
Und wennschon!
BATSCH

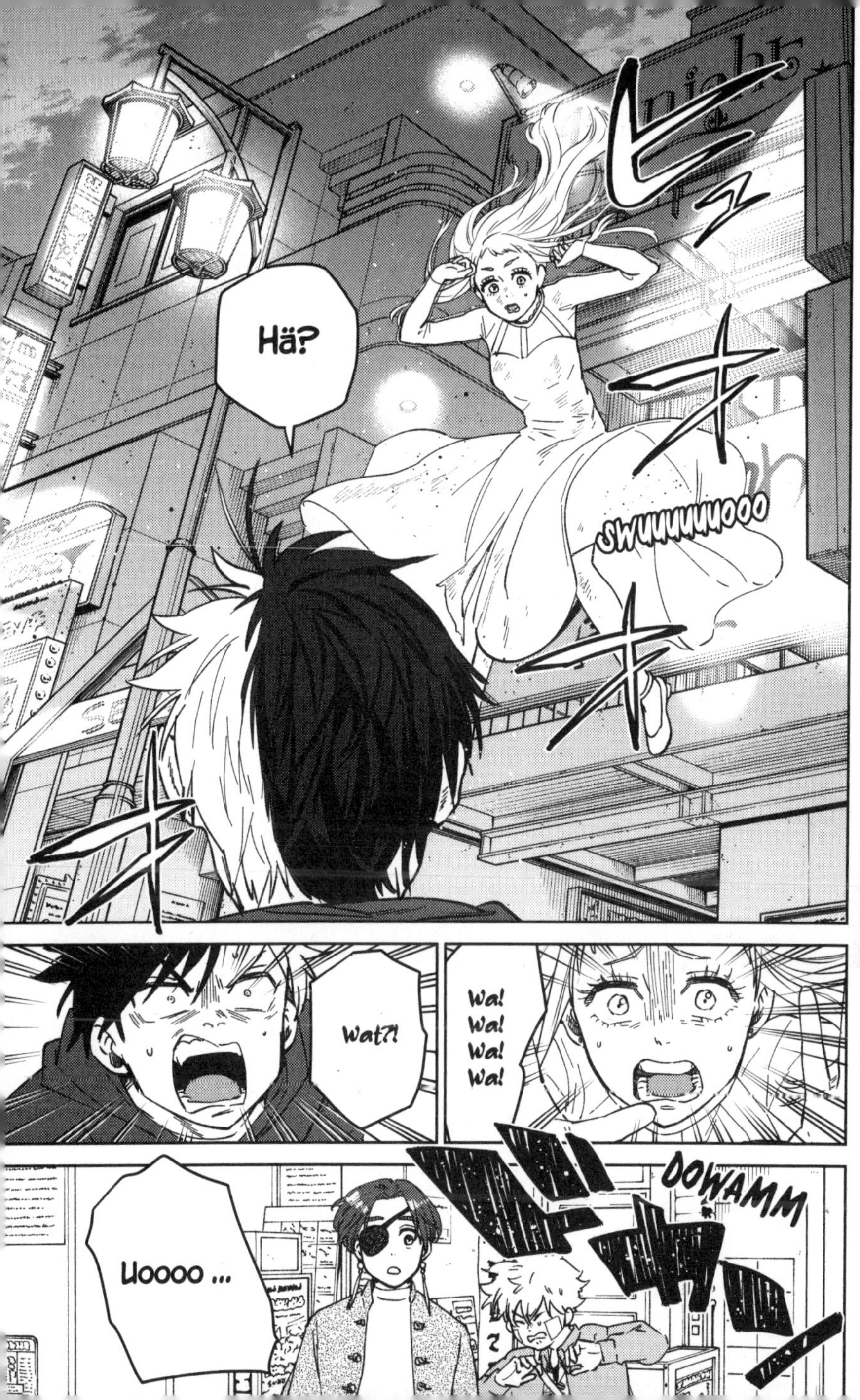
Hä?
SWUUUUUUOOO
Wa! Wa! Wa! Wa!
Wat?!
DOWAMM
Uoooo ...

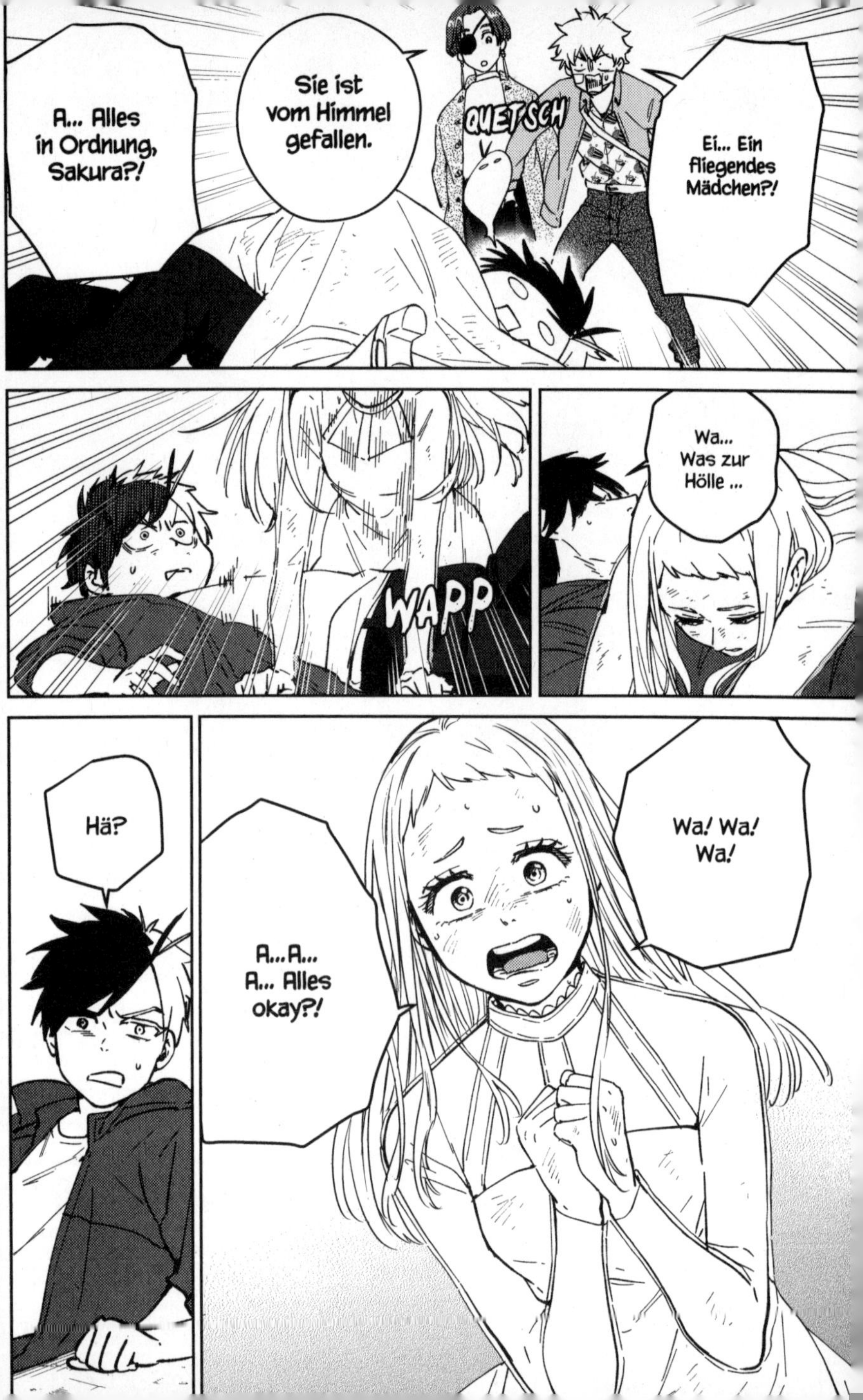
Ei... Ein fliegendes Mädchen?!
QUETSCH
Sie ist vom Himmel gefallen.
A... Alles in Ordnung, Sakura?!
Wa... Was zur Hölle ...
WAPP
Wa! Wa! Wa!
A...A... A... Alles okay?!
Hä?

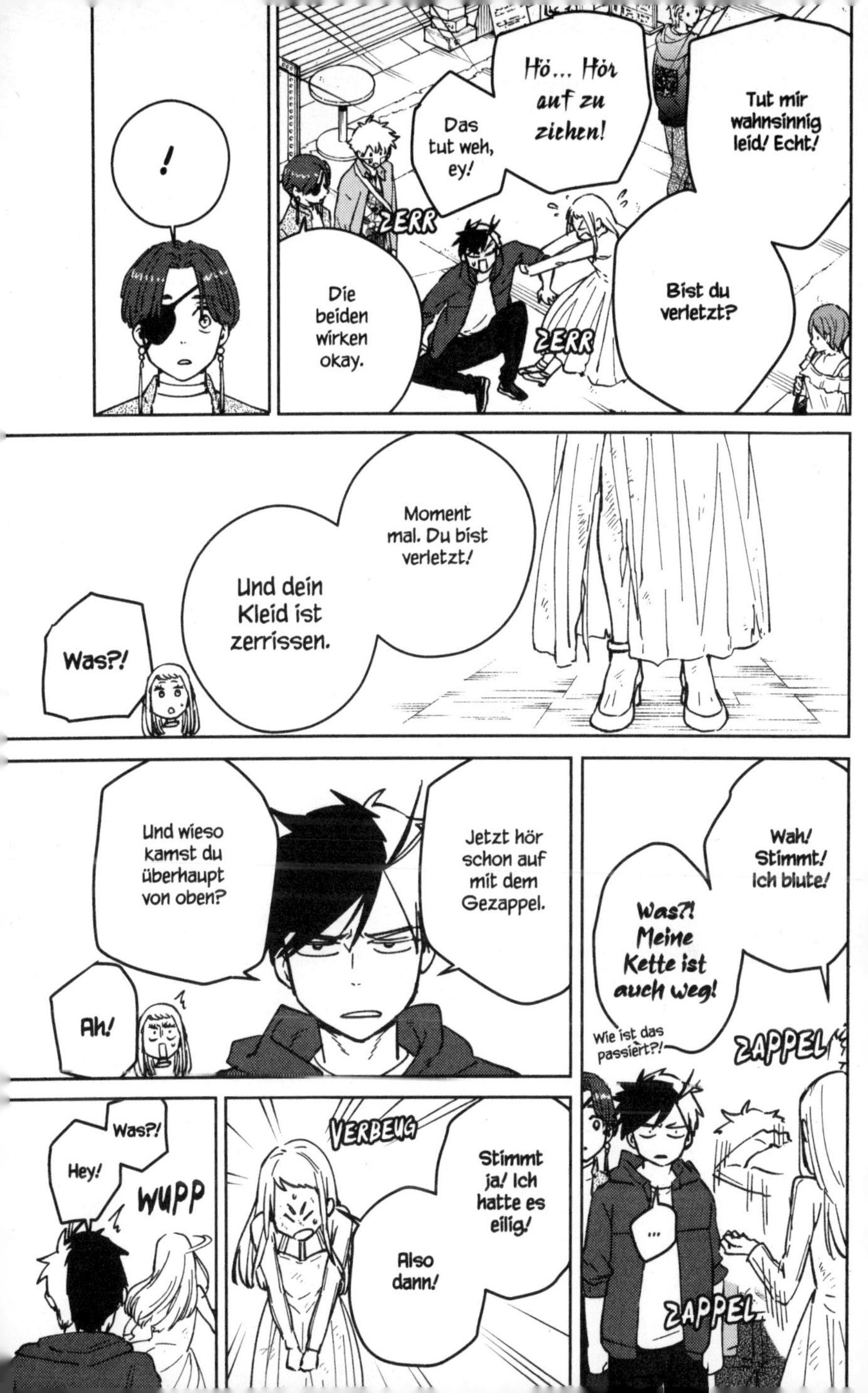

Tut mir wahnsinnig leid! Echt!
Hö... Hör auf zu ziehen!
Das tut weh, ey!
ZERR
Bist du verletzt?
Die beiden wirken okay.
ZERR
!
Moment mal. Du bist verletzt!
Und dein Kleid ist zerrissen.
Was?!
Wah! Stimmt! Ich blute!
Was?! Meine Kette ist auch weg!
Wie ist das passiert?!
ZAPPEL
...
ZAPPEL
Jetzt hör schon auf mit dem Gezappel.
Und wieso kamst du überhaupt von oben?
Ah!
VERBEUG
Stimmt ja! Ich hatte es eilig!
Also dann!
Was?!
Hey!
WUPP

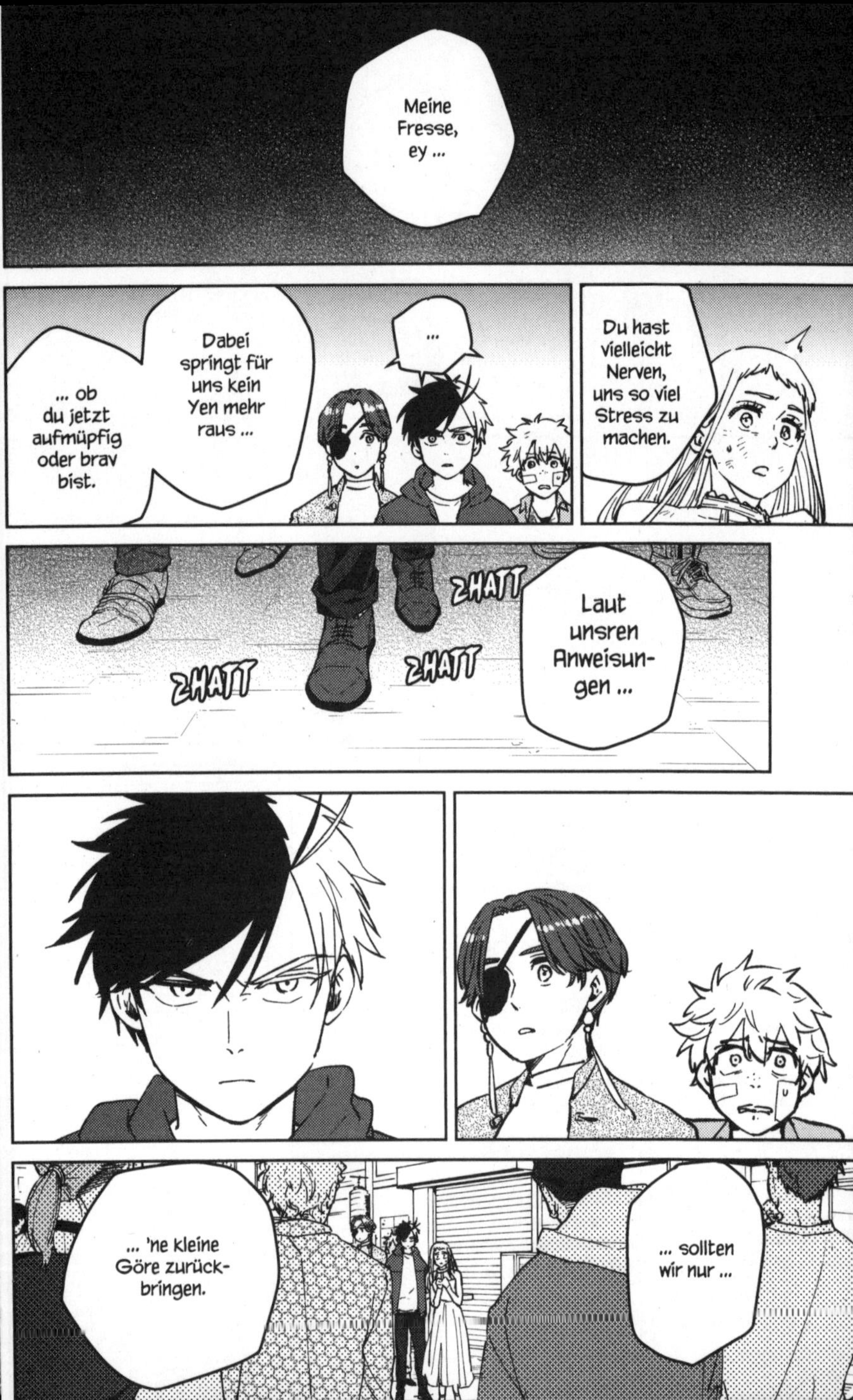
Meine Fresse, ey ...
Du hast vielleicht Nerven, uns so viel Stress zu machen.
...
Dabei springt für uns kein Yen mehr raus ...
... ob du jetzt aufmüpfig oder brav bist.
ZHATT
Laut unsren Anweisungen ...
ZHATT
ZHATT
... sollten wir nur ...
... 'ne kleine Göre zurückbringen.

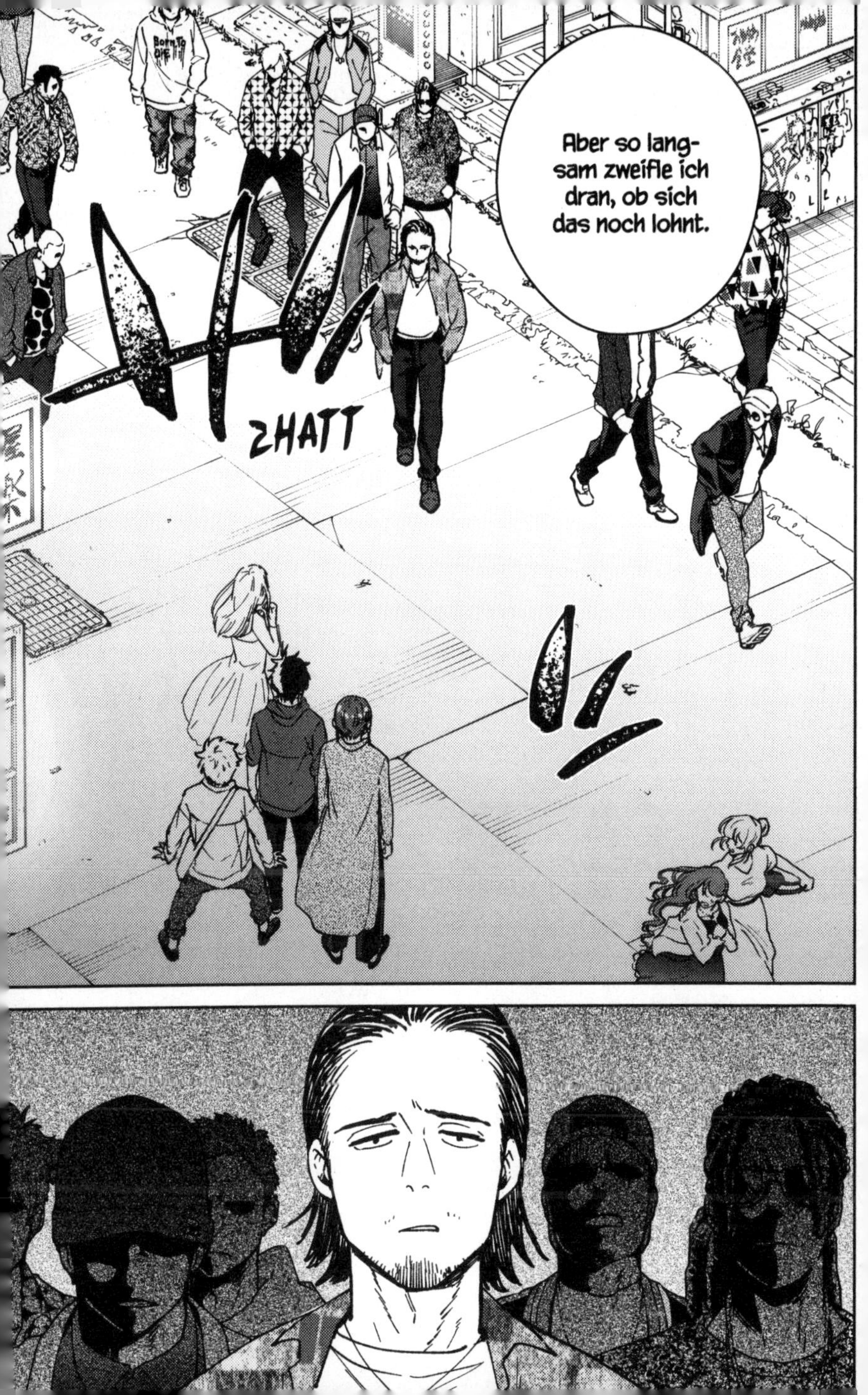
Aber so langsam zweifle ich dran, ob sich das noch lohnt.
ZHATT

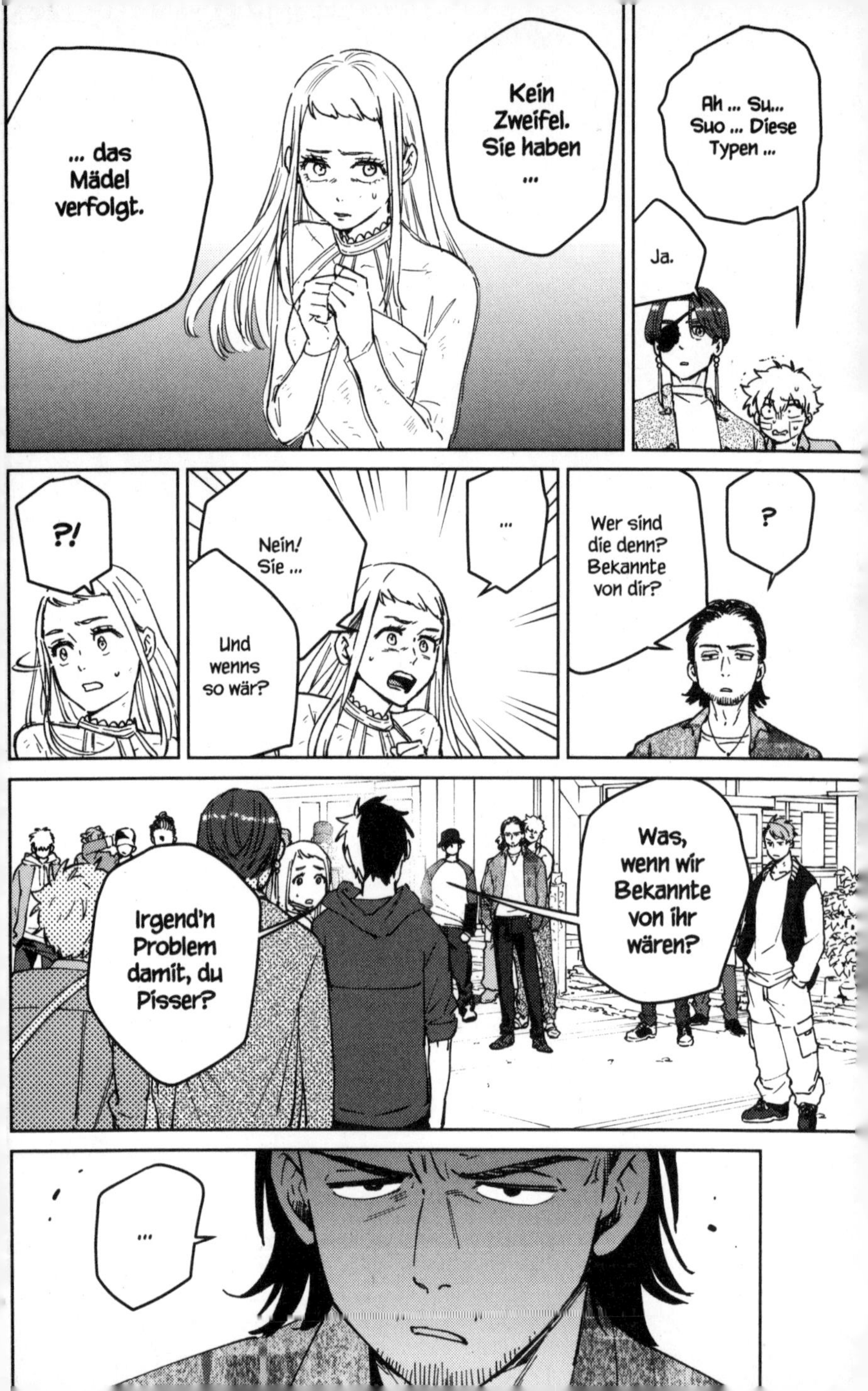

Ah ... Su... Suo ... Diese Typen ...
Ja.
Kein Zweifel. Sie haben ...
... das Mädel verfolgt.
?
Wer sind die denn? Bekannte von dir?
...
Nein! Sie ...
Und wenns so wär?
?!
Was, wenn wir Bekannte von ihr wären?
Irgend'n Problem damit, du Pisser?
...

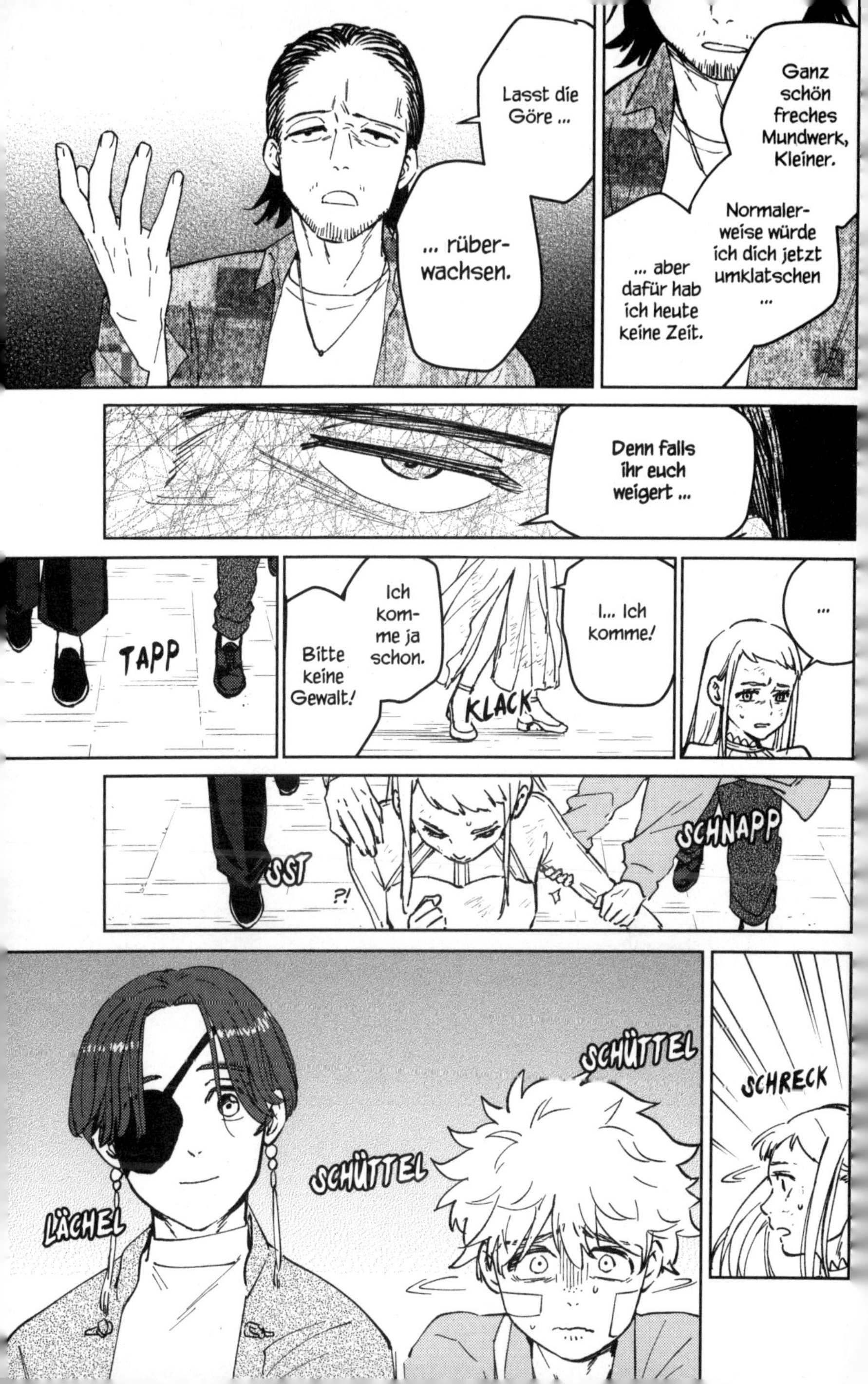
Lasst die Göre ...
... rüberwachsen.
Ganz schön freches Mundwerk, Kleiner.
Normalerweise würde ich dich jetzt umklatschen ...
... aber dafür hab ich heute keine Zeit.
Denn falls ihr euch weigert ...
TAPP
Ich komme ja schon.
Bitte keine Gewalt!
I... Ich komme!
KLACK
...
SCHNAPP
SST
?!
SCHÜTTEL
SCHRECK
SCHÜTTEL
LÄCHEL

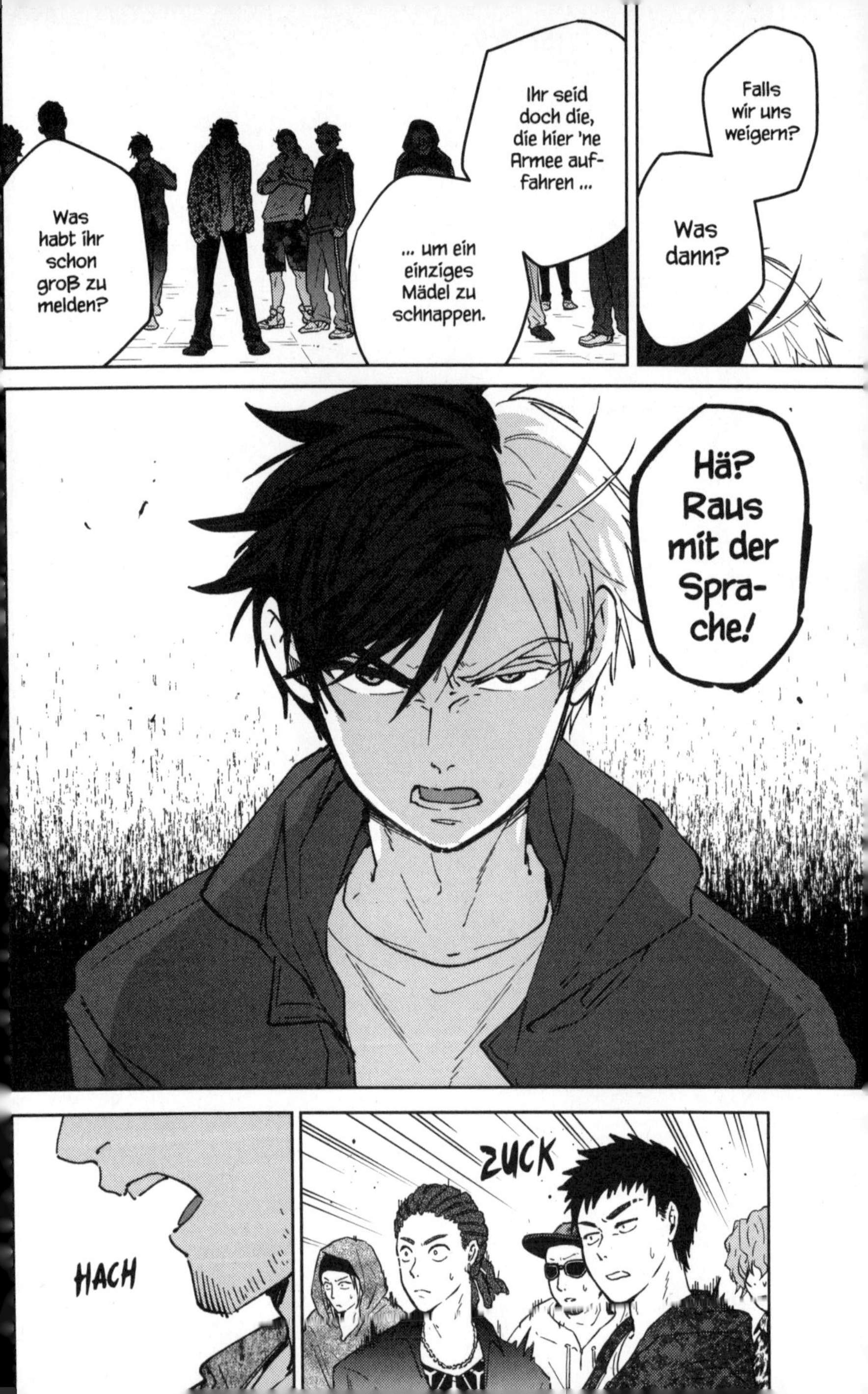

Falls wir uns weigern?
Was dann?
Ihr seid doch die, die hier 'ne Armee auf-fahren ...
... um ein einziges Mädel zu schnappen.
Was habt ihr schon groß zu melden?
Hä? Raus mit der Spra-che!
ZUCK
HACH

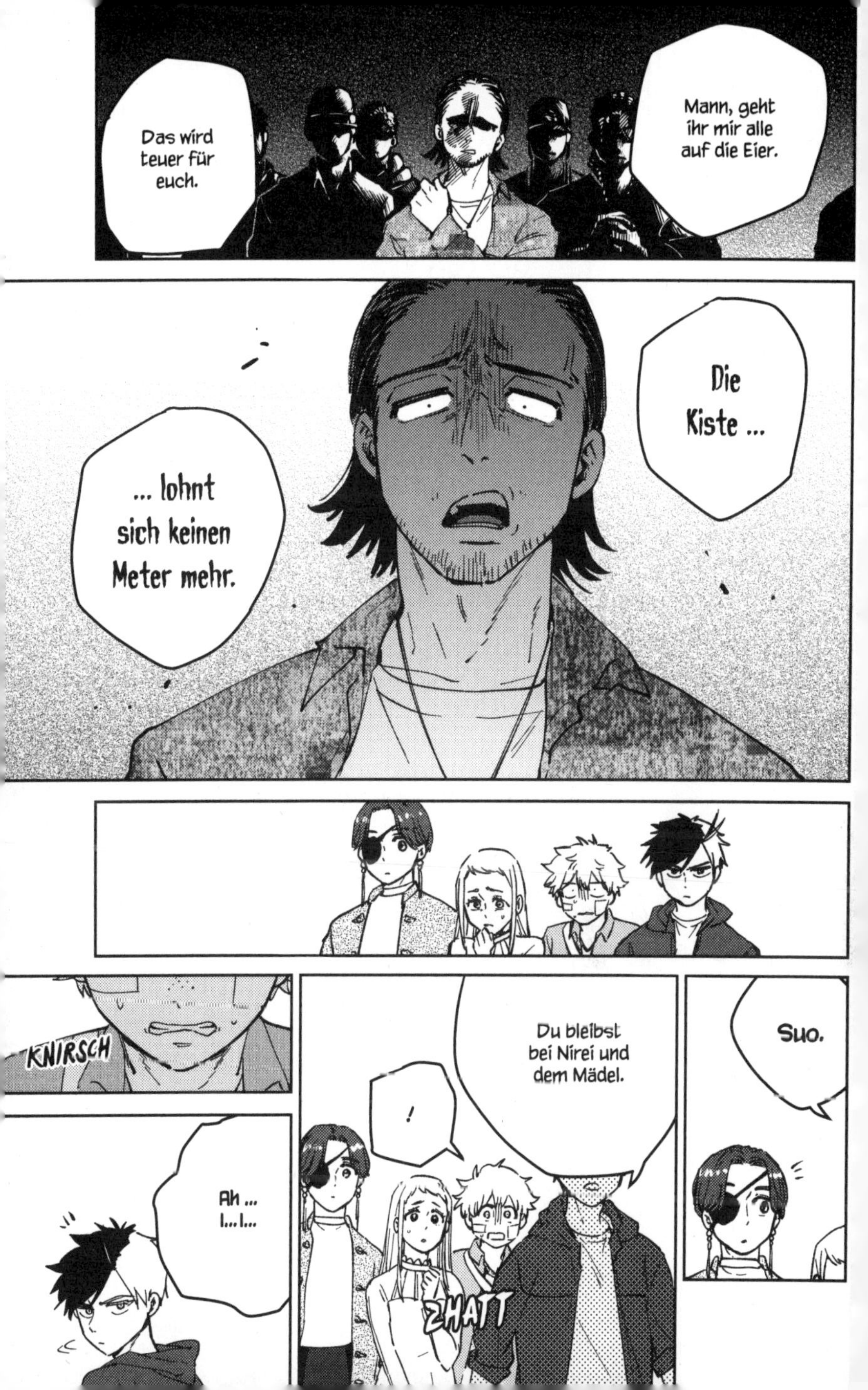
Mann, geht ihr mir alle auf die Eier.
Das wird teuer für euch.
Die Kiste ...
... lohnt sich keinen Meter mehr.
Suo.
Du bleibst bei Nirei und dem Mädel.
!
ZHATT
KNIRSCH
Ah ... I...I...

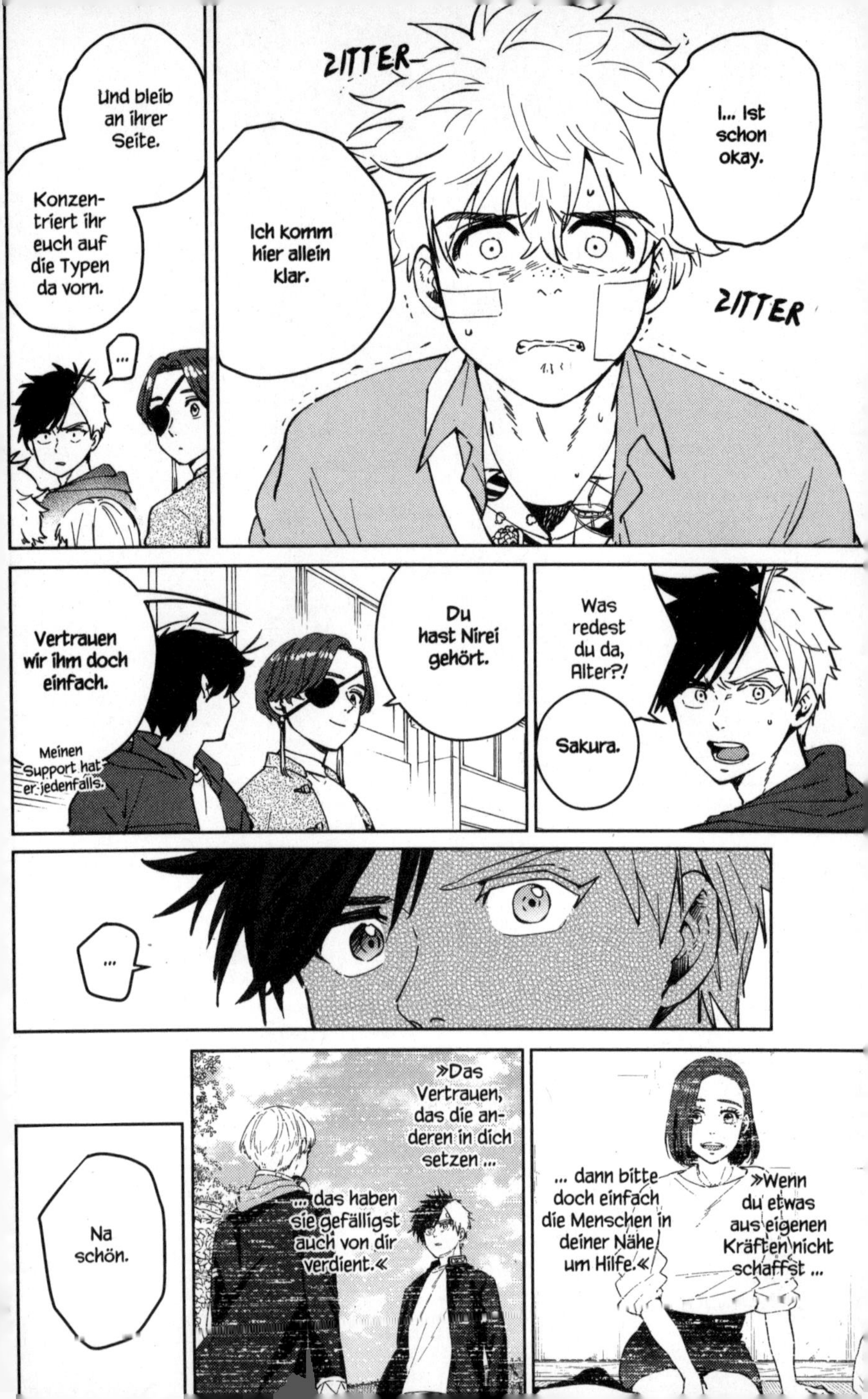
ZITTER
I... Ist schon okay.
ZITTER
Ich komm hier allein klar.
Und bleib an ihrer Seite.
Konzen-triert ihr euch auf die Typen da vorn.
...
Was redest du da, Alter?!
Sakura.
Du hast Nirei gehört.
Vertrauen wir ihm doch einfach.
Meinen Support hat er jedenfalls.
...
»Wenn du etwas aus eigenen Kräften nicht schaffst ...
... dann bitte doch einfach die Menschen in deiner Nähe um Hilfe.«
»Das Vertrauen, das die an-deren in dich setzen ...
... das haben sie gefälligst auch von dir verdient.«
Na schön.

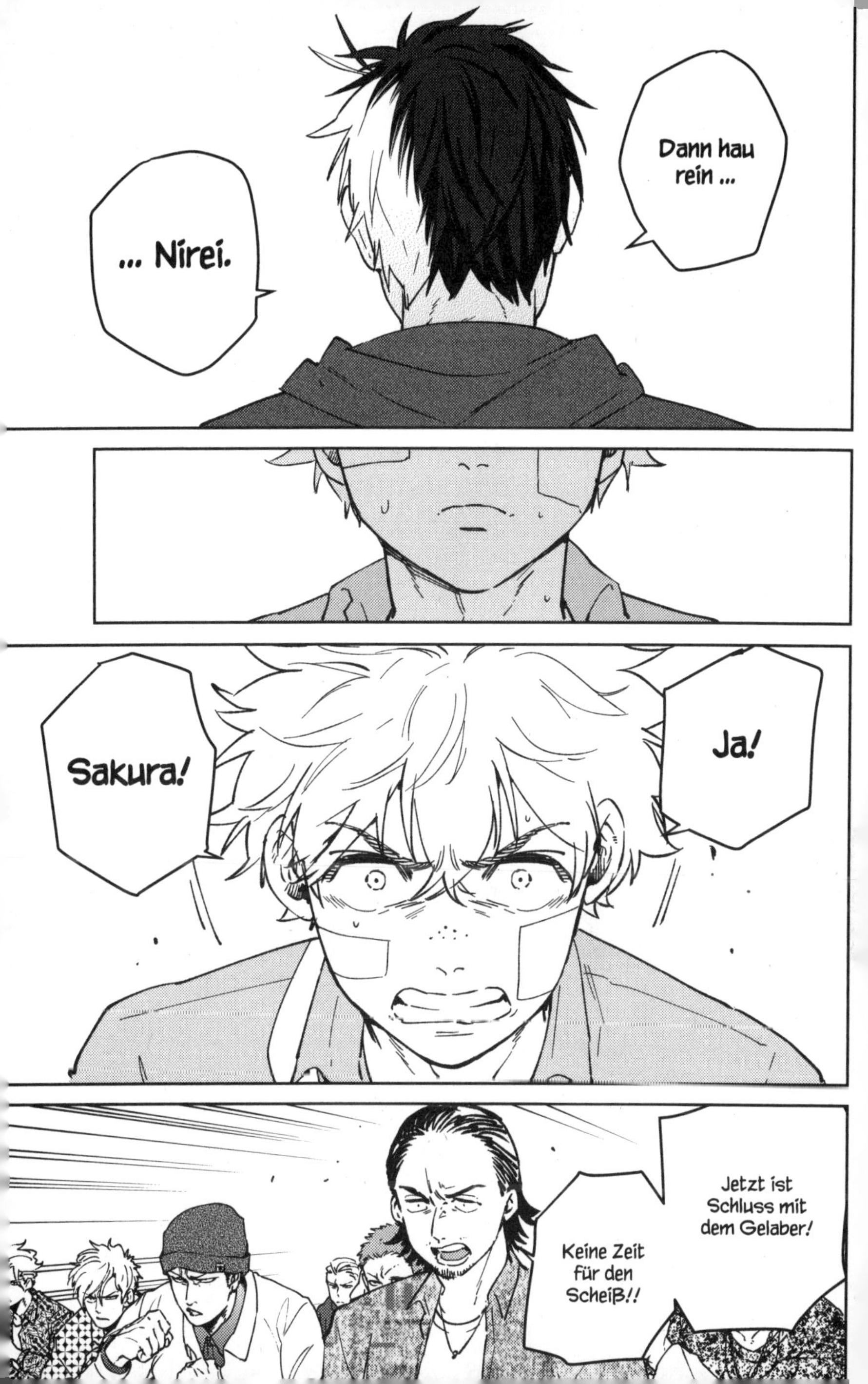
Dann hau rein ...
... Nirei.
Ja!
Sakura!
Jetzt ist Schluss mit dem Gelaber!
Keine Zeit für den Scheiß!!

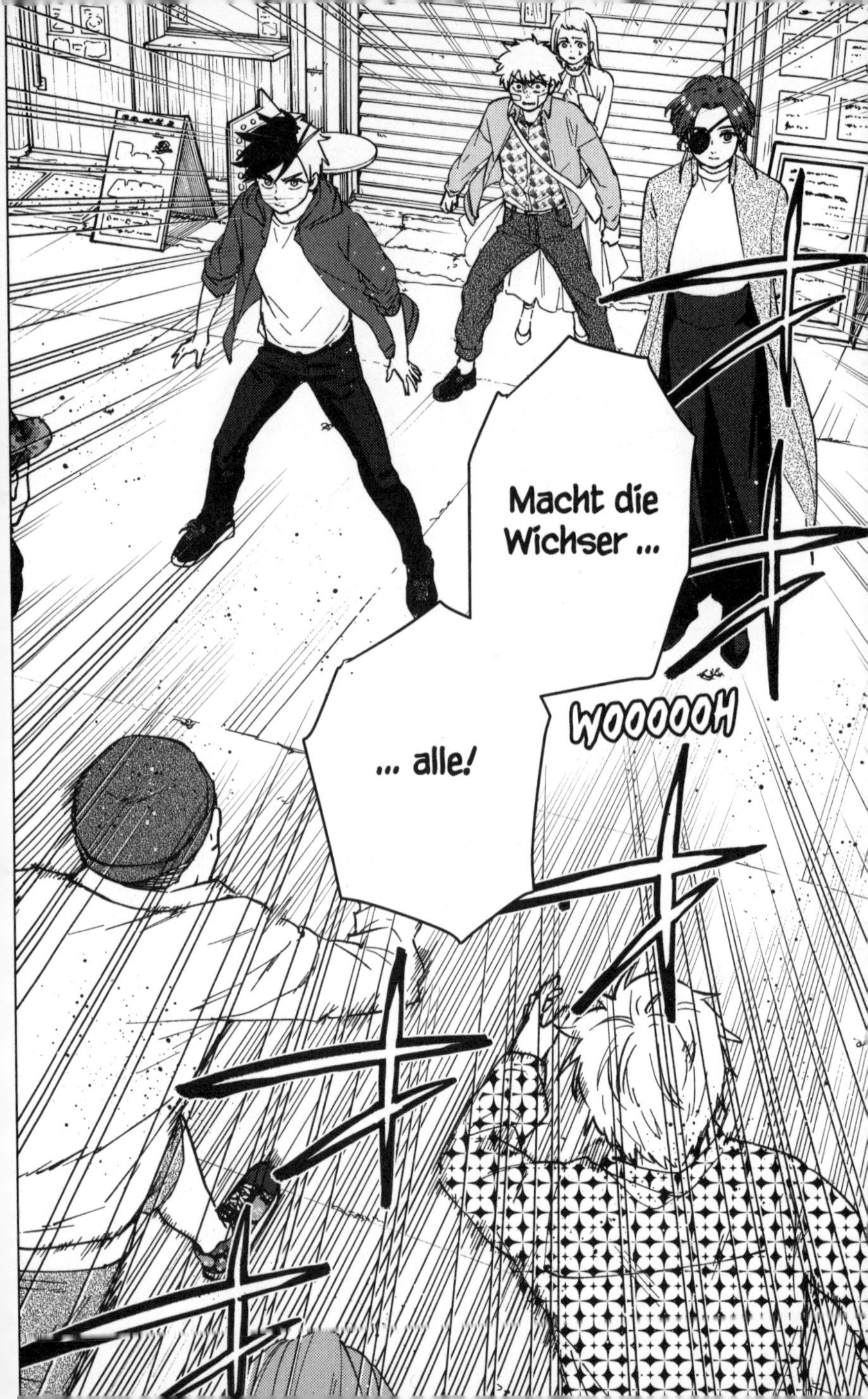
Macht die Wichser ...
... alle!
WOOOOOH

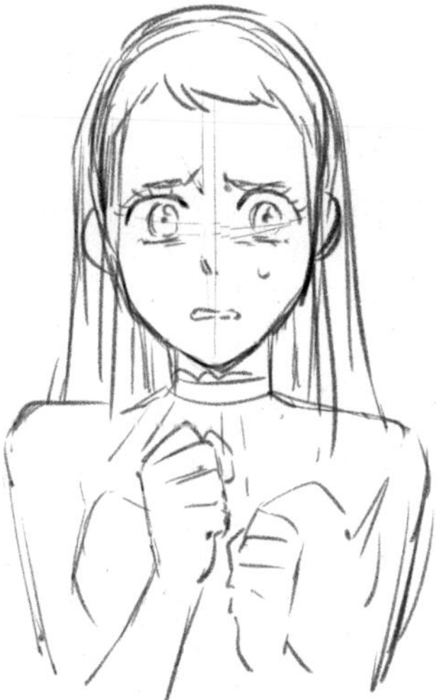

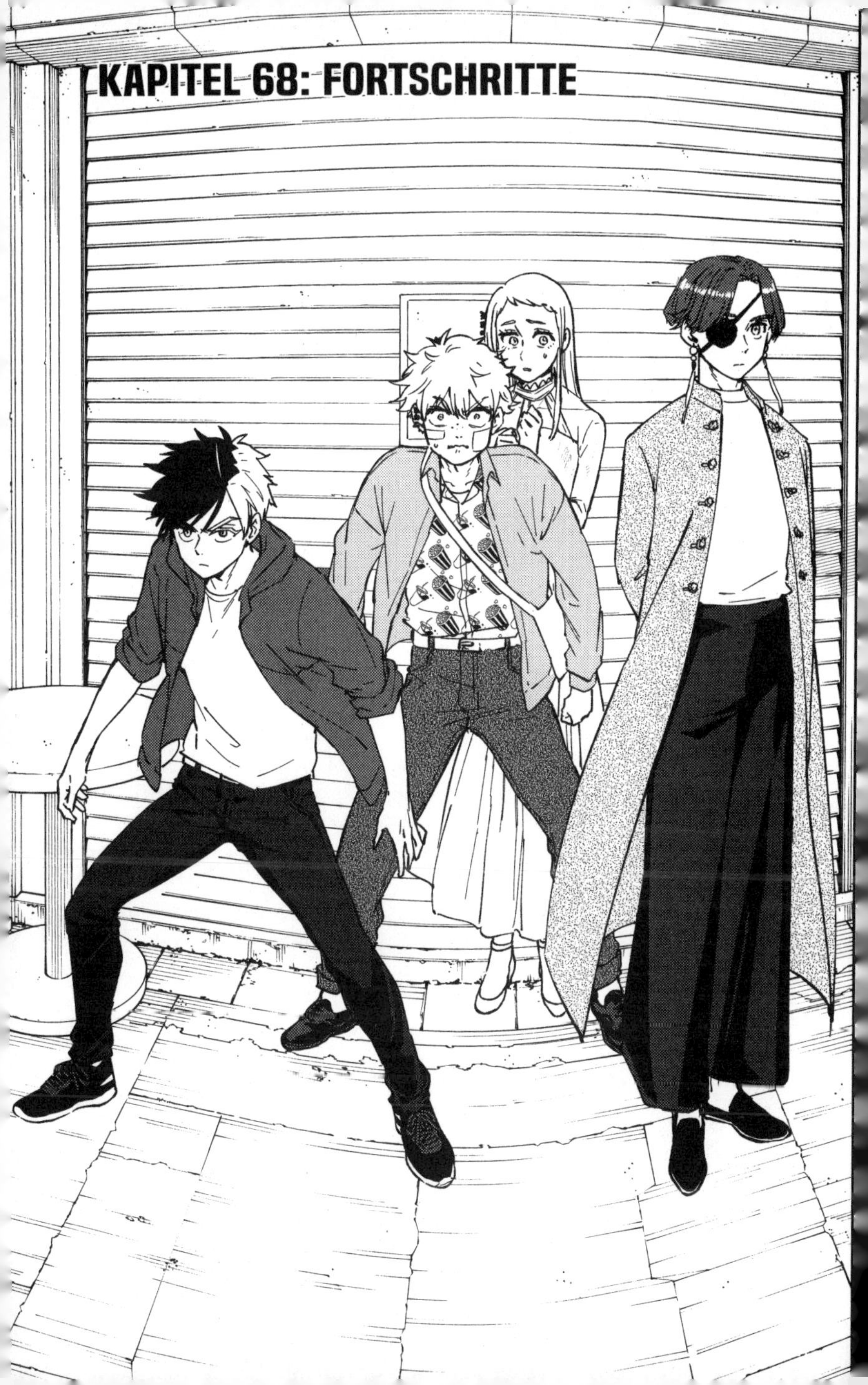
KAPITEL 68: FORTSCHRITTE

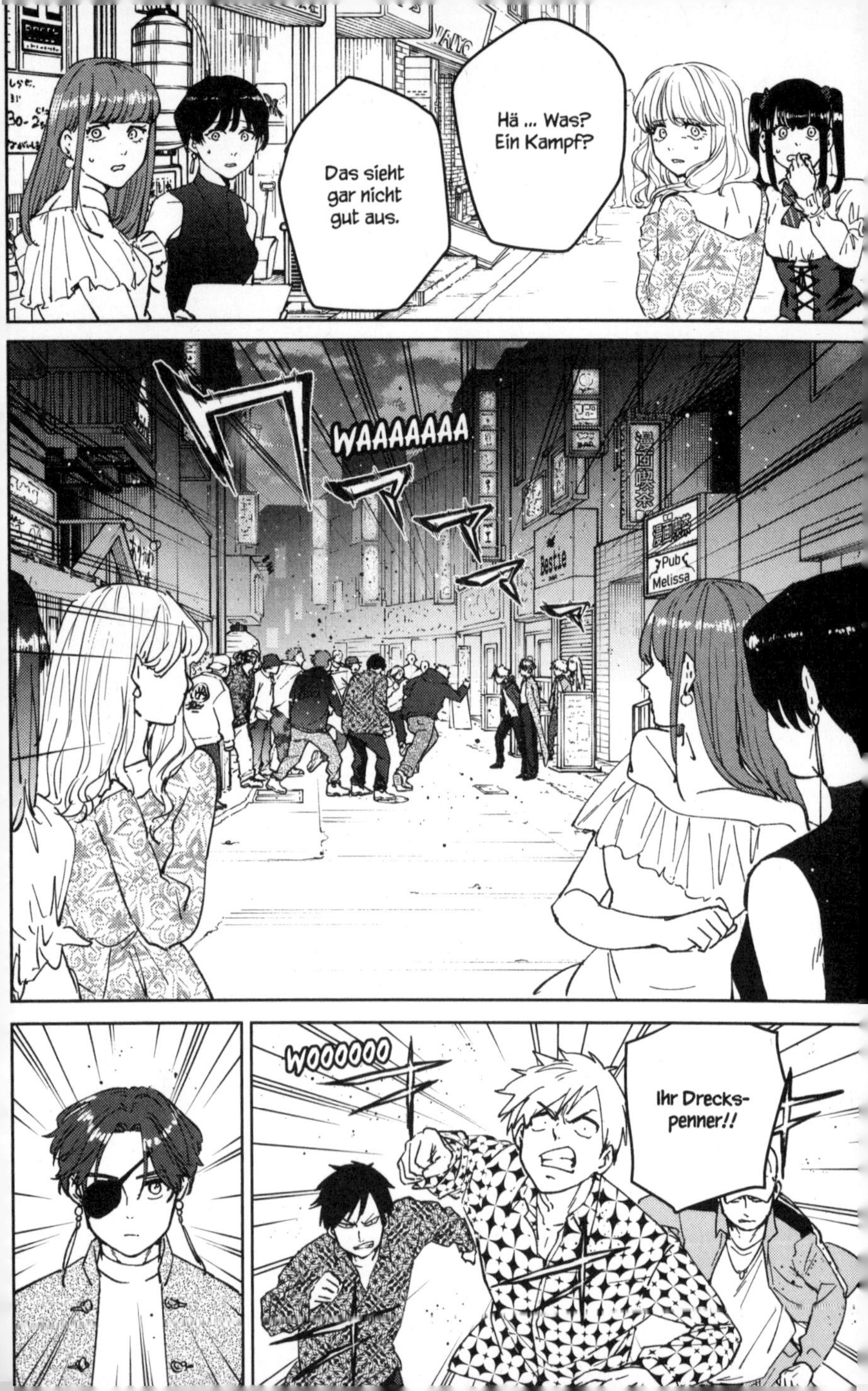
Hä ... Was? Ein Kampf?
Das sieht gar nicht gut aus.
WAAAAAAA
Bestie
Pub Melissa
漫画喫茶
Ihr Drecks-penner!!
WOOOOOO

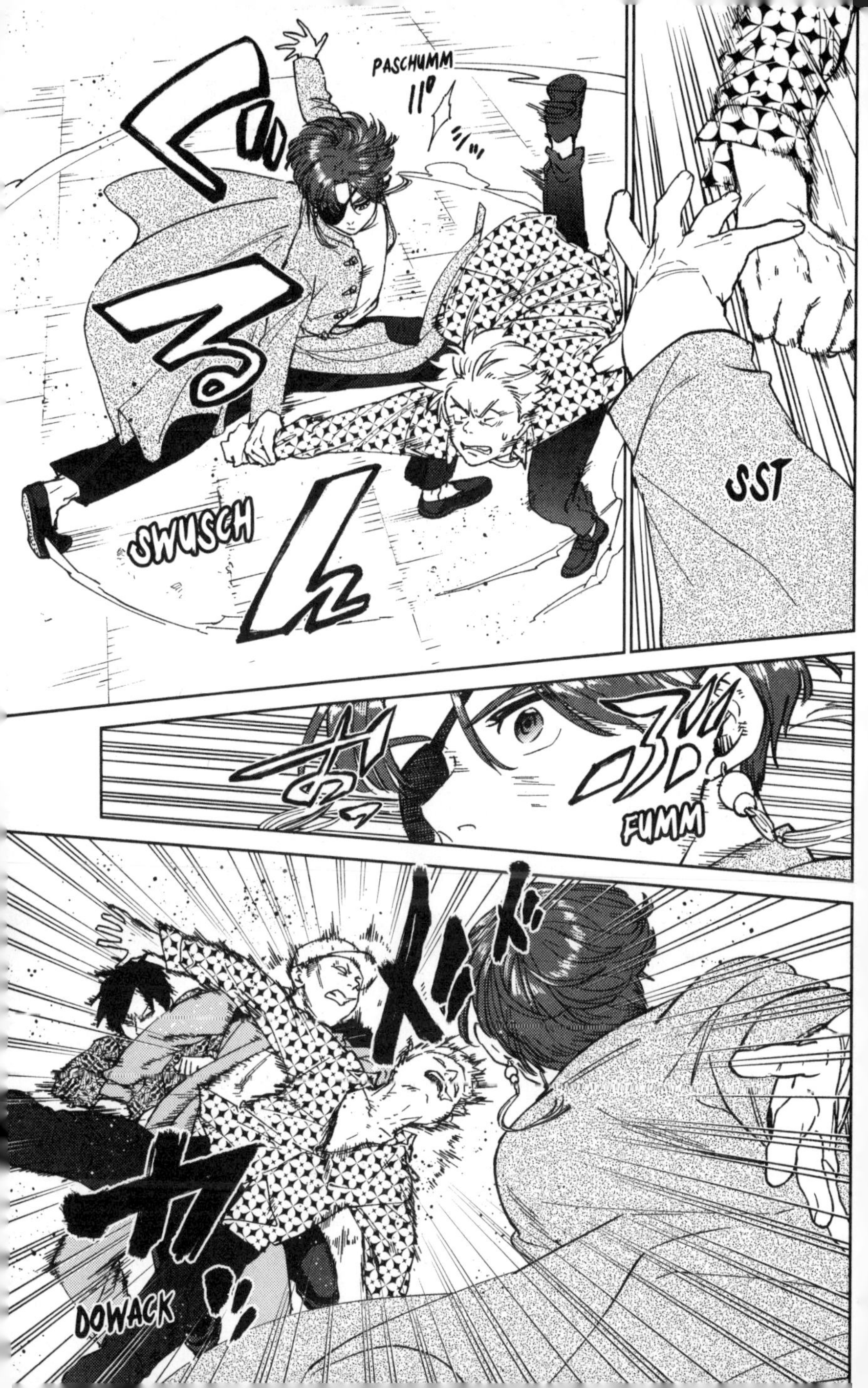
PASCHUMM
SST
SWUSCH
FUMM
DOWACK

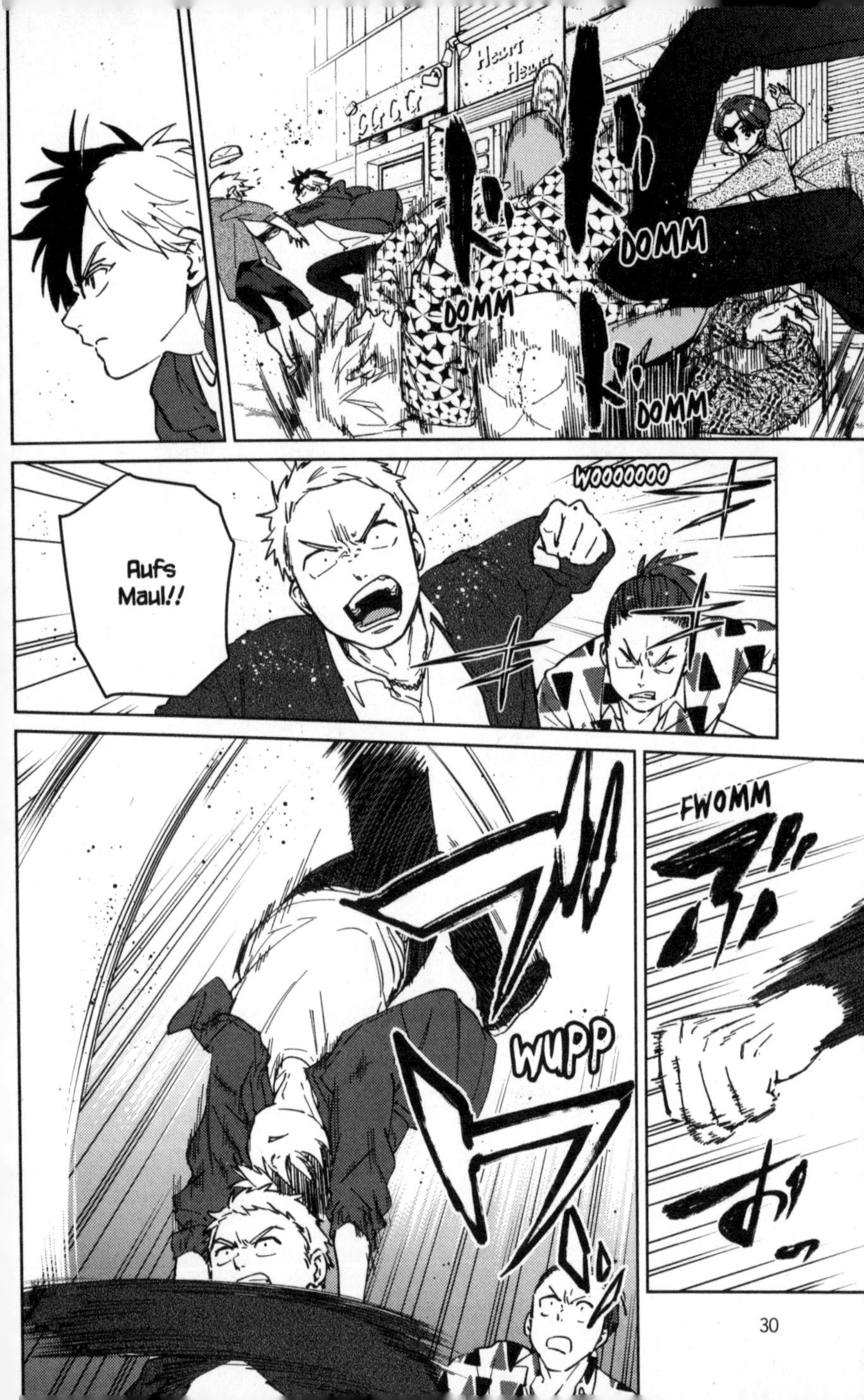
DOMM
DOMM
DOMM
WOOOOOOO
Aufs Maul!!
FWOMM
WUPP

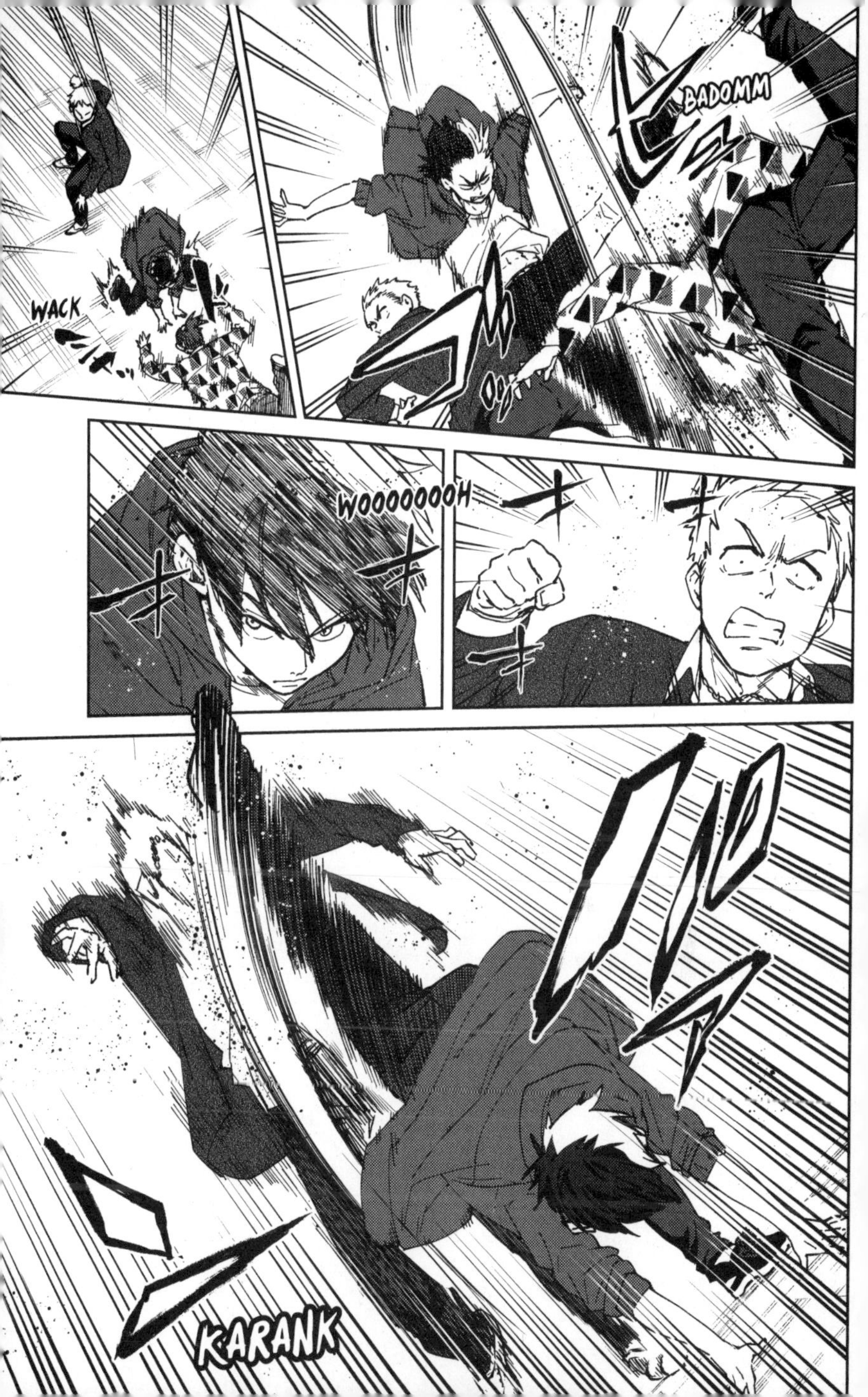
BADOMM
WACK
WOOOOOOOH
KARANK

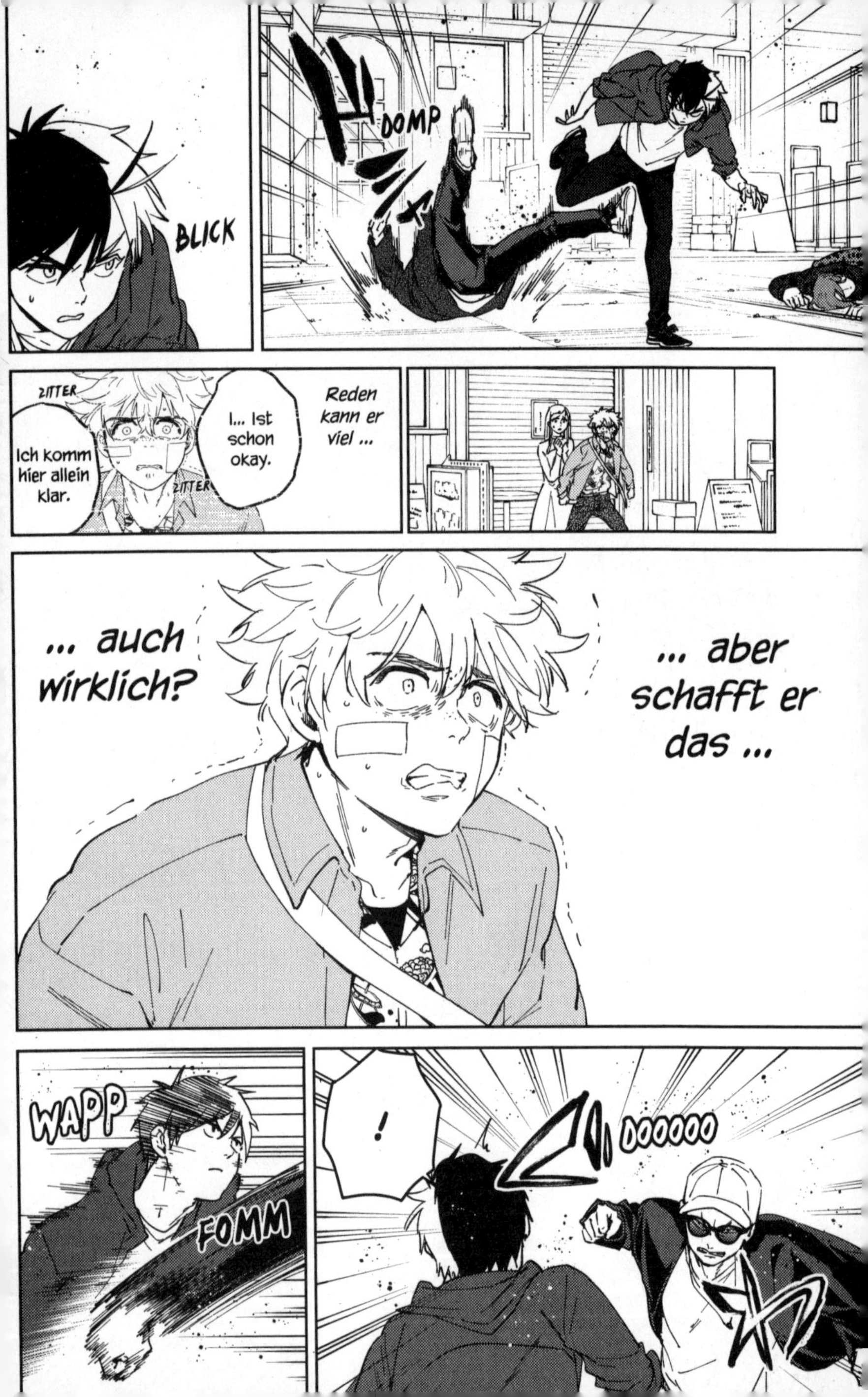
DOMP
BLICK
Reden kann er viel ...
I... Ist schon okay.
ZITTER
Ich komm hier allein klar.
ZITTER
... aber schafft er das ...
... auch wirklich?
!
DOOOOO
WAPP
FOMM

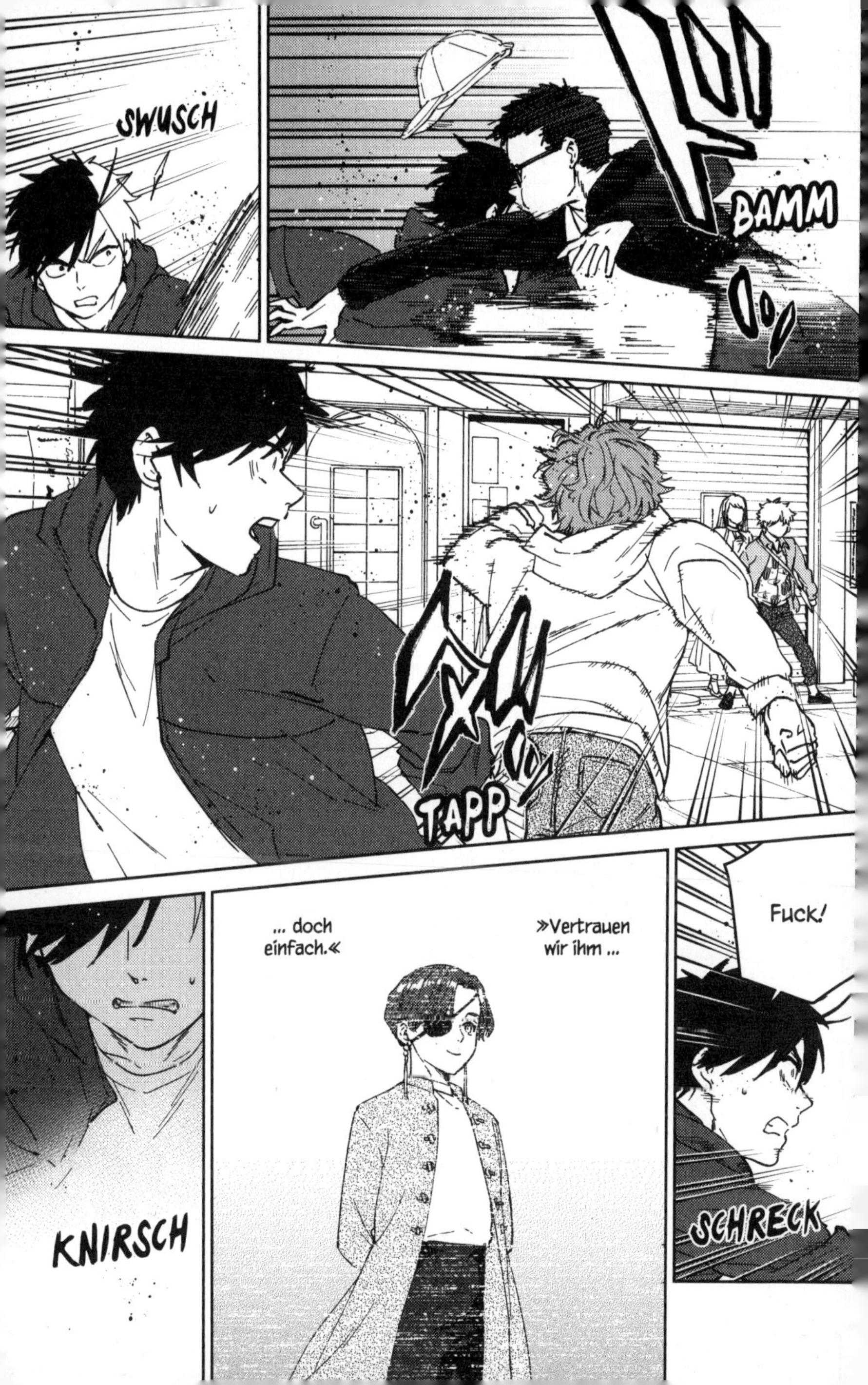
BAMM
SWUSCH
TAPP
Fuck!
SCHRECK
»Vertrauen wir ihm ...
... doch einfach.«
KNIRSCH

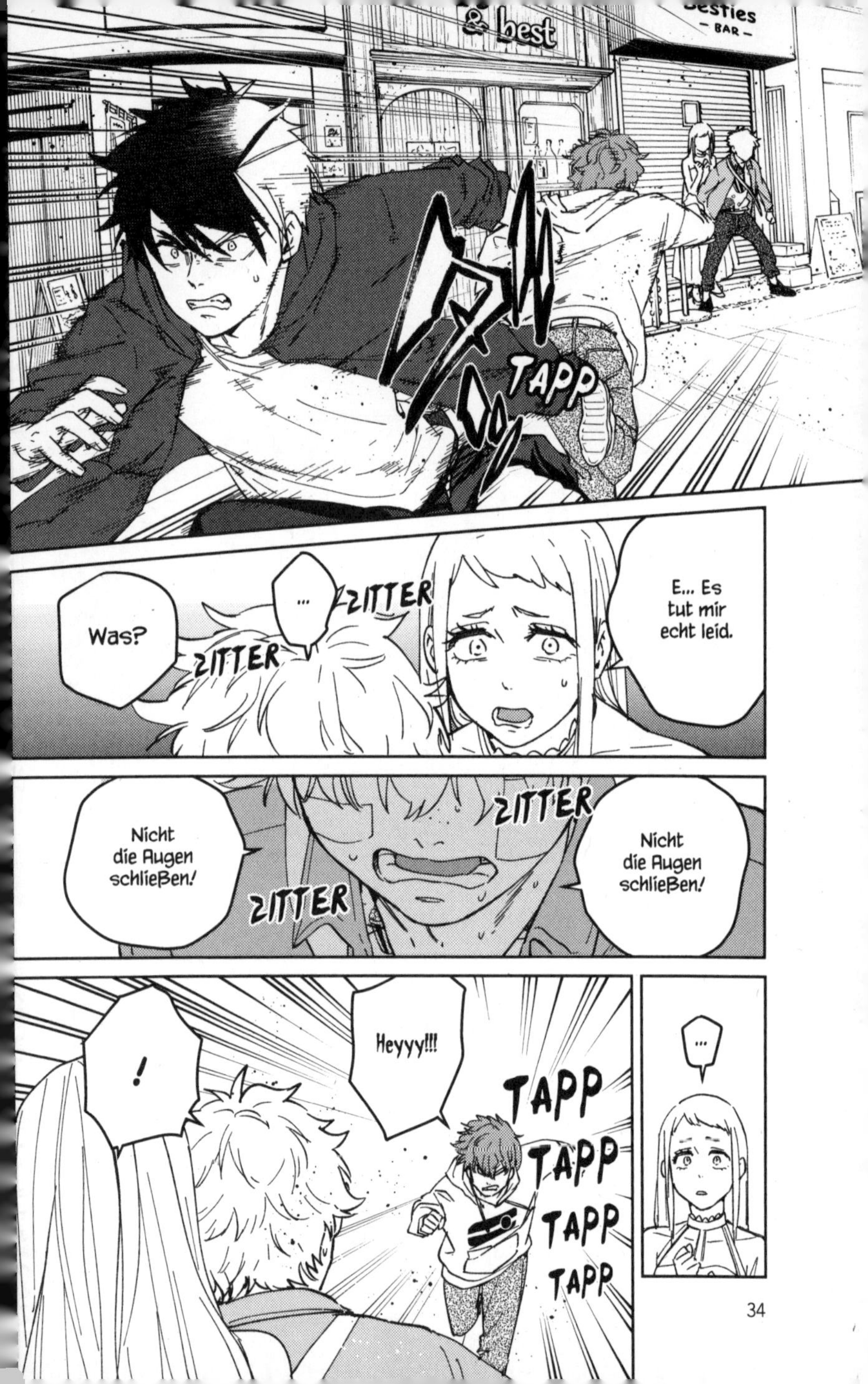
& best
Besties
BAR
TAPP
E... Es tut mir echt leid.
ZITTER
...
ZITTER
Was?
Nicht die Augen schließen!
ZITTER
Nicht die Augen schließen!
ZITTER
...
Heyyy!!!
TAPP
TAPP
TAPP
TAPP
!

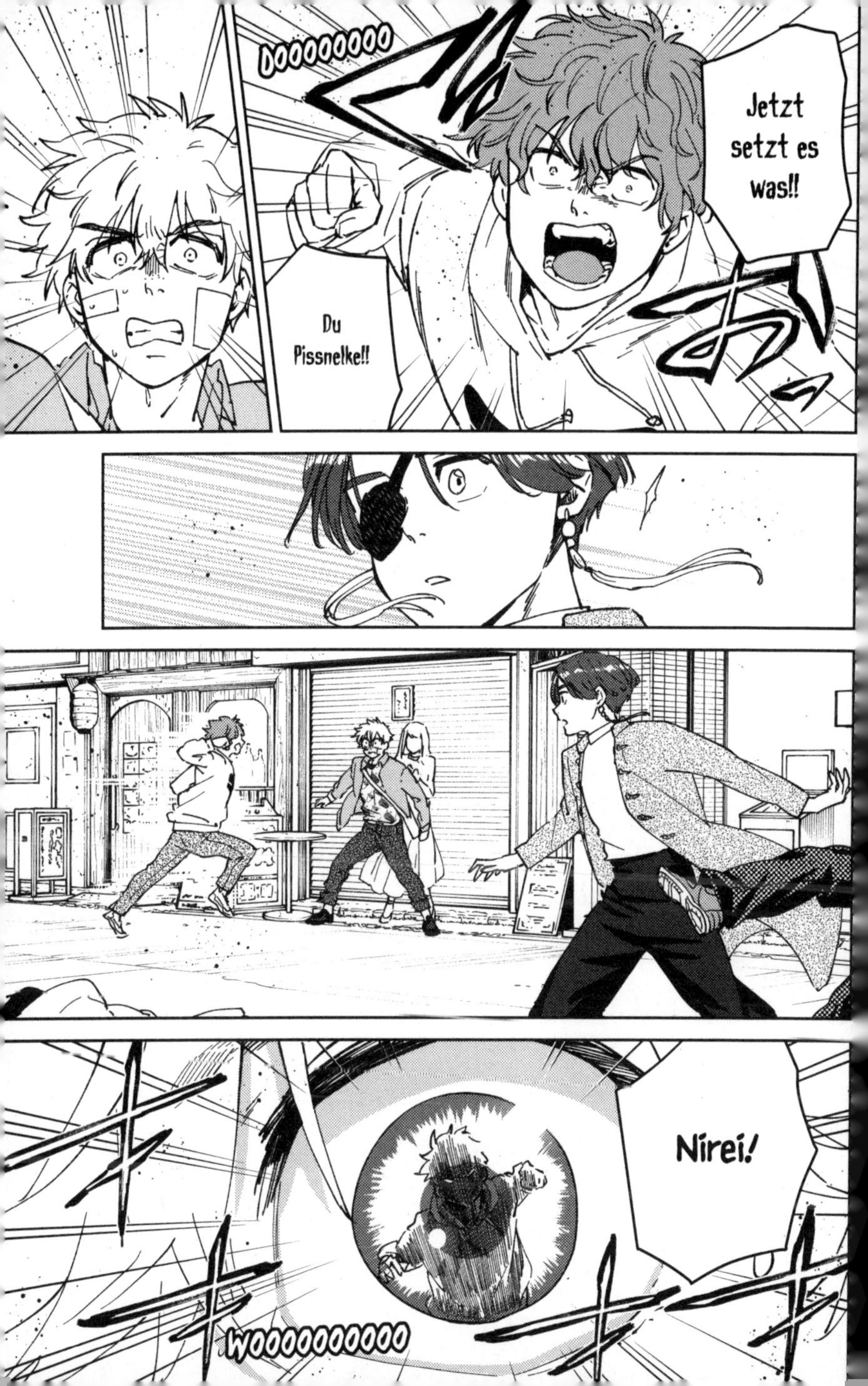
DOOOOOOOO
Jetzt setzt es was!!
Du Pissnelke!!
あ
Nirei!
WOOOOOOOOOO

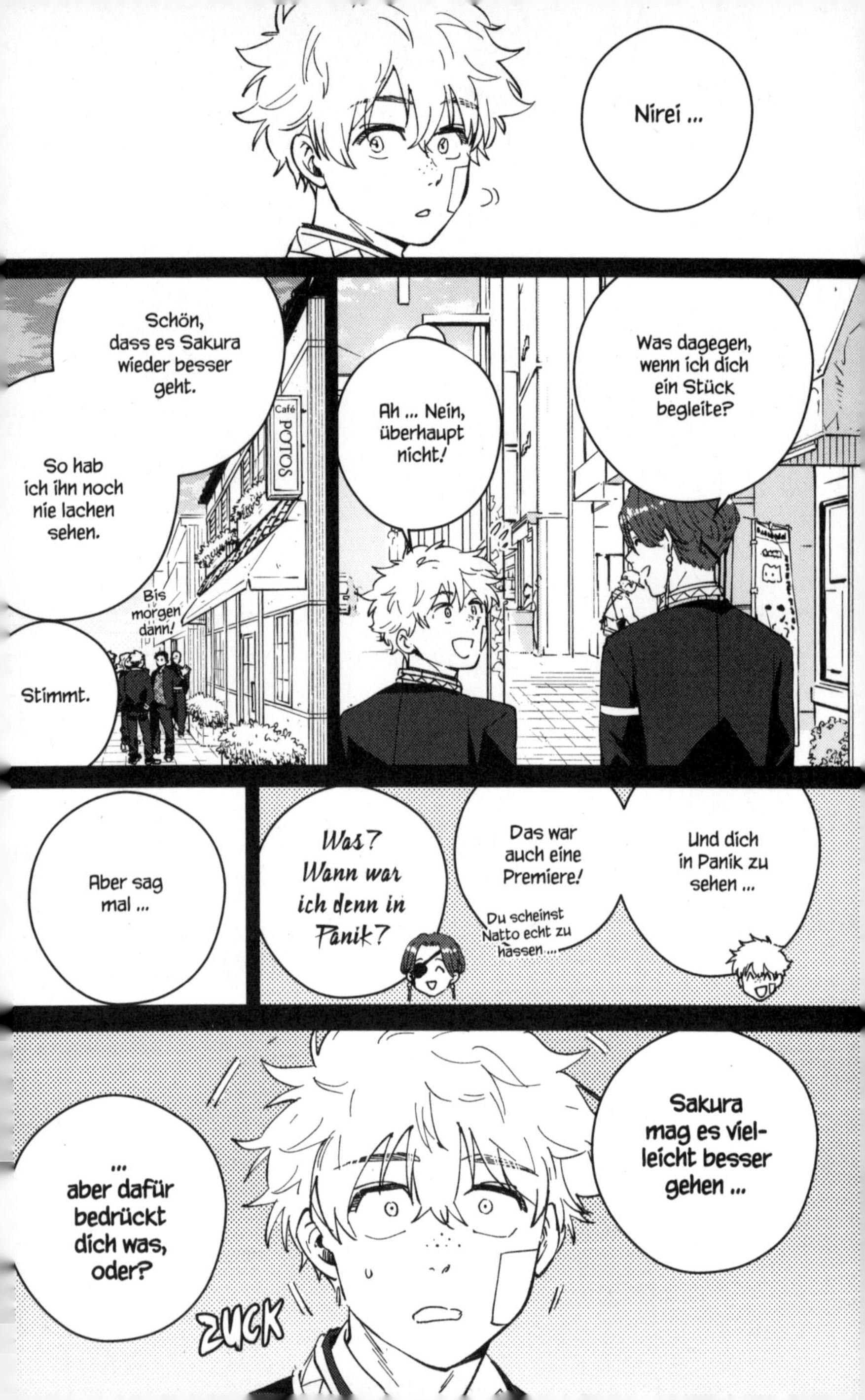
Nirei ...
Schön, dass es Sakura wieder besser geht.
So hab ich ihn noch nie lachen sehen.
Bis morgen dann!
Stimmt.
Café POTOS
Was dagegen, wenn ich dich ein Stück begleite?
Ah ... Nein, überhaupt nicht!
Und dich in Panik zu sehen ...
Das war auch eine Premiere!
Du scheinst Natto echt zu hassen ...
Was? Wann war ich denn in Panik?
Aber sag mal ...
Sakura mag es vielleicht besser gehen ...
... aber dafür bedrückt dich was, oder?
ZUCK

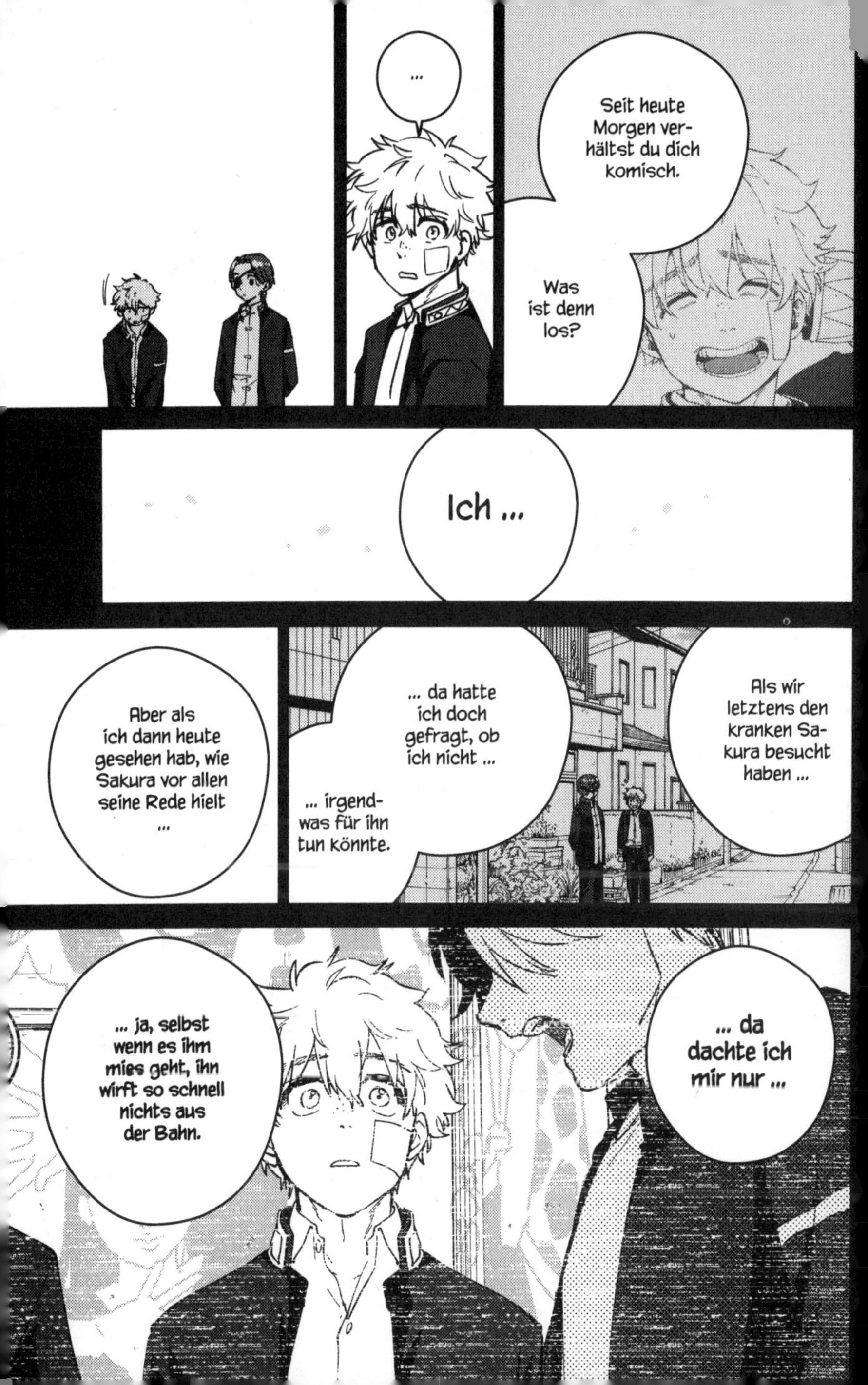
Seit heute Morgen verhältst du dich komisch.
Was ist denn los?
...
Ich ...
Als wir letztens den kranken Sakura besucht haben ...
... da hatte ich doch gefragt, ob ich nicht ...
... irgendwas für ihn tun könnte.
Aber als ich dann heute gesehen hab, wie Sakura vor allen seine Rede hielt ...
... da dachte ich mir nur ...
... ja, selbst wenn es ihm mies geht, ihn wirft so schnell nichts aus der Bahn.

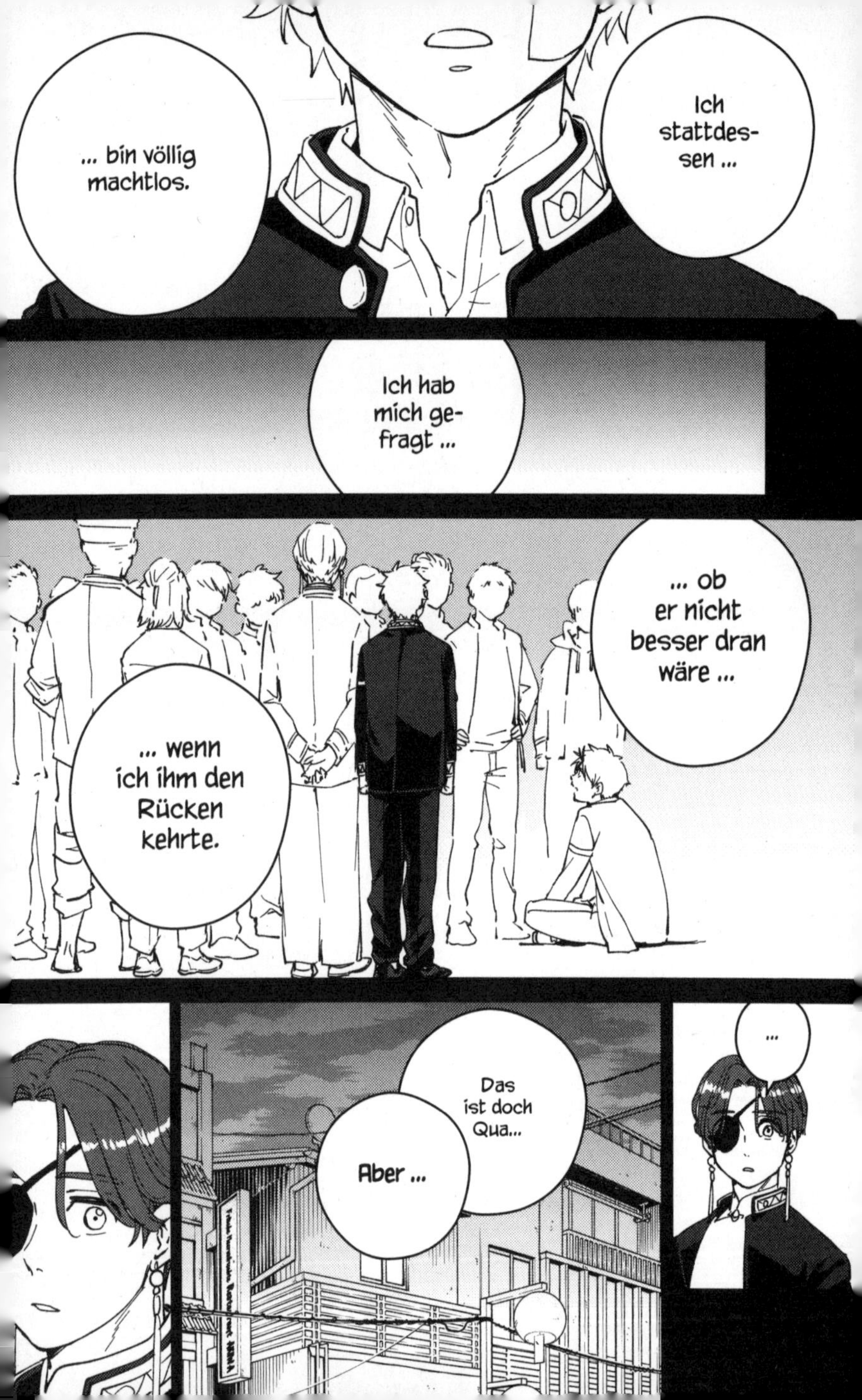
Ich stattdessen ...
... bin völlig machtlos.
Ich hab mich gefragt ...
... ob er nicht besser dran wäre ...
... wenn ich ihm den Rücken kehrte.
...
Das ist doch Qua...
Aber ...

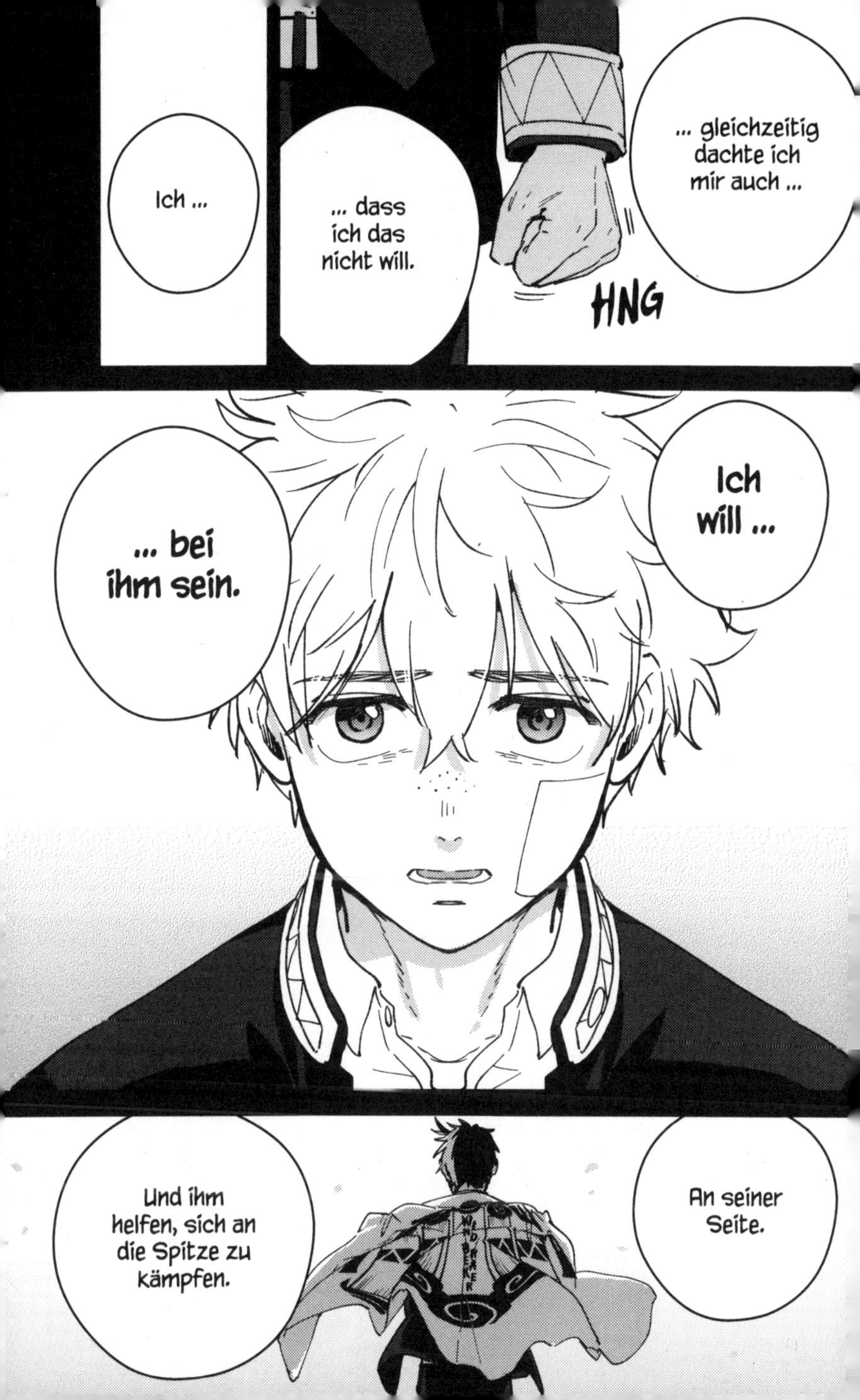
... gleichzeitig dachte ich mir auch ...
HNG
... dass ich das nicht will.
Ich ...
Ich will ...
... bei ihm sein.
An seiner Seite.
Und ihm helfen, sich an die Spitze zu kämpfen.

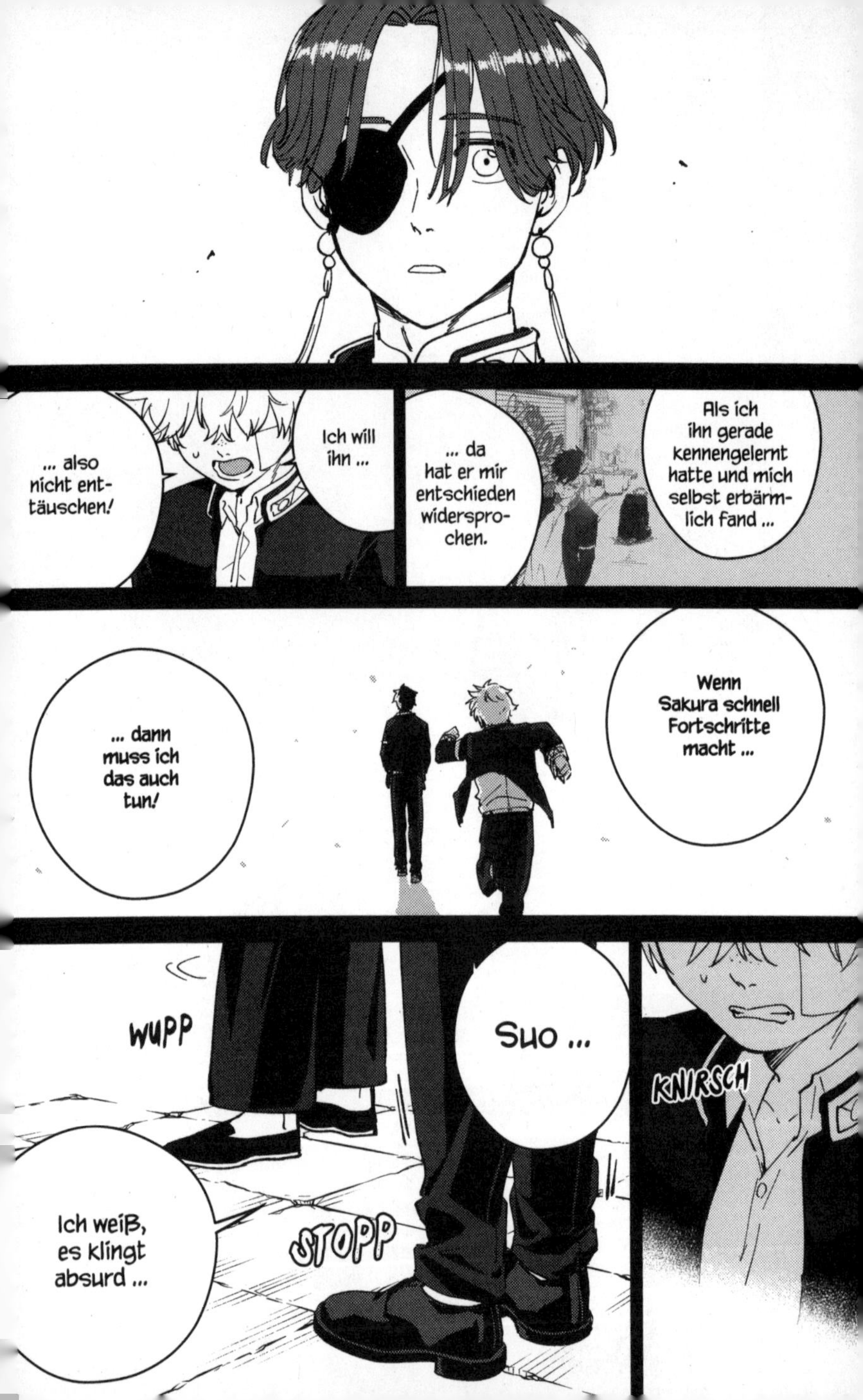
Als ich ihn gerade kennengelernt hatte und mich selbst erbärmlich fand ...
... da hat er mir entschieden widersprochen.
Ich will ihn ...
... also nicht enttäuschen!
Wenn Sakura schnell Fortschritte macht ...
... dann muss ich das auch tun!
KNIRSCH
WUPP
Suo ...
STOPP
Ich weiß, es klingt absurd ...

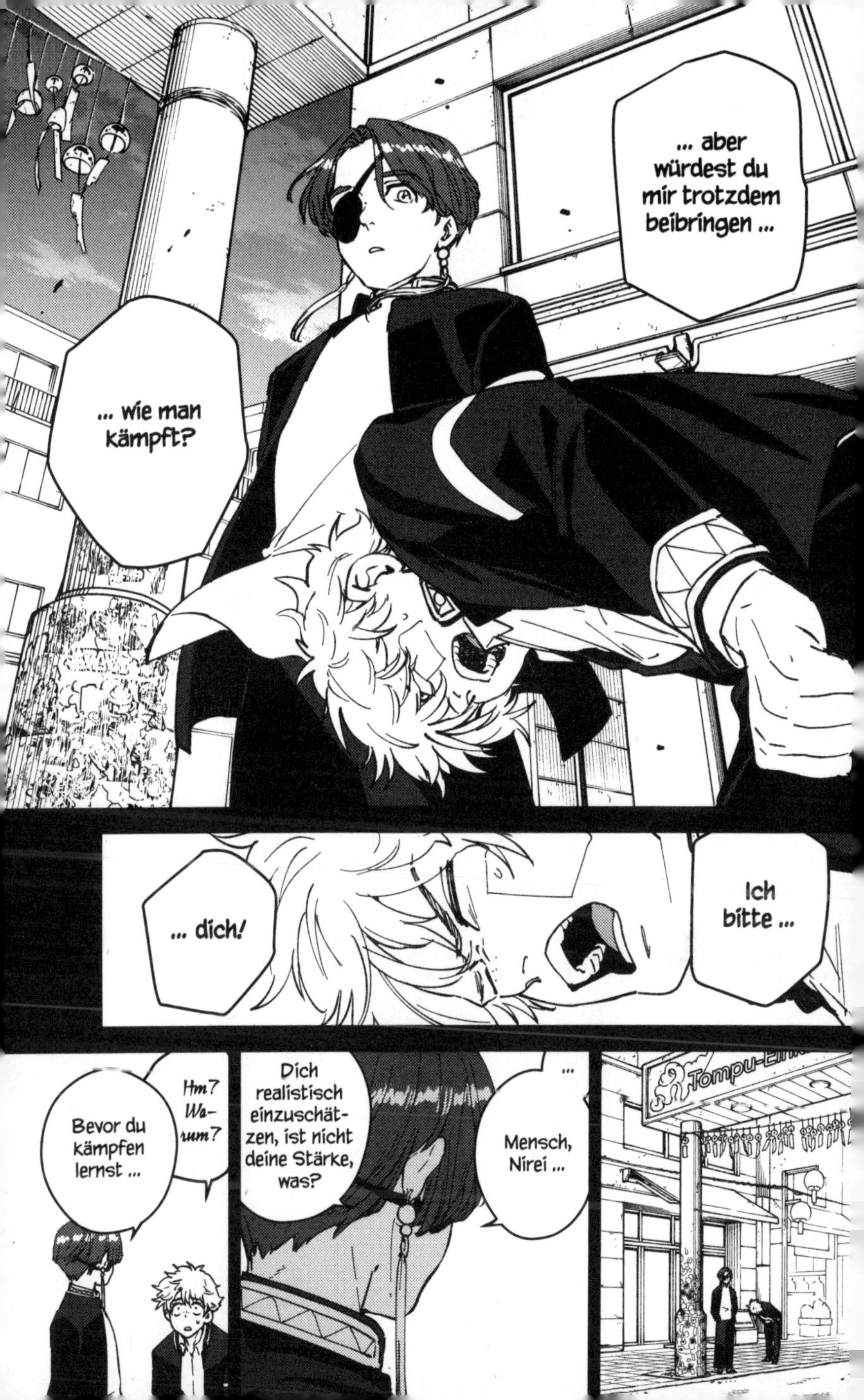
... aber würdest du mir trotzdem beibringen ...
... wie man kämpft?
Ich bitte ...
... dich!
...
Mensch, Nirei ...
Dich realistisch einzuschät- zen, ist nicht deine Stärke, was?
Hm? Wa- rum?
Bevor du kämpfen lernst ...

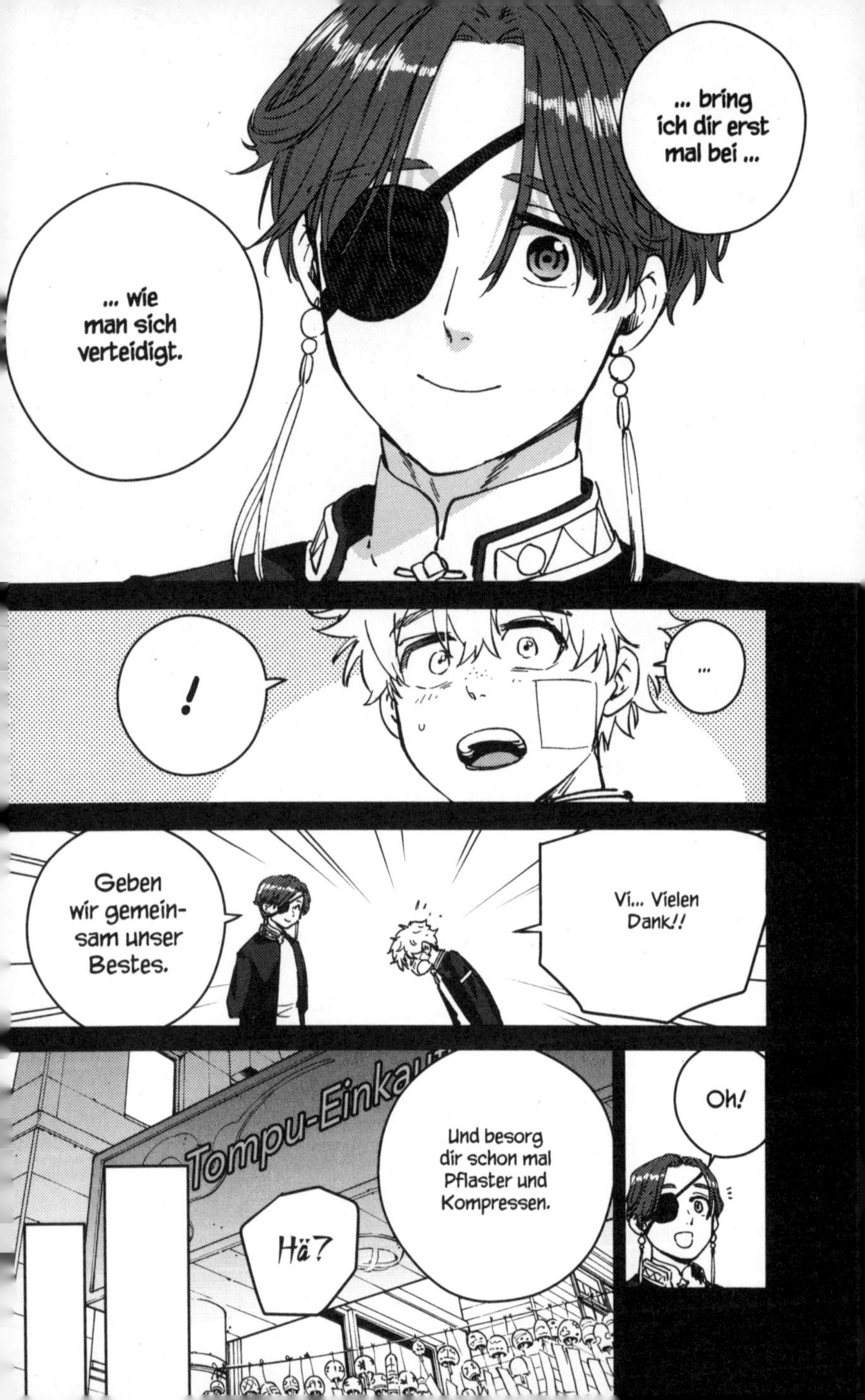
... bring ich dir erst mal bei ...
... wie man sich verteidigt.
...
!
Vi... Vielen Dank!!
Geben wir gemeinsam unser Bestes.
Oh!
Und besorg dir schon mal Pflaster und Kompressen.
Hä?

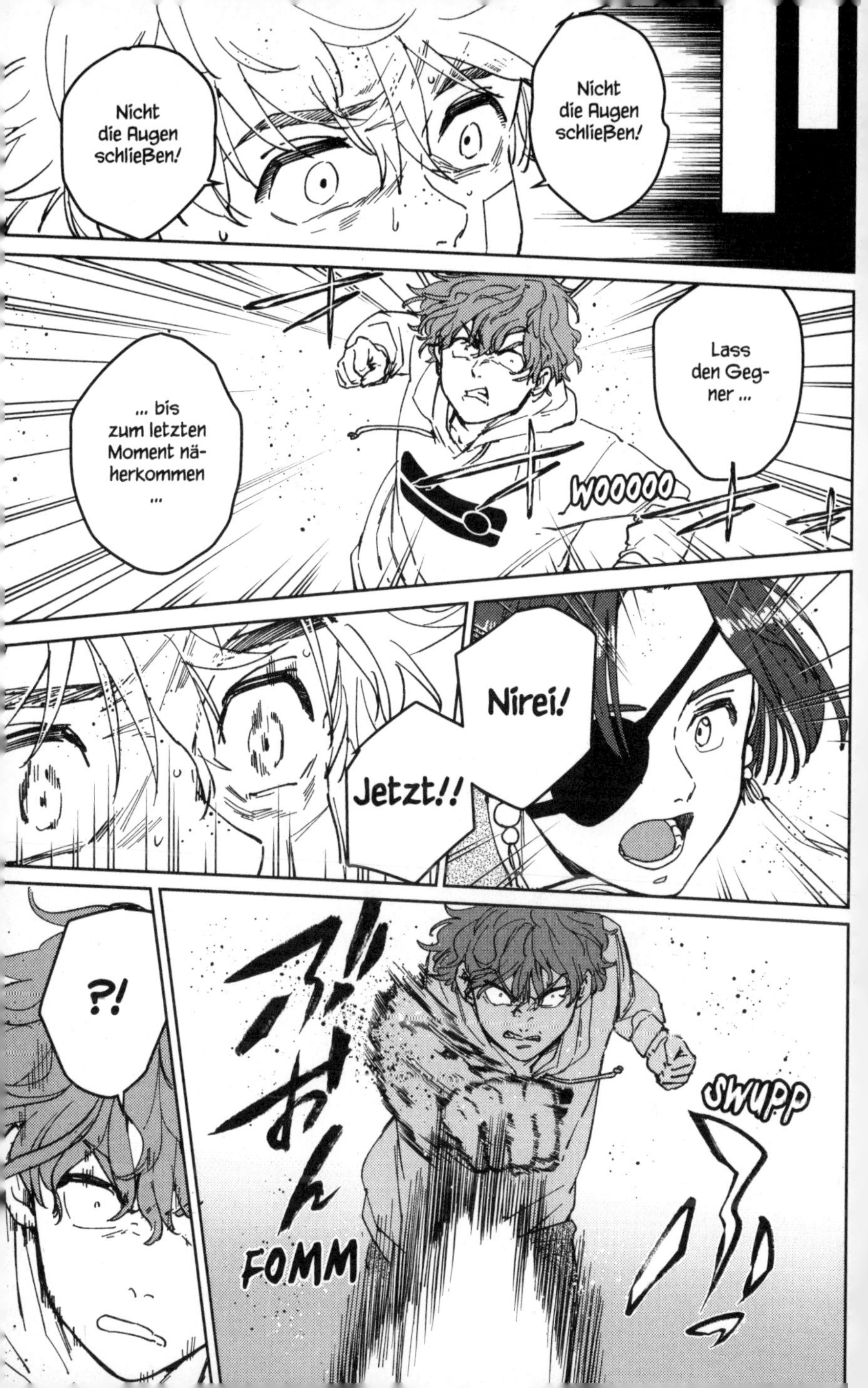
Nicht die Augen schließen!
Nicht die Augen schließen!
Lass den Gegner ...
... bis zum letzten Moment näherkommen ...
WOOOOO
Nirei!
Jetzt!!
?!
SWUPP
FOMM

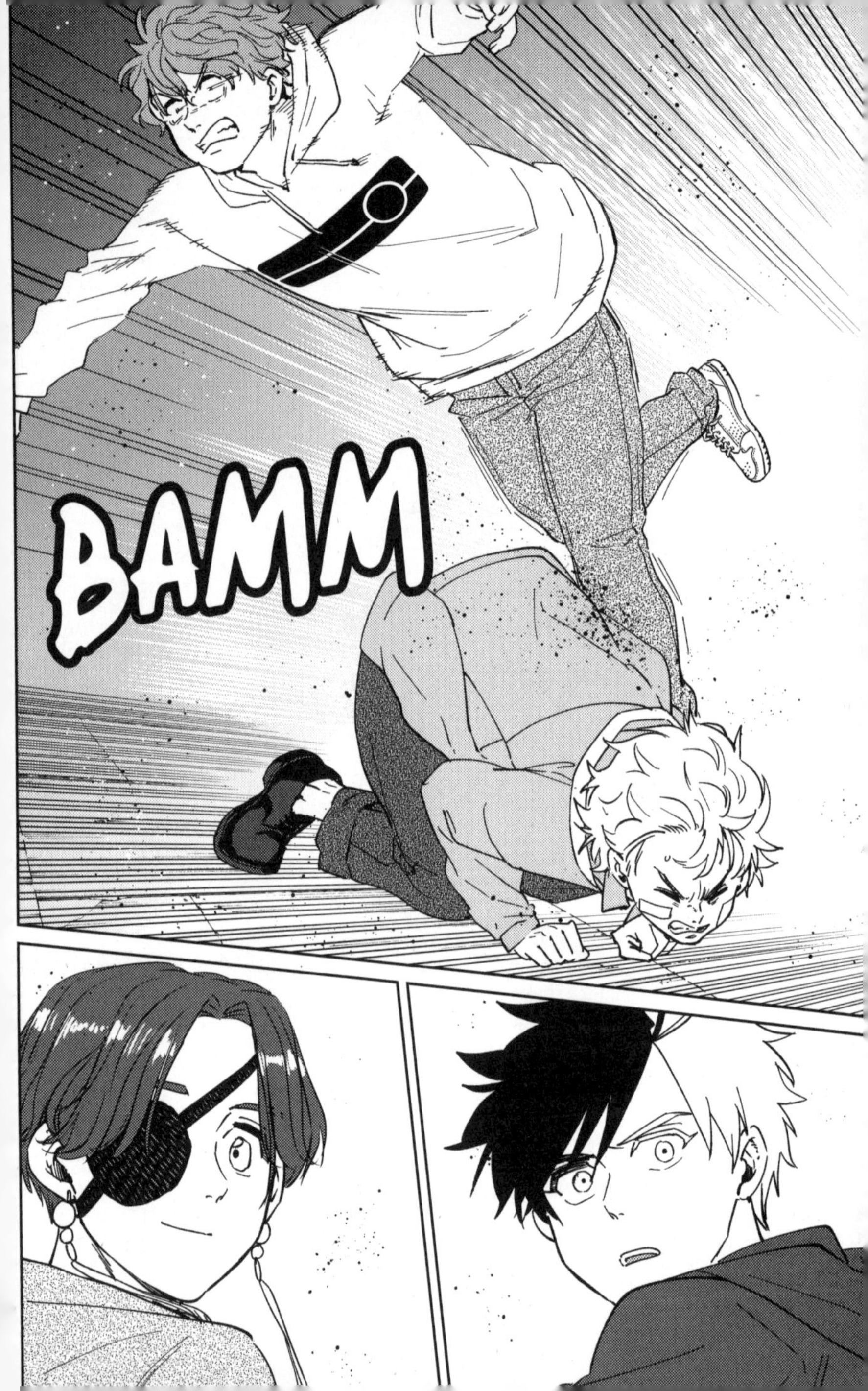
BAMM

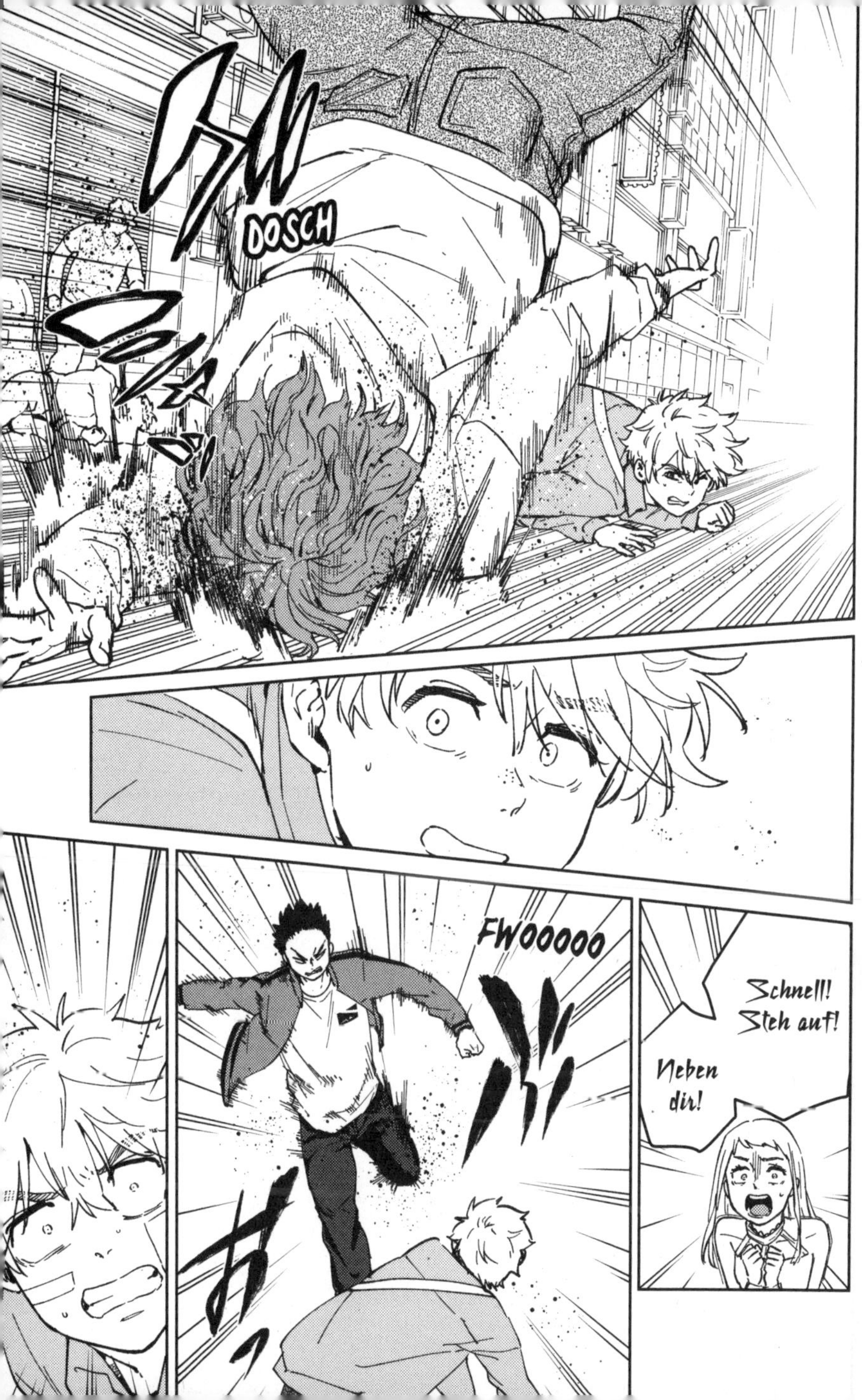
DOSCH
FWOOOOO
Schnell! Steh auf!
Neben dir!

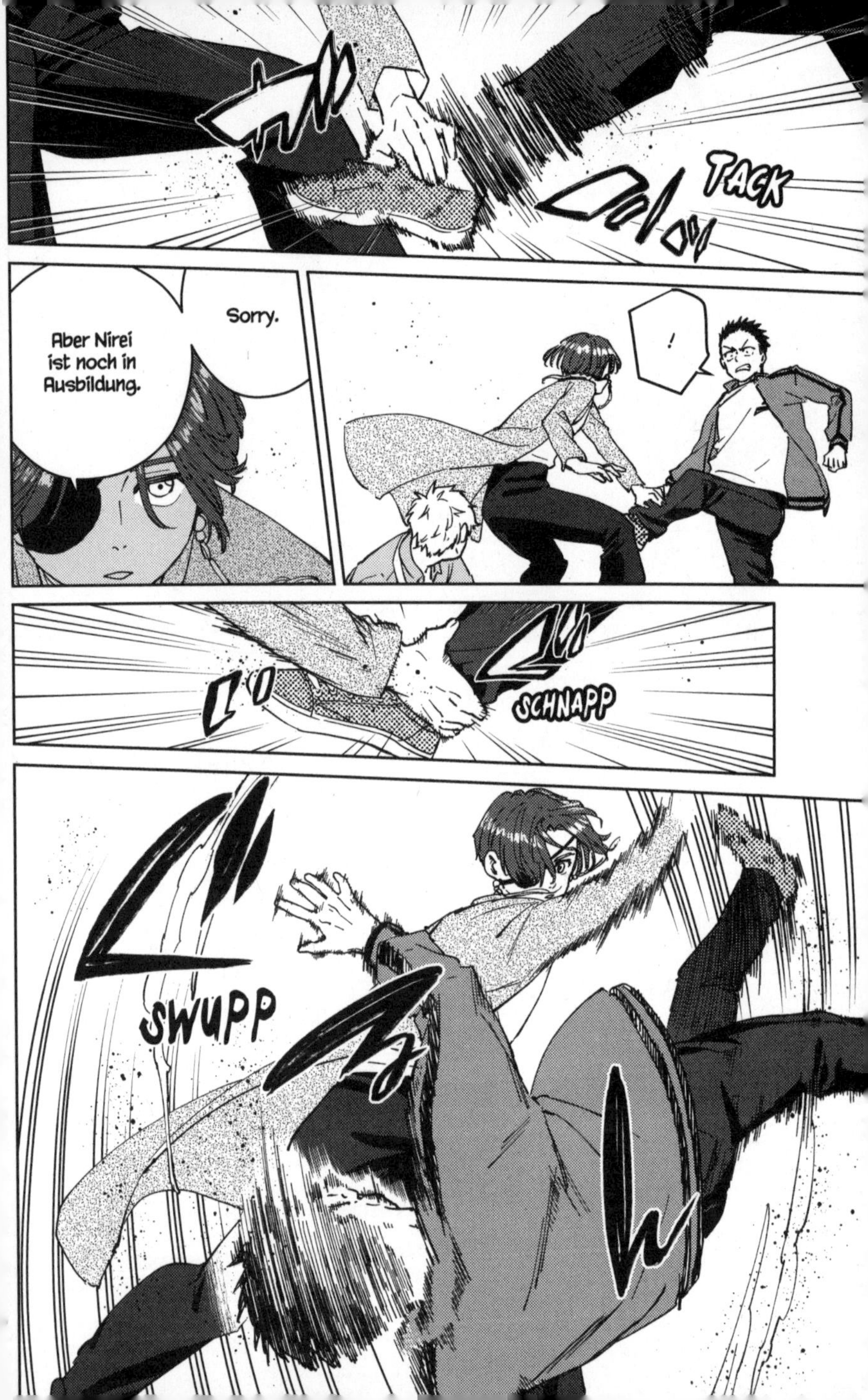

TACK
!
Sorry.
Aber Nirei ist noch in Ausbildung.
SCHNAPP
SWUPP

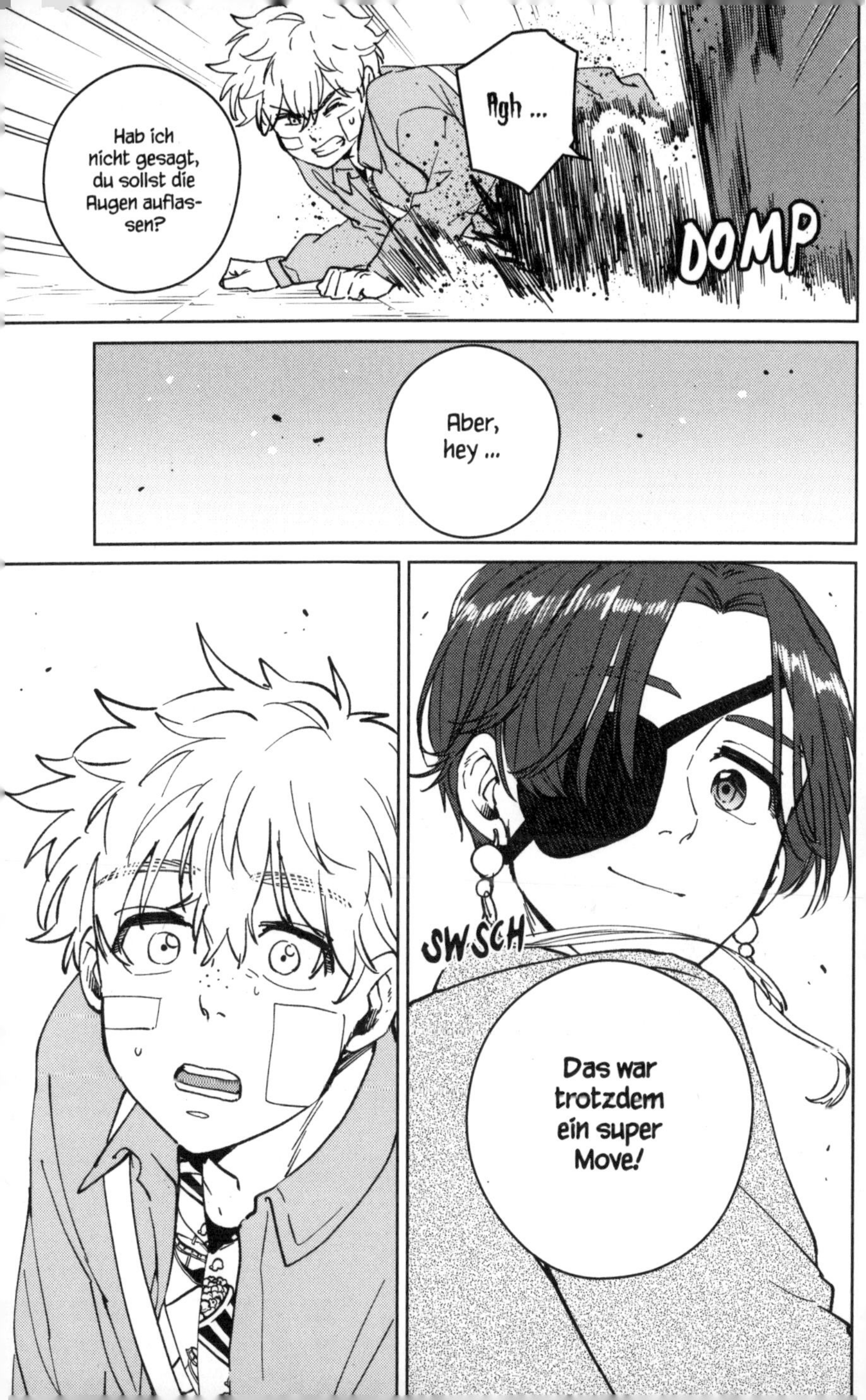
Agh …
DOMP
Hab ich nicht gesagt, du sollst die Augen auflassen?
Aber, hey …
SWSCH
Das war trotzdem ein super Move!

WIND BREAKER

KAPITEL 69: SPEZIALTRAINING

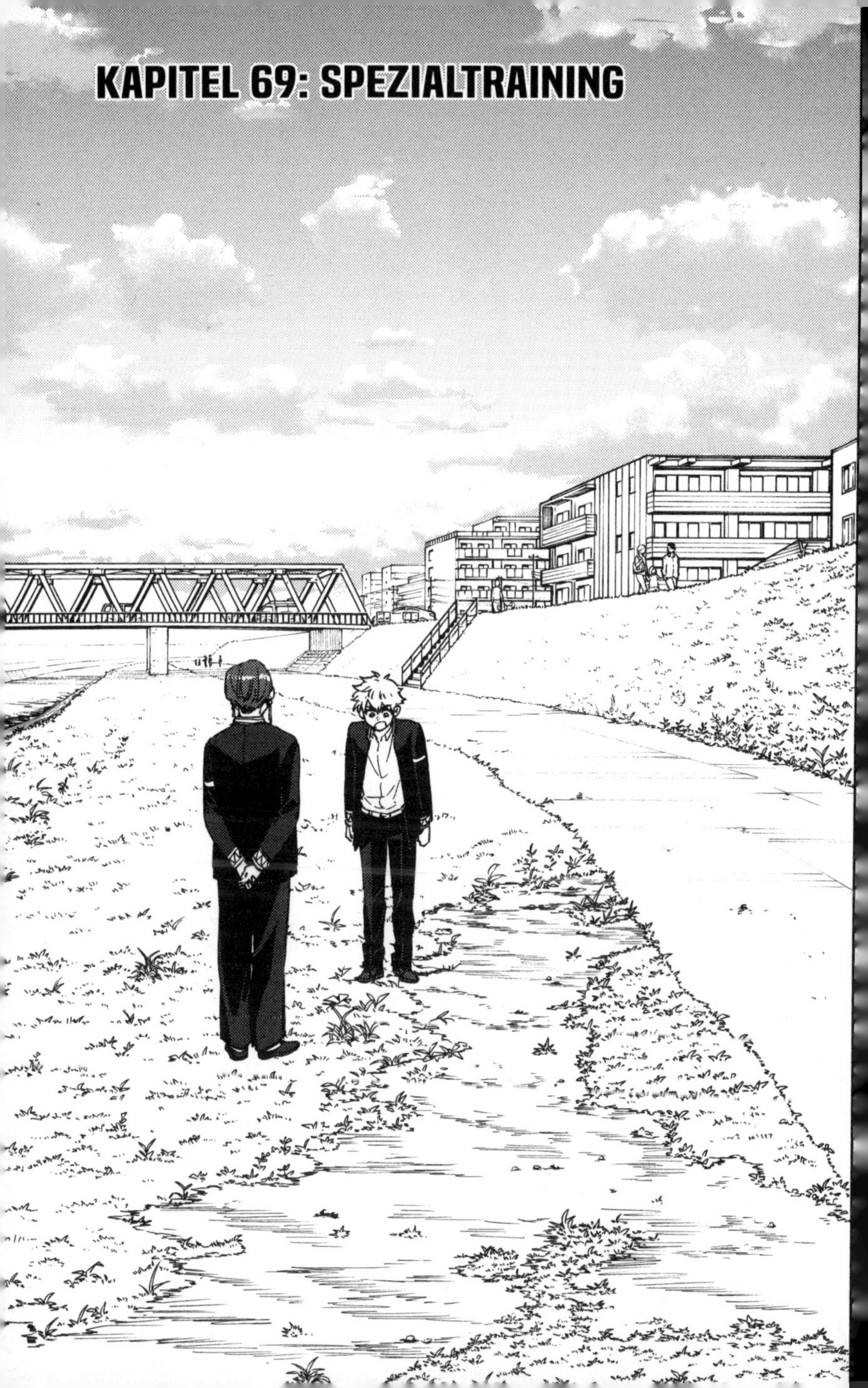

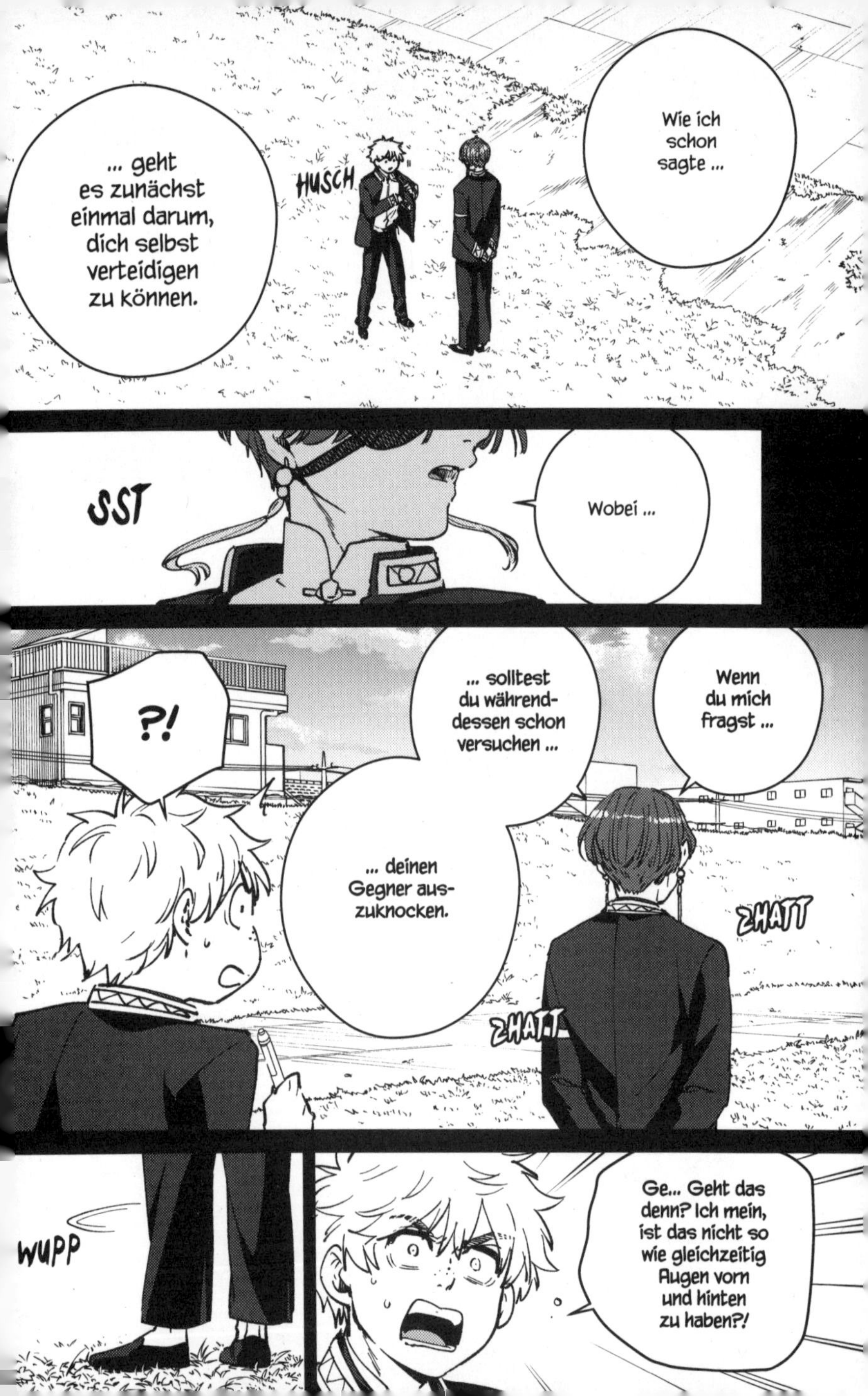
Wie ich schon sagte ...
... geht es zunächst einmal darum, dich selbst verteidigen zu können.
HUSCH
Wobei ...
SST
Wenn du mich fragst ...
... solltest du während-dessen schon versuchen ...
... deinen Gegner aus-zuknocken.
?!
ZHATT
ZHATT
Ge... Geht das denn? Ich mein, ist das nicht so wie gleichzeitig Augen vorn und hinten zu haben?!
WUPP

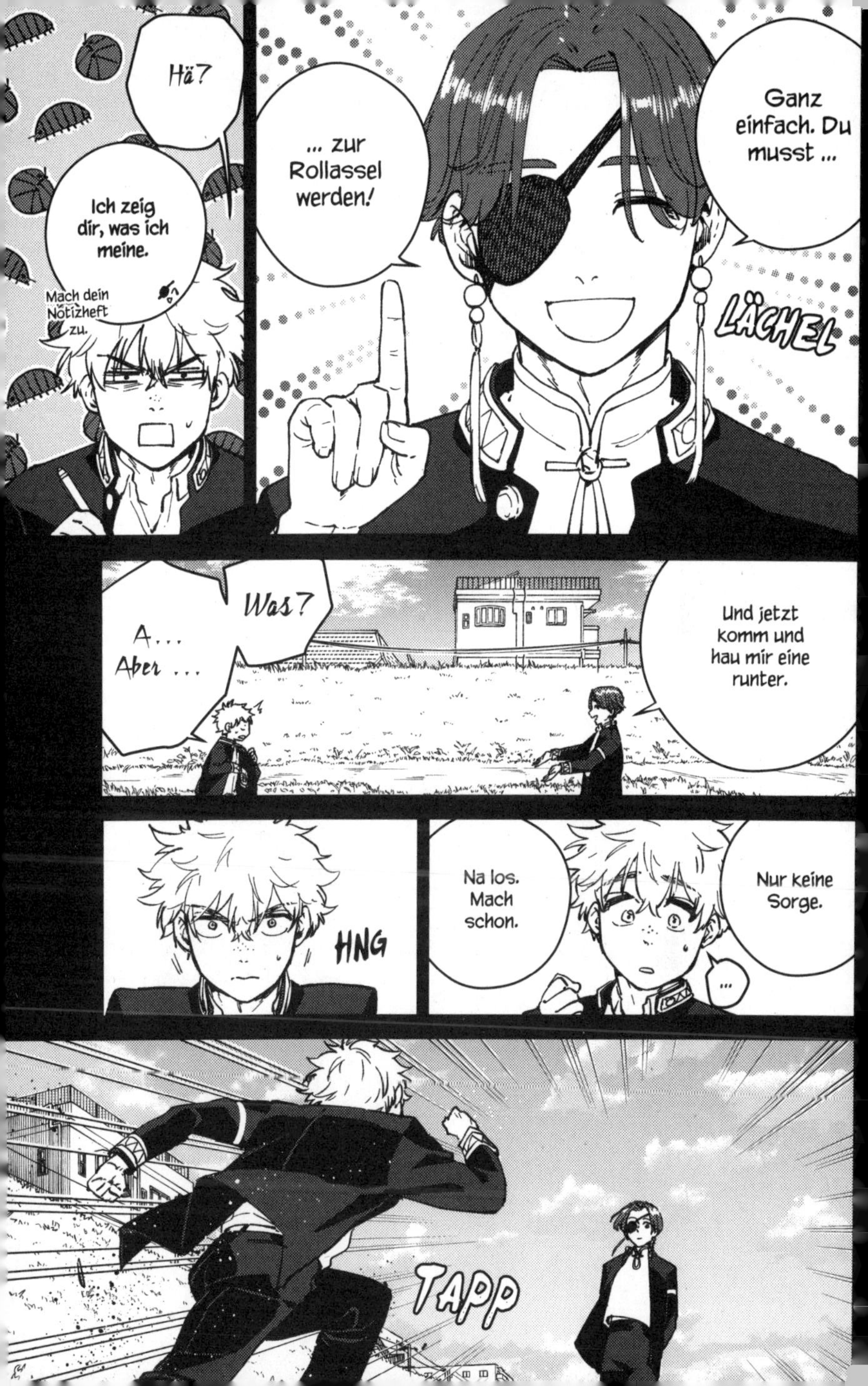
Ganz einfach. Du musst ...
LÄCHEL
... zur Rollassel werden!
Hä?
Ich zeig dir, was ich meine.
Mach dein Notizheft zu.
Und jetzt komm und hau mir eine runter.
Was?
A ... Aber ...
Nur keine Sorge.
...
Na los. Mach schon.
HNG
TAPP

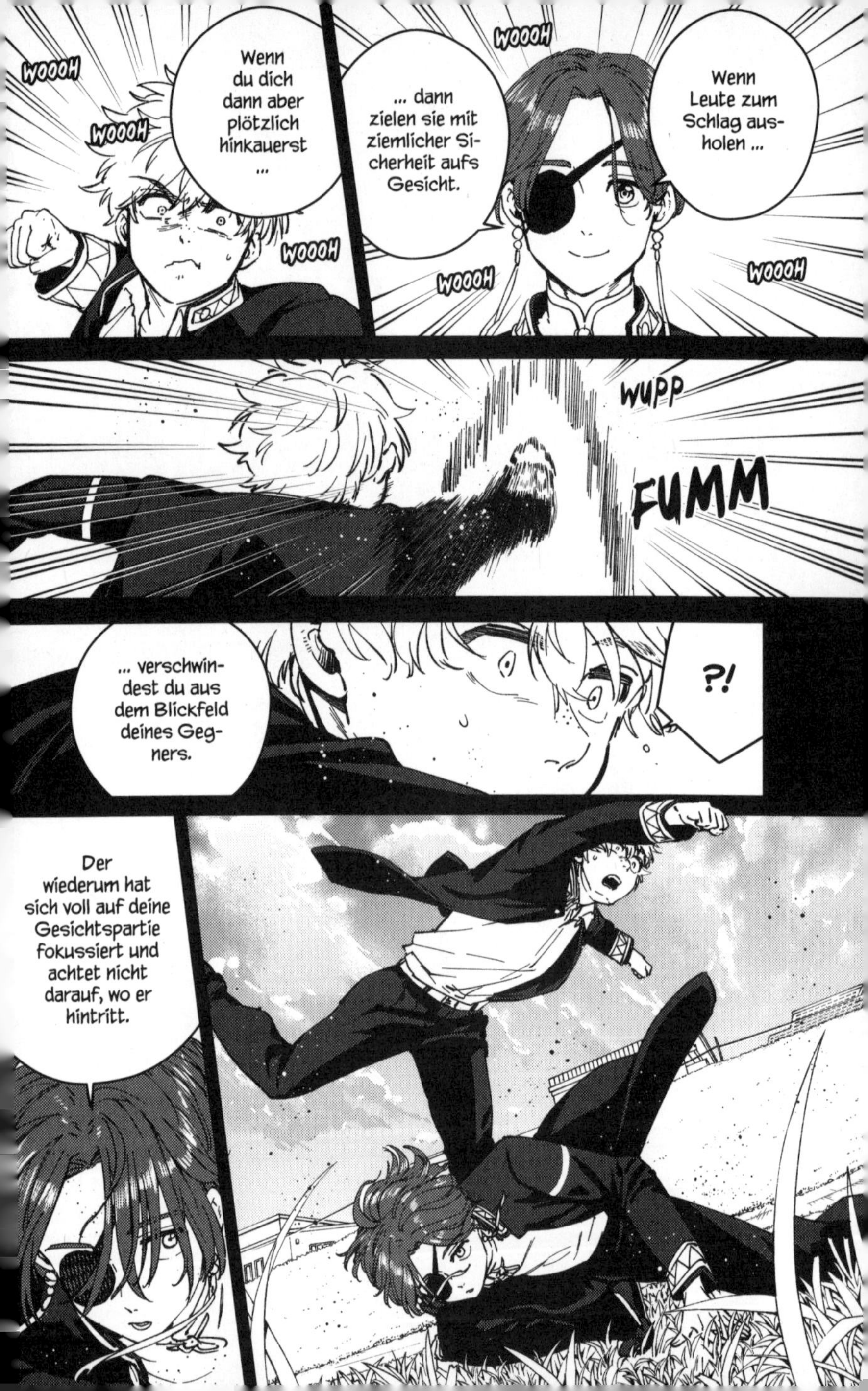
WOOOH
Wenn Leute zum Schlag ausholen ...
WOOOH
... dann zielen sie mit ziemlicher Sicherheit aufs Gesicht.
WOOOH
Wenn du dich dann aber plötzlich hinkauerst ...
WOOOH
WOOOH
WOOOH
WUPP
FUMM
?!
... verschwindest du aus dem Blickfeld deines Gegners.
Der wiederum hat sich voll auf deine Gesichtspartie fokussiert und achtet nicht darauf, wo er hintritt.

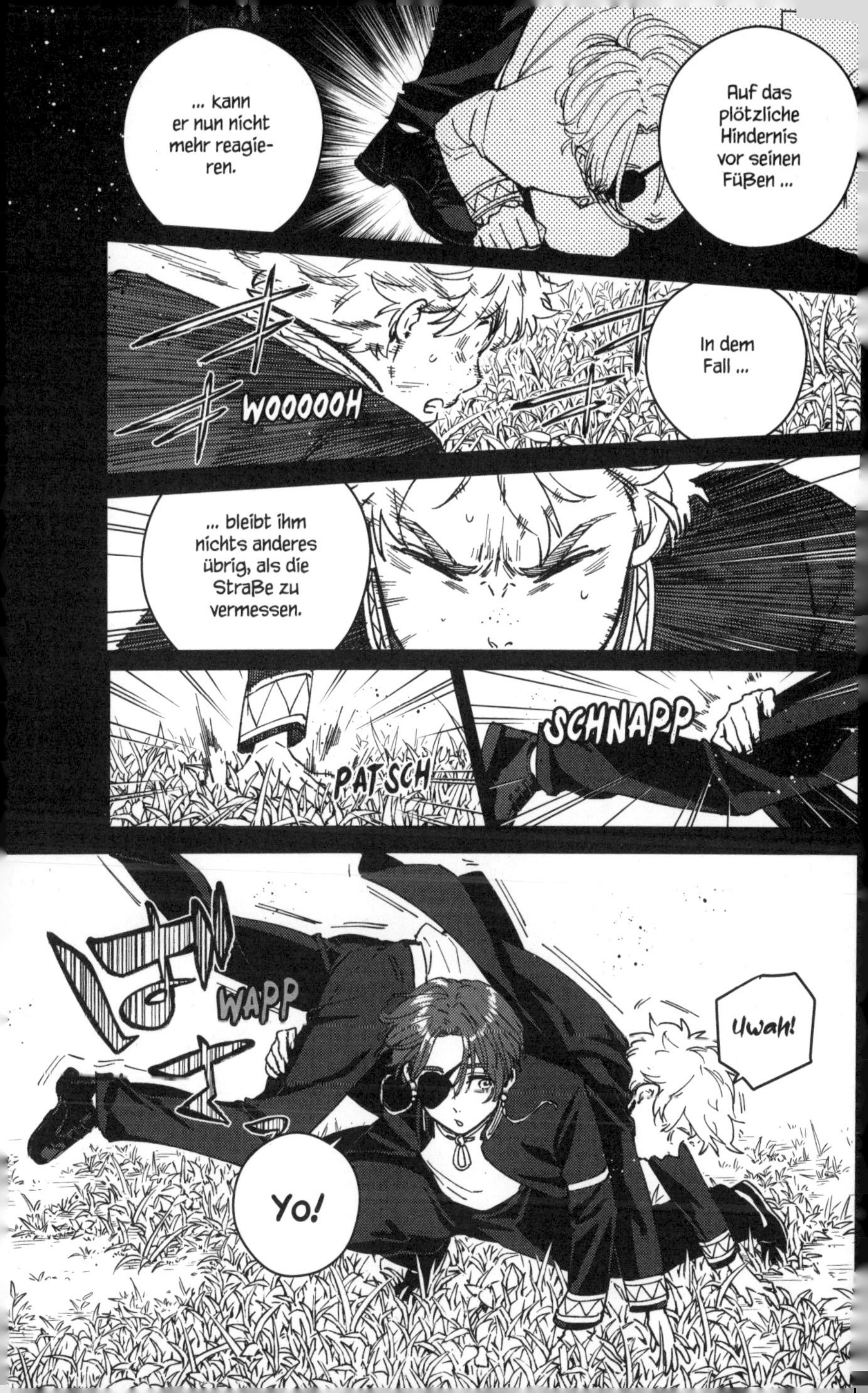
Auf das plötzliche Hindernis vor seinen Füßen ...
... kann er nun nicht mehr reagie-ren.
In dem Fall ...
WOOOOOH
... bleibt ihm nichts anderes übrig, als die Straße zu vermessen.
SCHNAPP
PATSCH
WAPP
Uwah!
Yo!

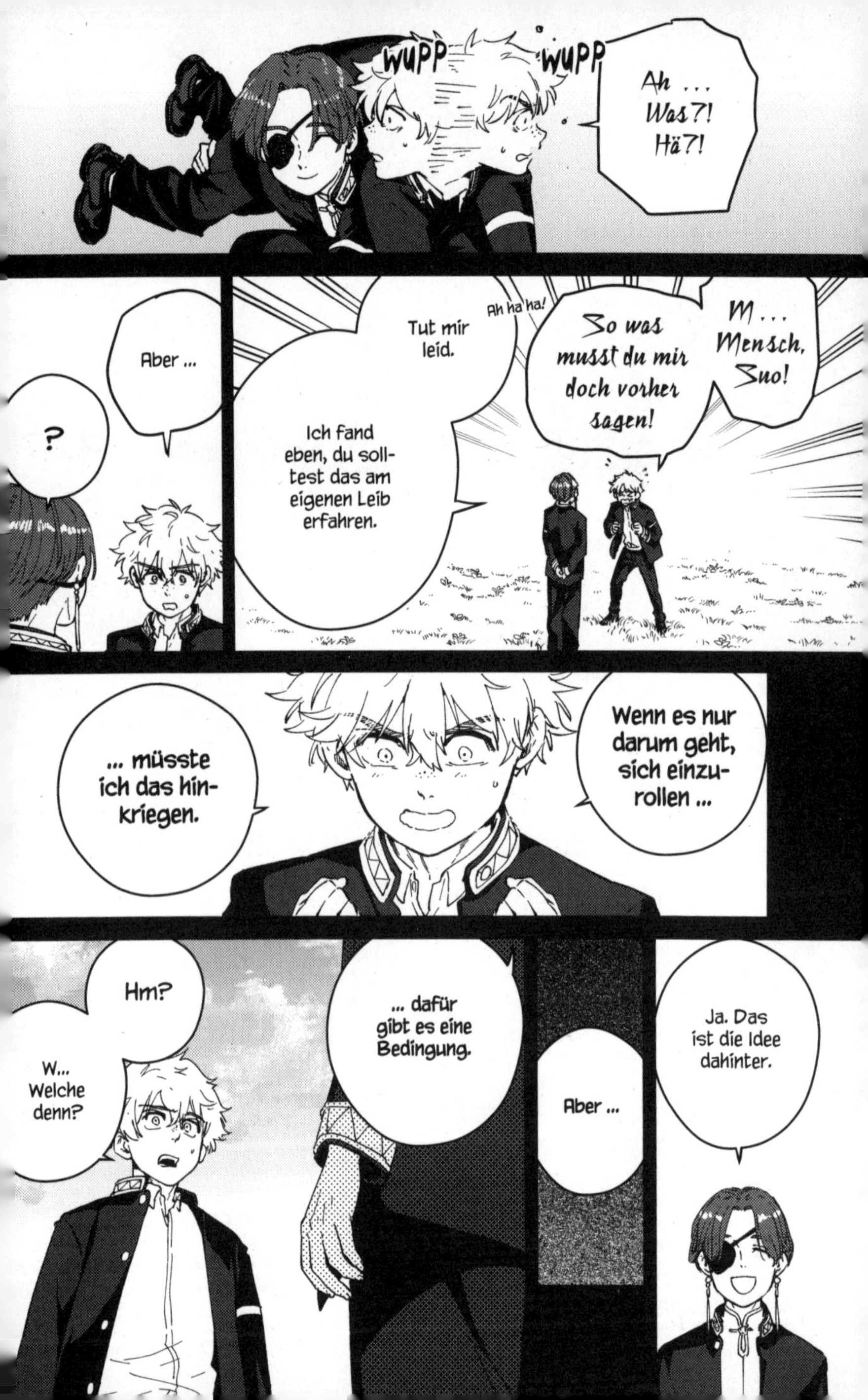
WUPP
WUPP
Ah ... Was?! Hä?!
M ... Mensch, Suo!
So was musst du mir doch vorher sagen!
Ah ha ha!
Tut mir leid.
Ich fand eben, du solltest das am eigenen Leib erfahren.
Aber ...
?
Wenn es nur darum geht, sich einzurollen ...
... müsste ich das hinkriegen.
Ja. Das ist die Idee dahinter.
Aber ...
... dafür gibt es eine Bedingung.
Hm?
W... Welche denn?

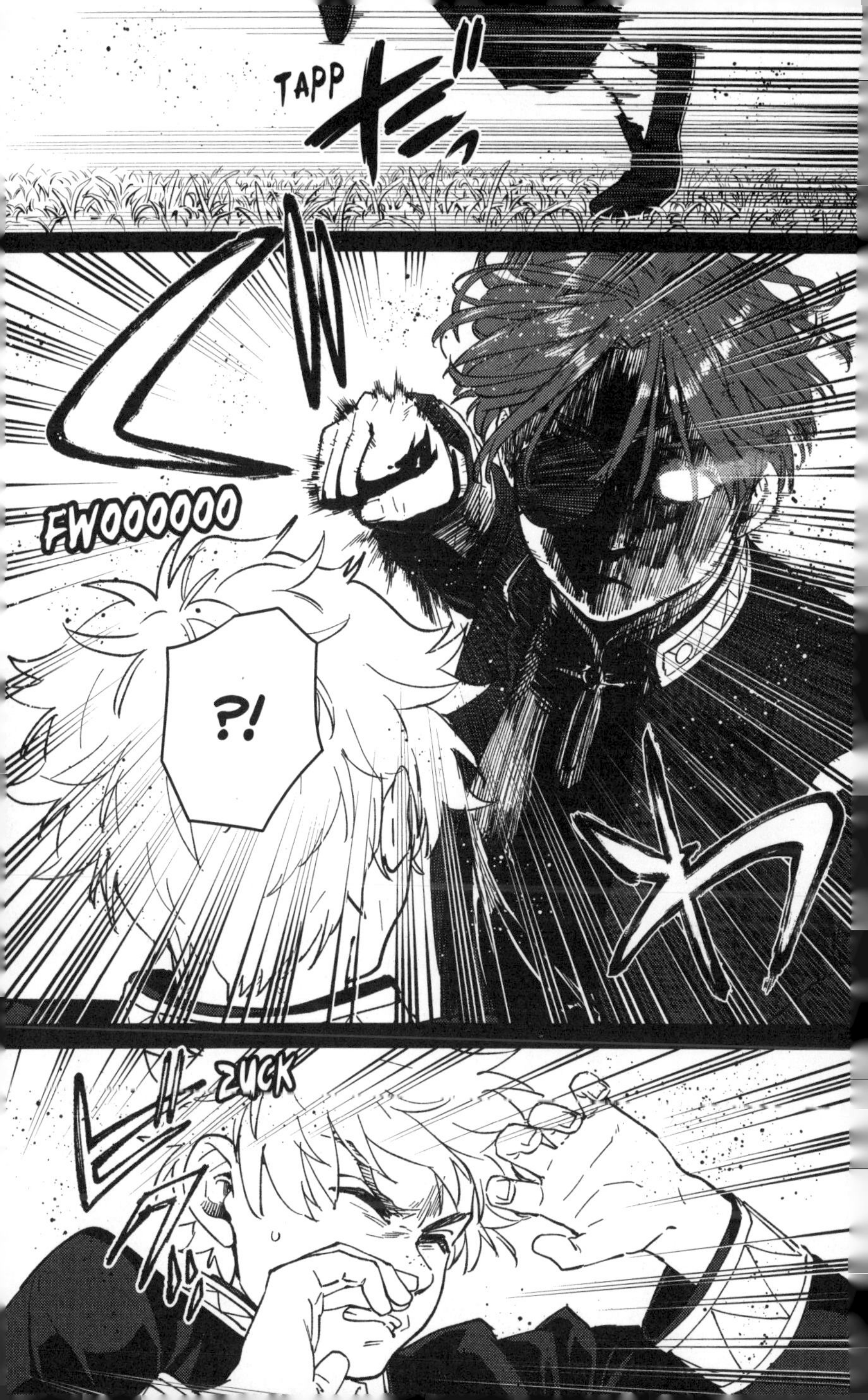
TAPP
FWOOOOOO
?!
ZUCK

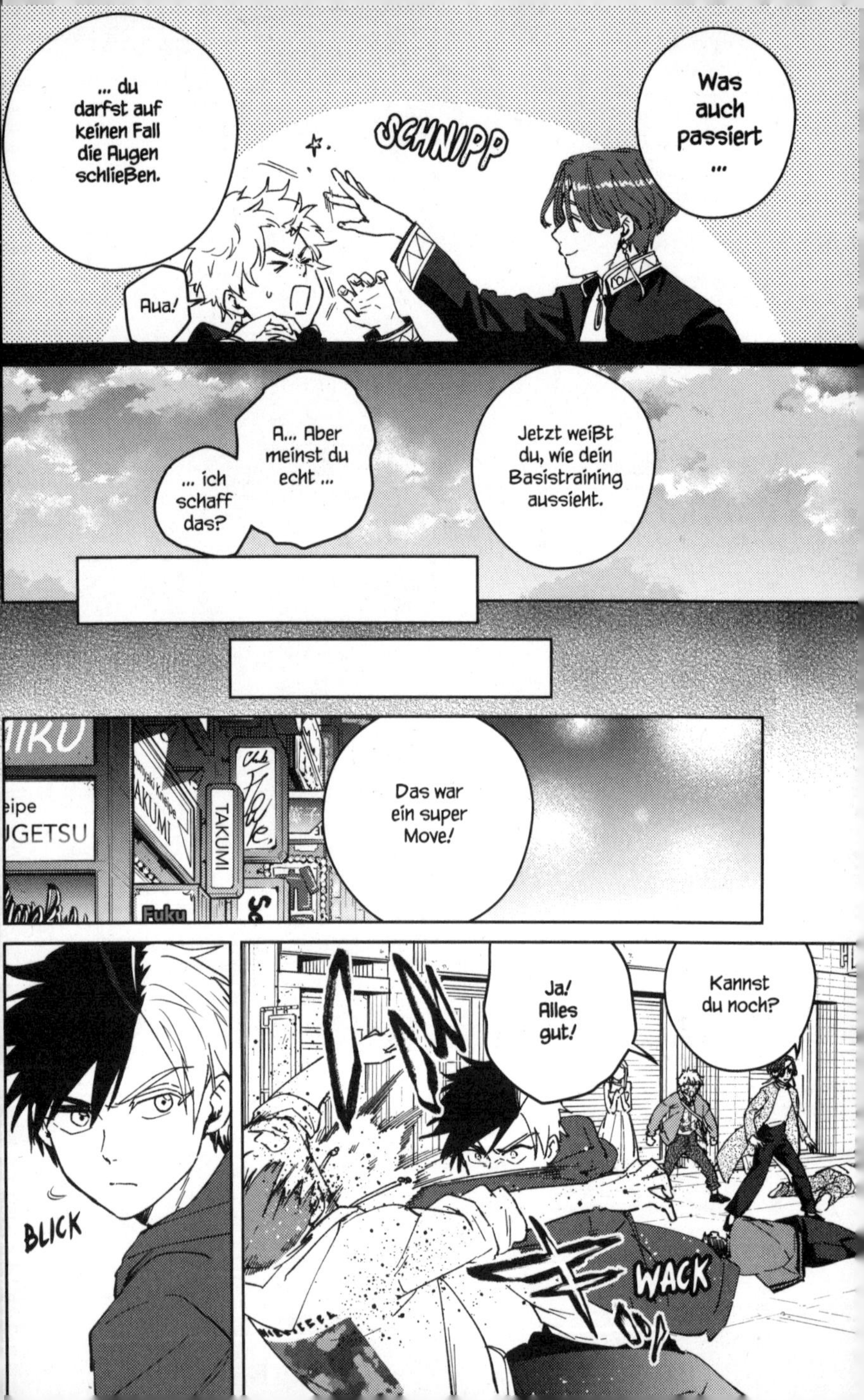
Was auch passiert ...
... du darfst auf keinen Fall die Augen schließen.
SCHNIPP
Aua!
Jetzt weißt du, wie dein Basistraining aussieht.
A... Aber meinst du echt ...
... ich schaff das?
Das war ein super Move!
TAKUMI
Fuku
Kannst du noch?
Ja! Alles gut!
WACK
BLICK

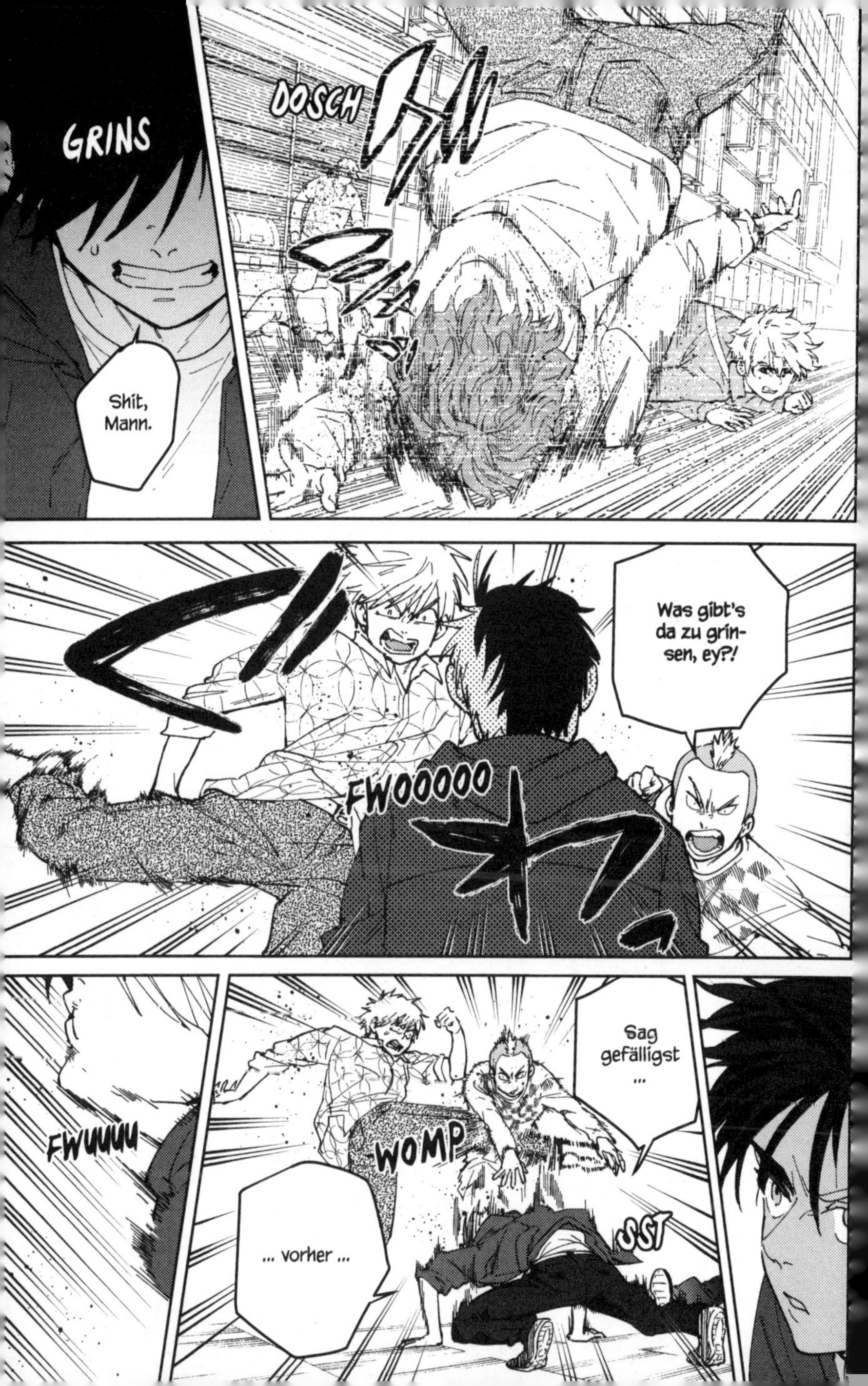
DOSCH
GRINS
Shit, Mann.
Was gibt's da zu grin-sen, ey?!
FWOOOOO
Sag gefälligst ...
FWUUUU
WOMP
SST
... vorher ...

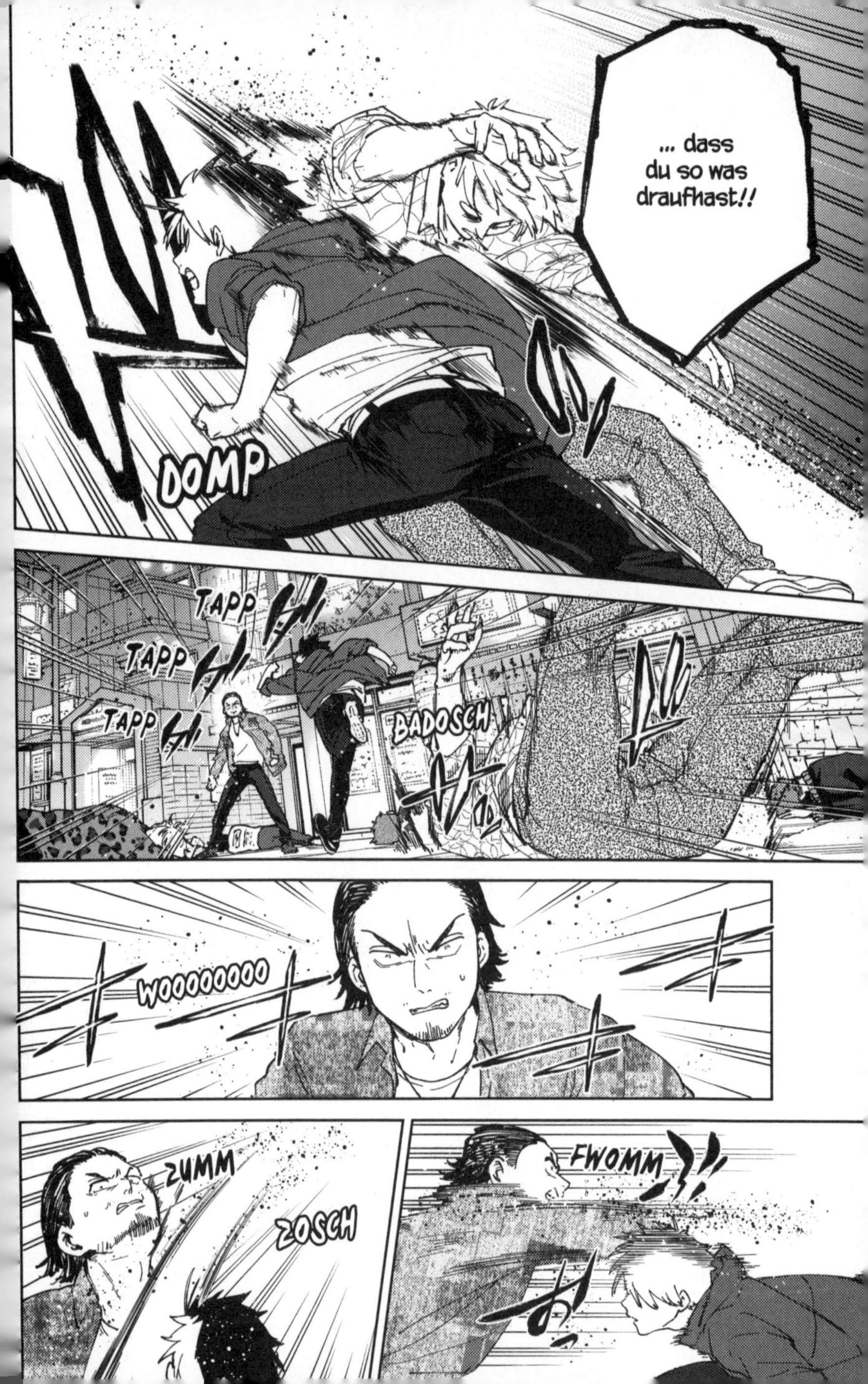
... dass du so was draufhast!!
DOMP
TAPP
TAPP
TAPP
BADOSCH
WOOOOOOOO
ZUMM
ZOSCH
FWOMM

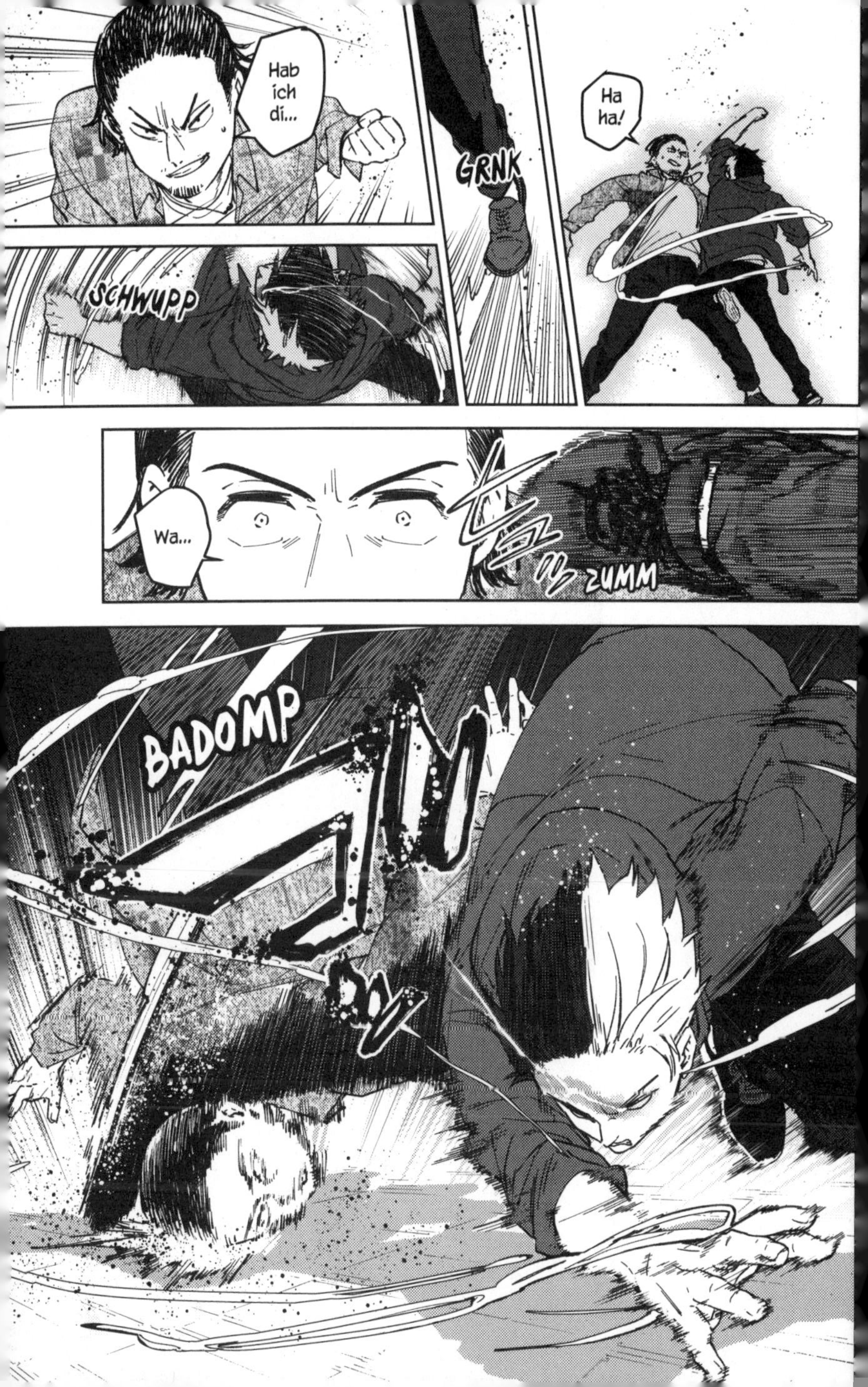

Ha ha!
GRNK
Hab ich dí...
SCHWUPP
ZUMM
Wa...
BADOMP

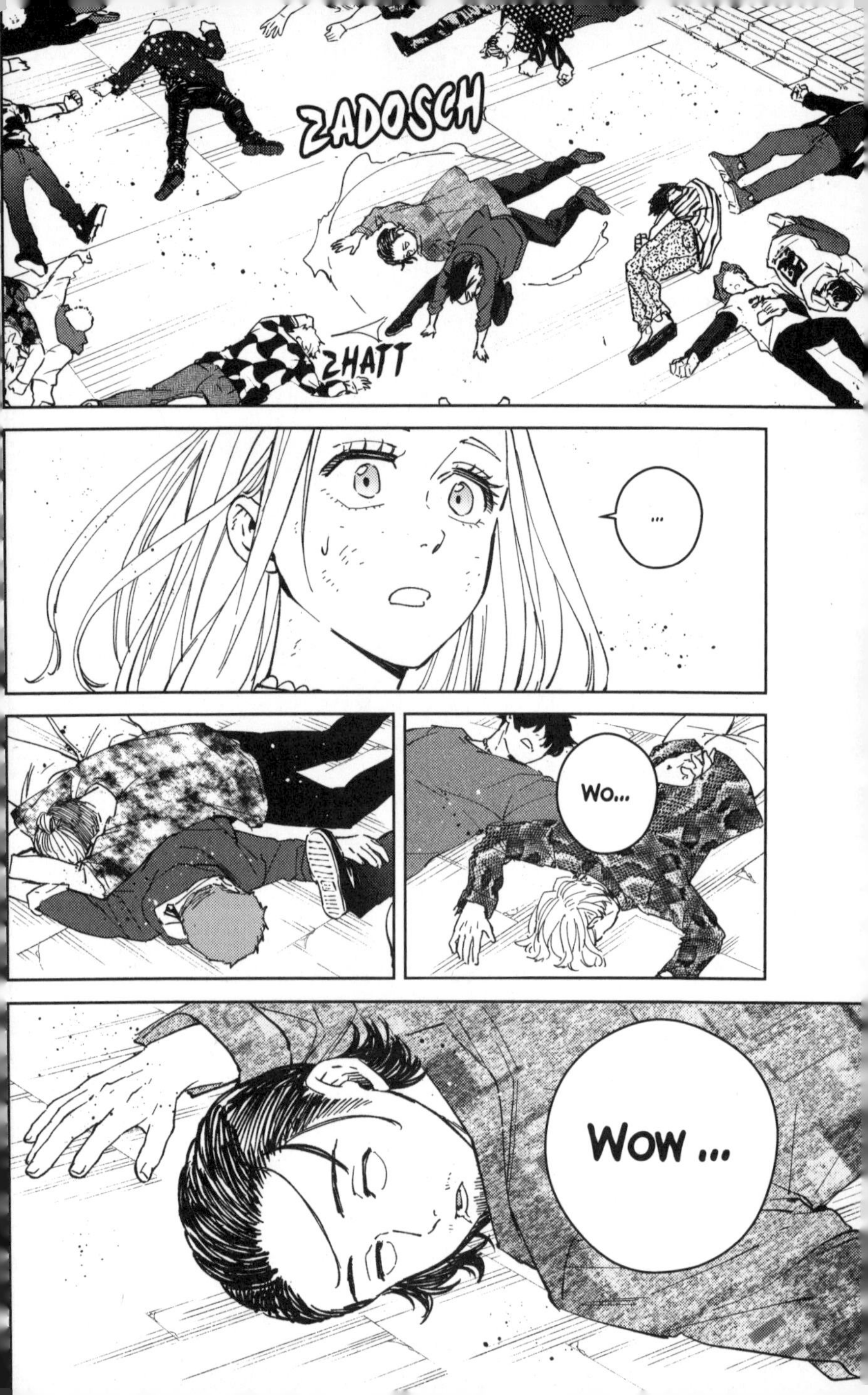
ZADOSCH
ZHATT
...
Wo...
Wow ...

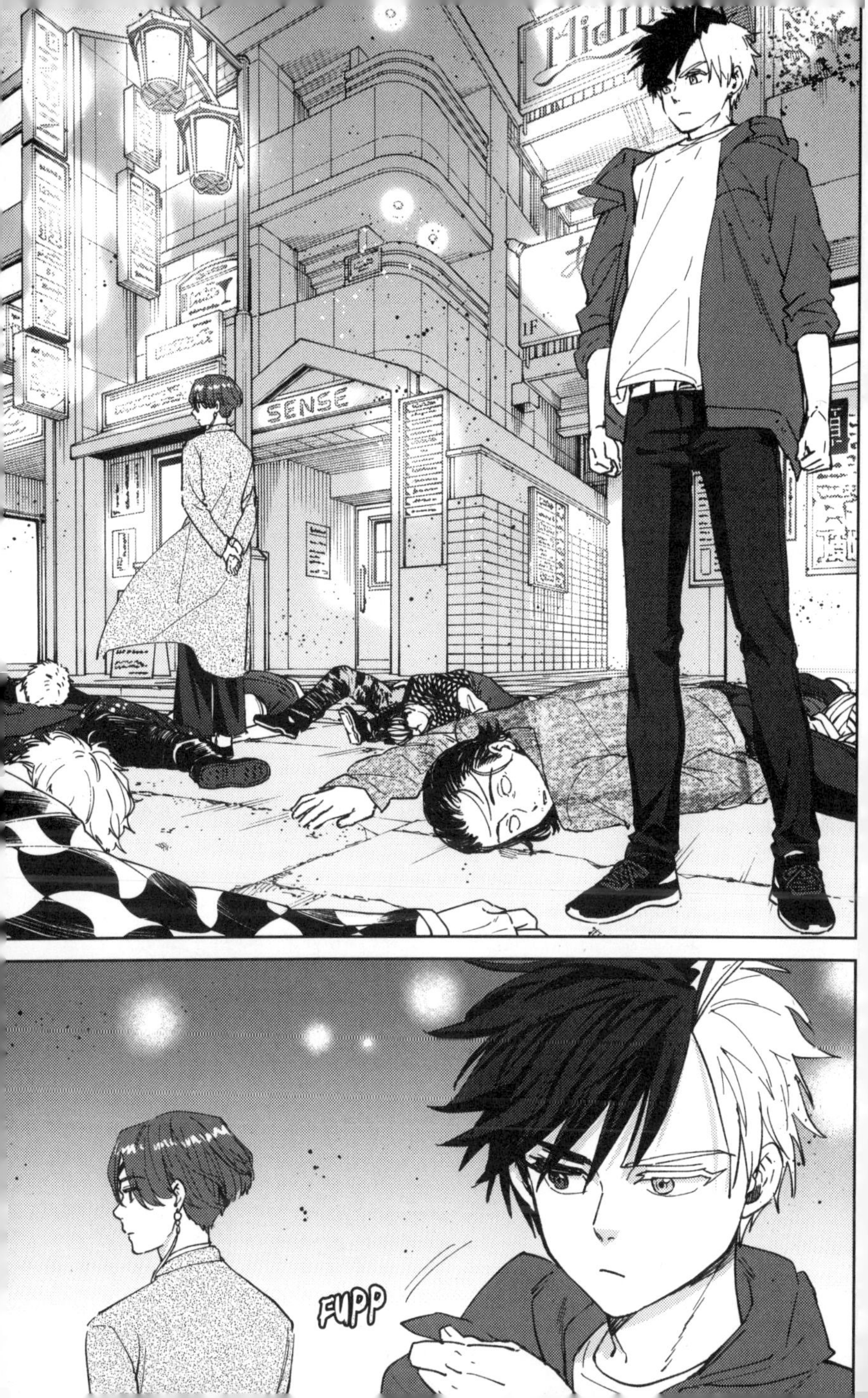
SENSE
FUPP

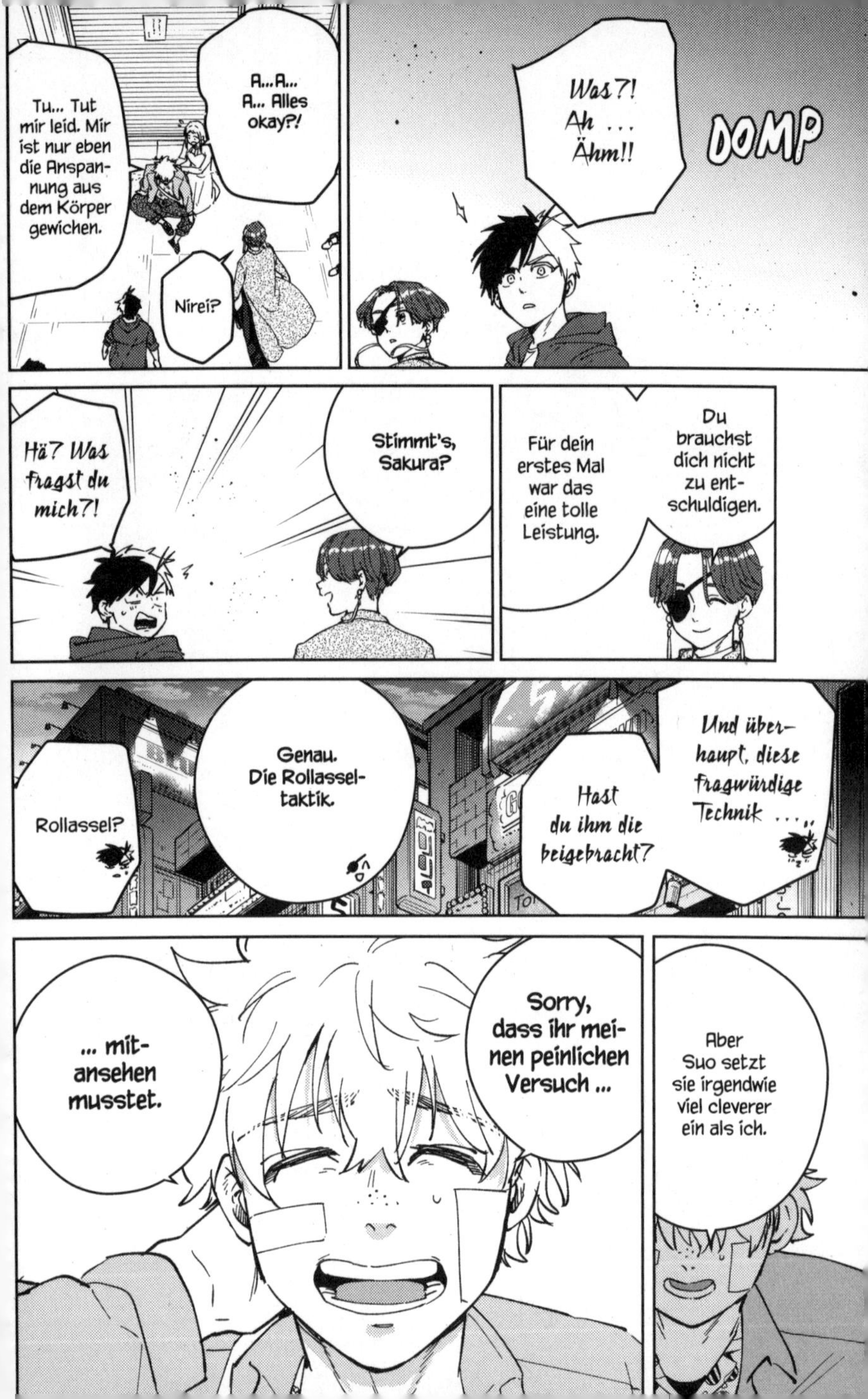
DOMP
Was?! Ah ... Ähm!!
A...A... A... Alles okay?!
Tu... Tut mir leid. Mir ist nur eben die Anspannung aus dem Körper gewichen.
Nirei?
Du brauchst dich nicht zu entschuldigen.
Für dein erstes Mal war das eine tolle Leistung.
Stimmt's, Sakura?
Hä? Was fragst du mich?!
Und überhaupt, diese fragwürdige Technik ...
Hast du ihm die beigebracht?
Genau. Die Rollasseltaktik.
Rollassel?
Aber Suo setzt sie irgendwie viel cleverer ein als ich.
Sorry, dass ihr meinen peinlichen Versuch ...
... mitansehen musstet.

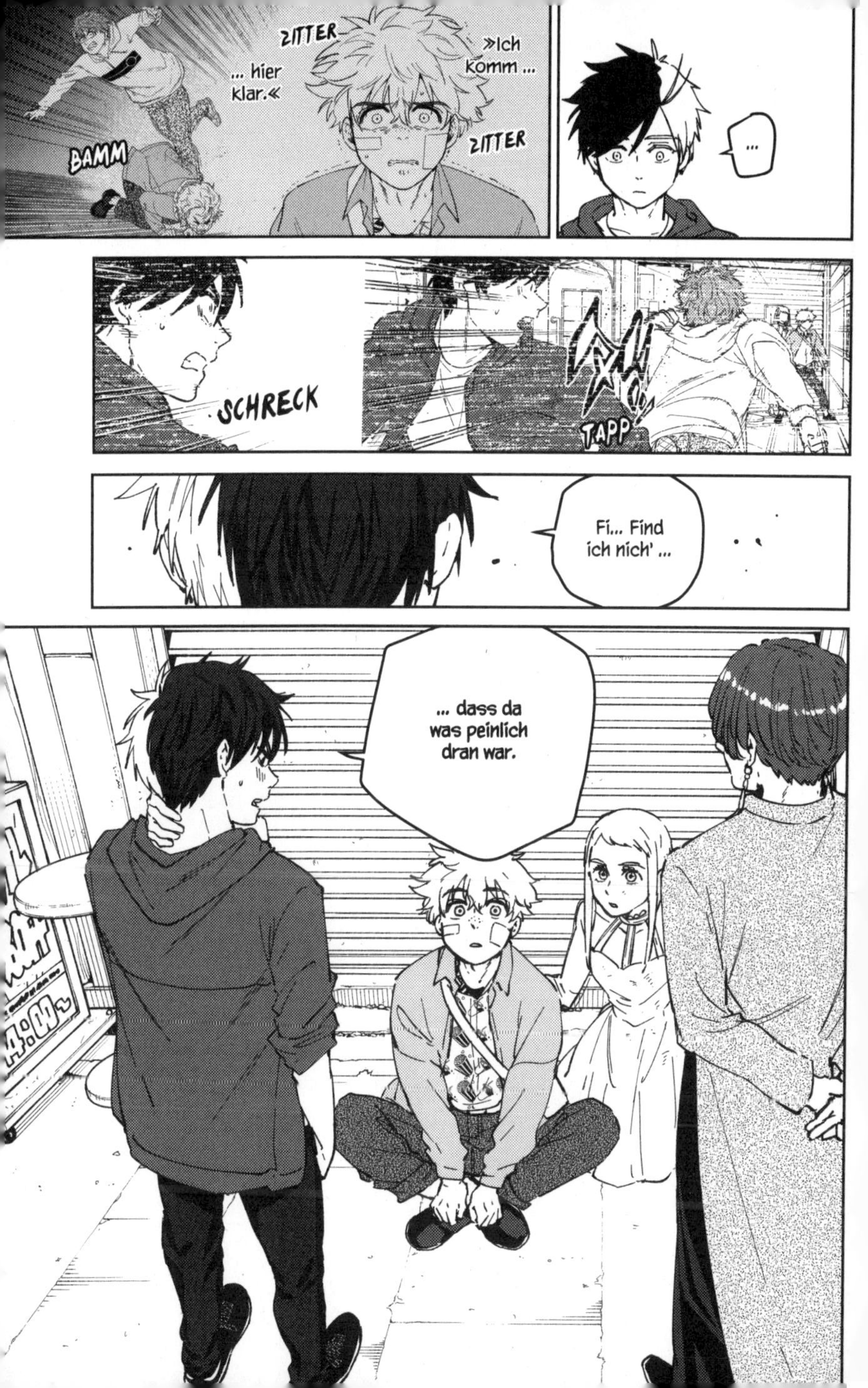
...
»Ich komm ...
... hier klar.«
ZITTER
ZITTER
BAMM
TAPP
SCHRECK
Fi... Find ich nich' ...
... dass da was peinlich dran war.

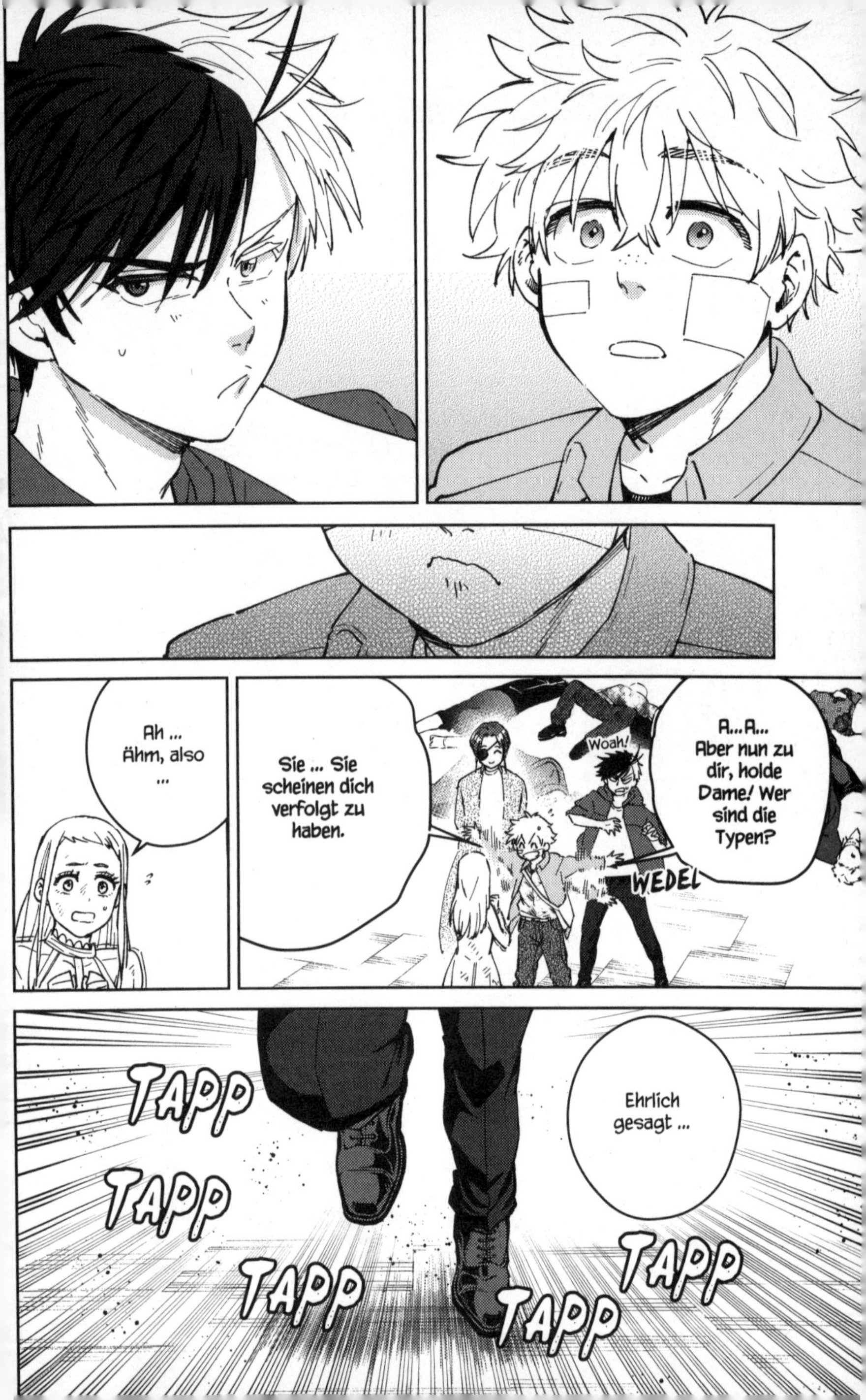
A...A... Aber nun zu dir, holde Dame! Wer sind die Typen?
Woah!
WEDEL
Sie ... Sie scheinen dich verfolgt zu haben.
Ah ... Ähm, also ...
Ehrlich gesagt ...
TAPP
TAPP
TAPP
TAPP
TAPP

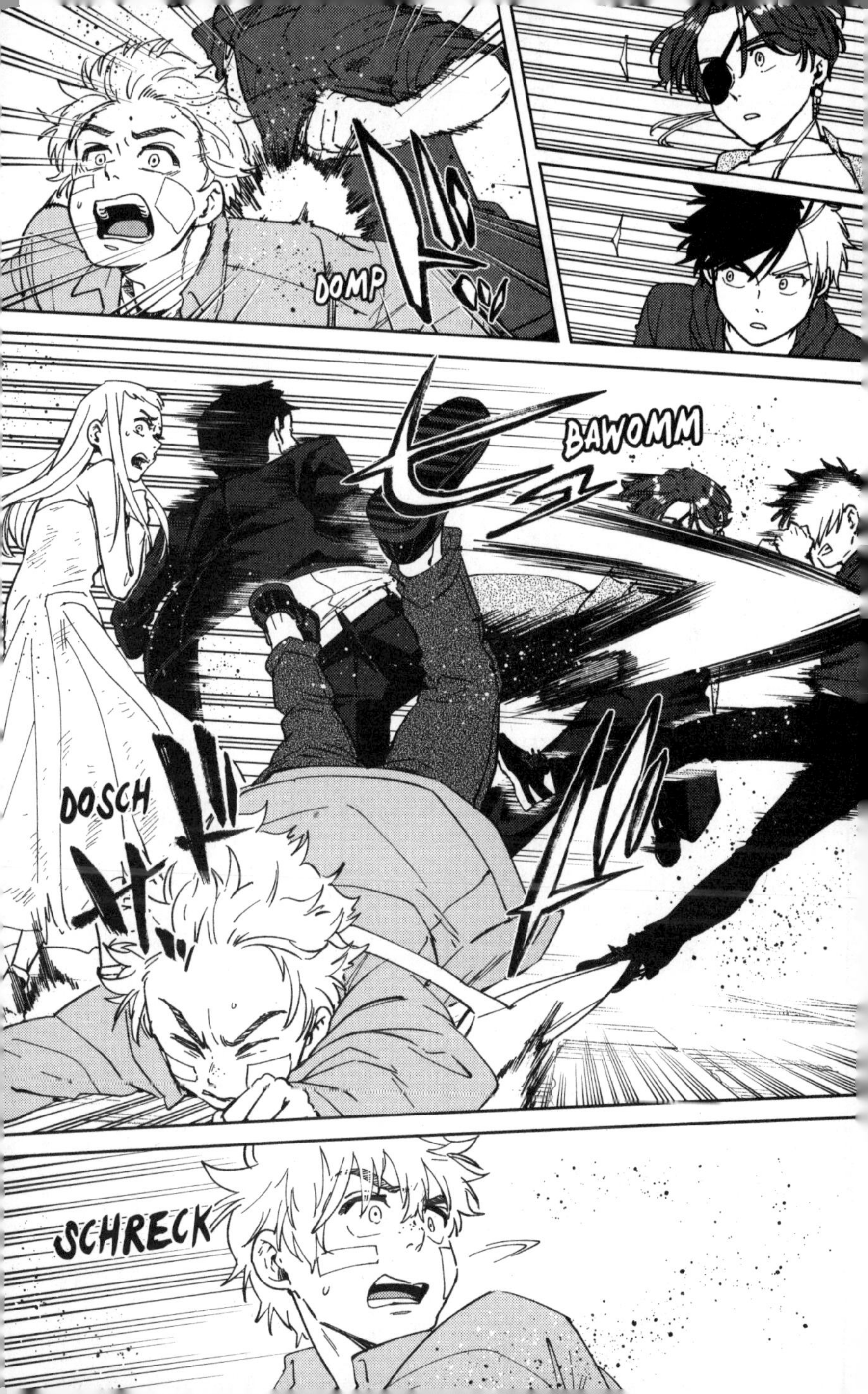
DOMP
BAWOMM
DOSCH
SCHRECK

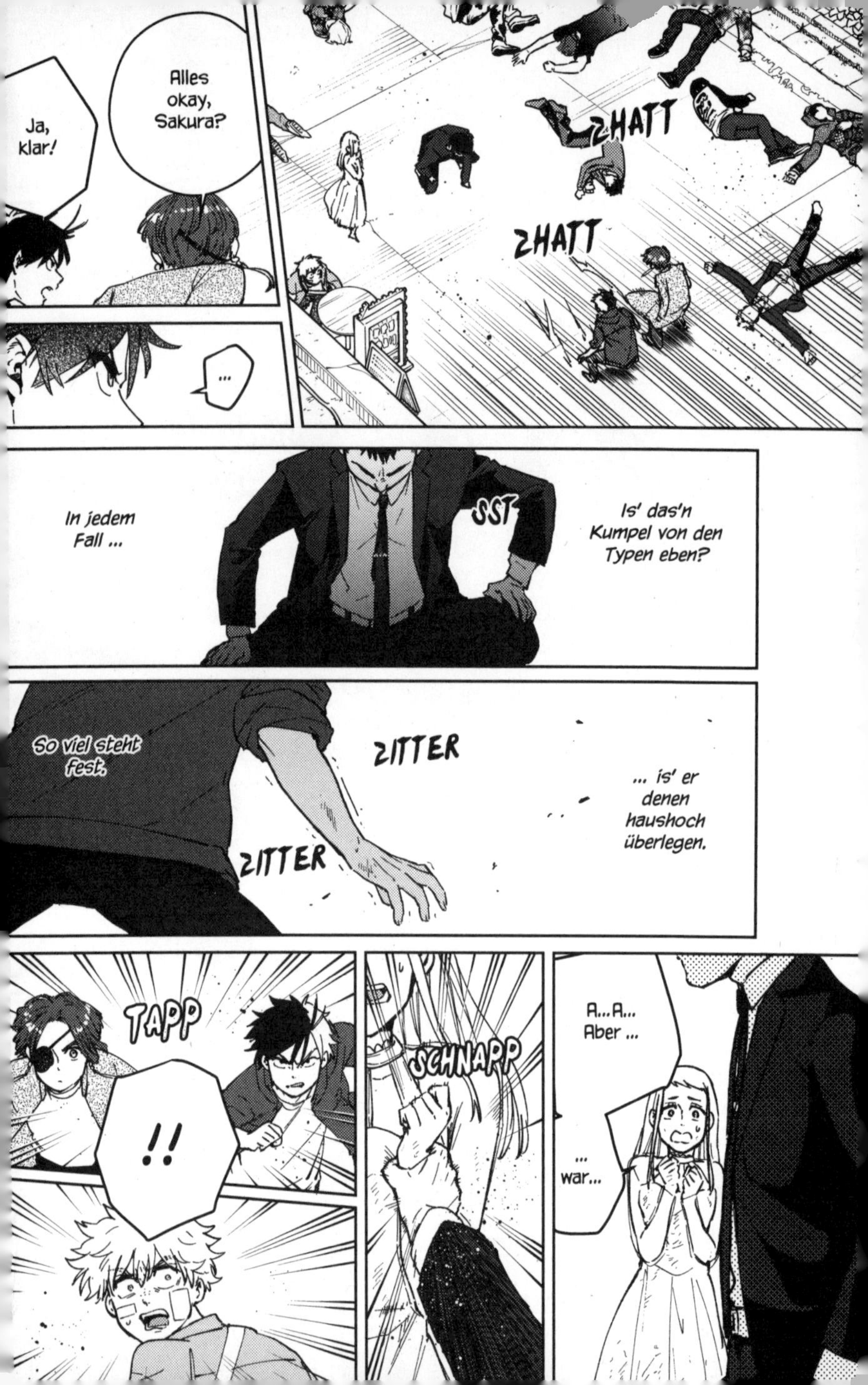
ZHATT
ZHATT
Alles okay, Sakura?
Ja, klar!
...
Is' das'n Kumpel von den Typen eben?
SST
In jedem Fall ...
... is' er denen haushoch überlegen.
ZITTER
ZITTER
So viel steht fest.
A...A... Aber ...
... war...
SCHNAPP
TAPP
!!

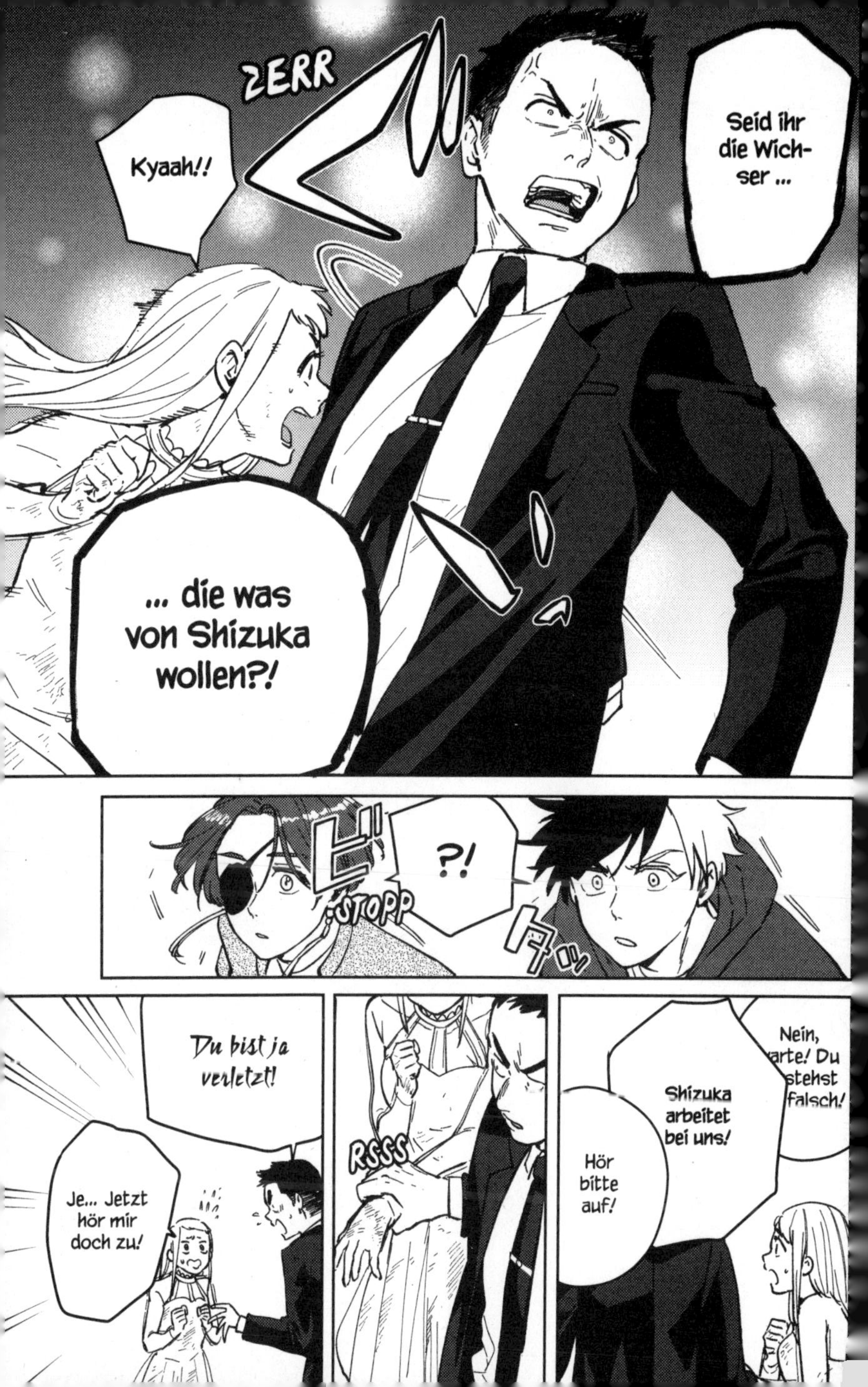
Seid ihr die Wichser ...
ZERR
Kyaah!!
... die was von Shizuka wollen?!
?!
STOPP
Nein, arte! Du stehst falsch!
Shizuka arbeitet bei uns!
Hör bitte auf!
RSSS
Du bist ja verletzt!
Je... Jetzt hör mir doch zu!

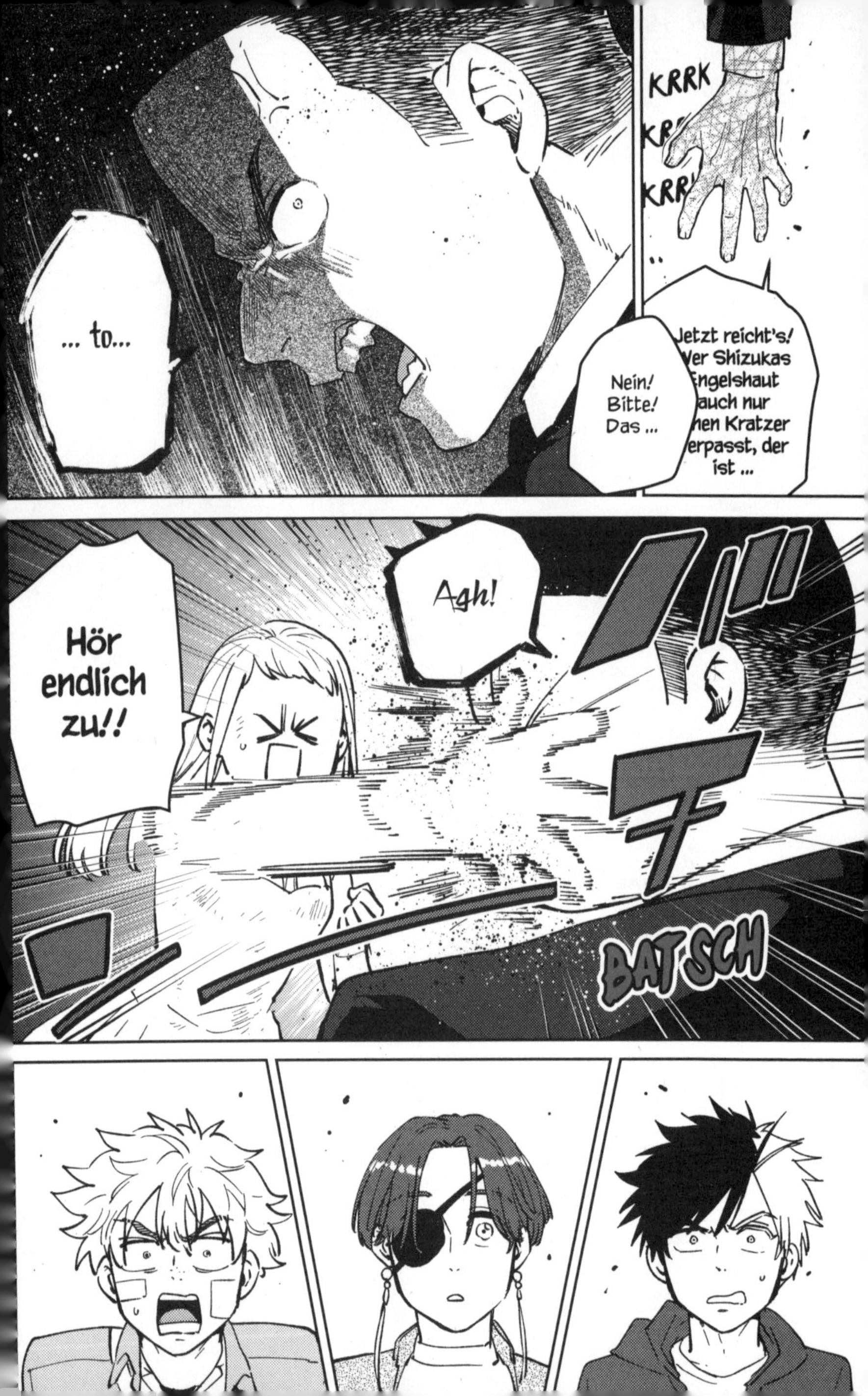
KRRK
KR
KRR
Jetzt reicht's! Wer Shizukas Engelshaut auch nur nen Kratzer erpasst, der ist ...
Nein! Bitte! Das ...
... to...
Agh!
Hör endlich zu!!
BATSCH

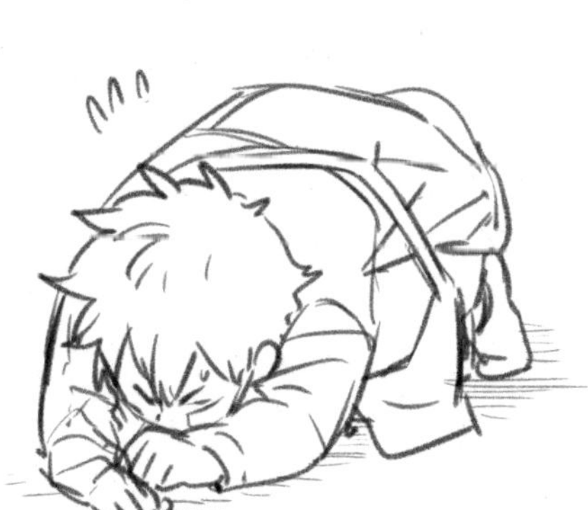

KAPITEL 70: NACHTWACHE

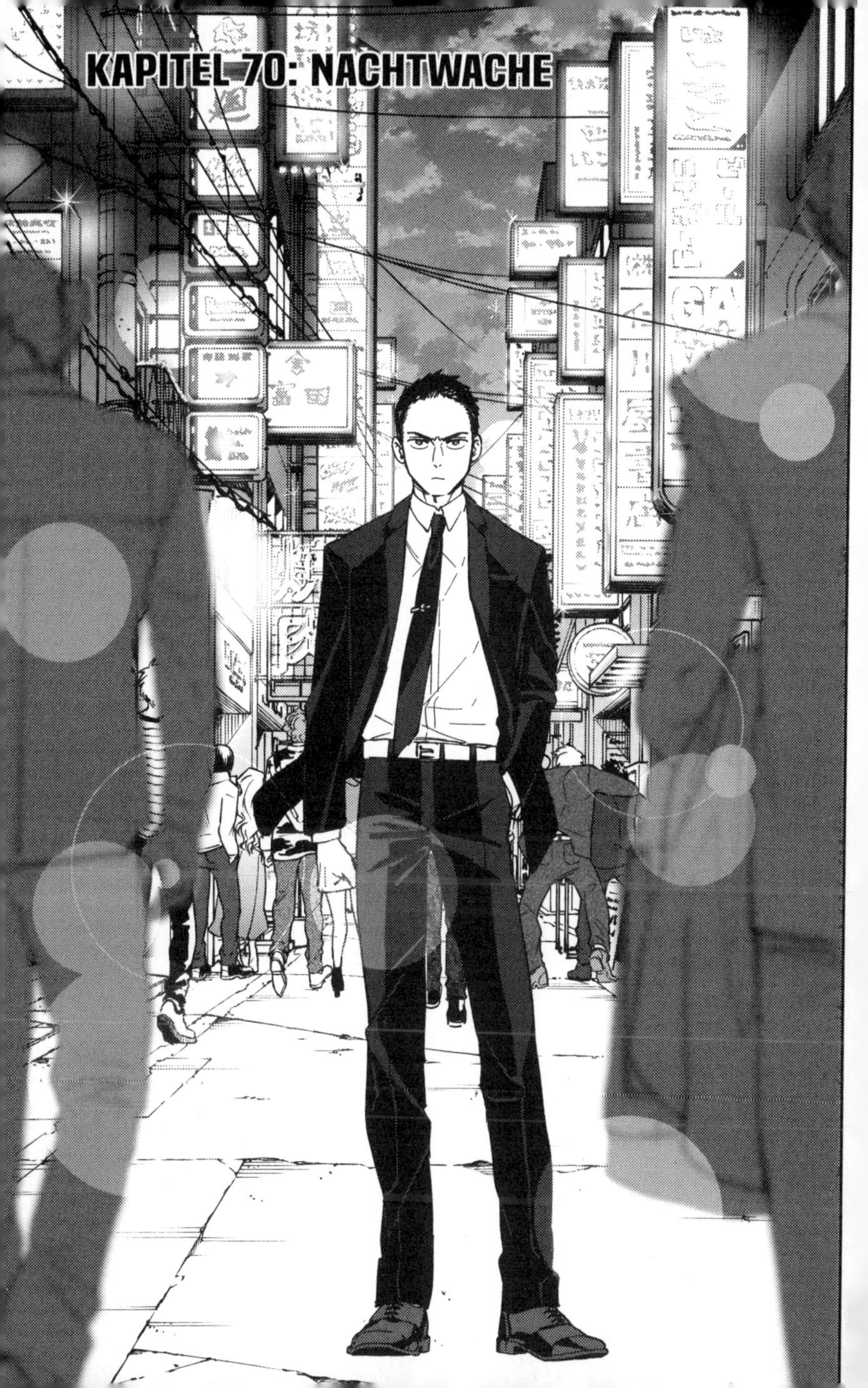

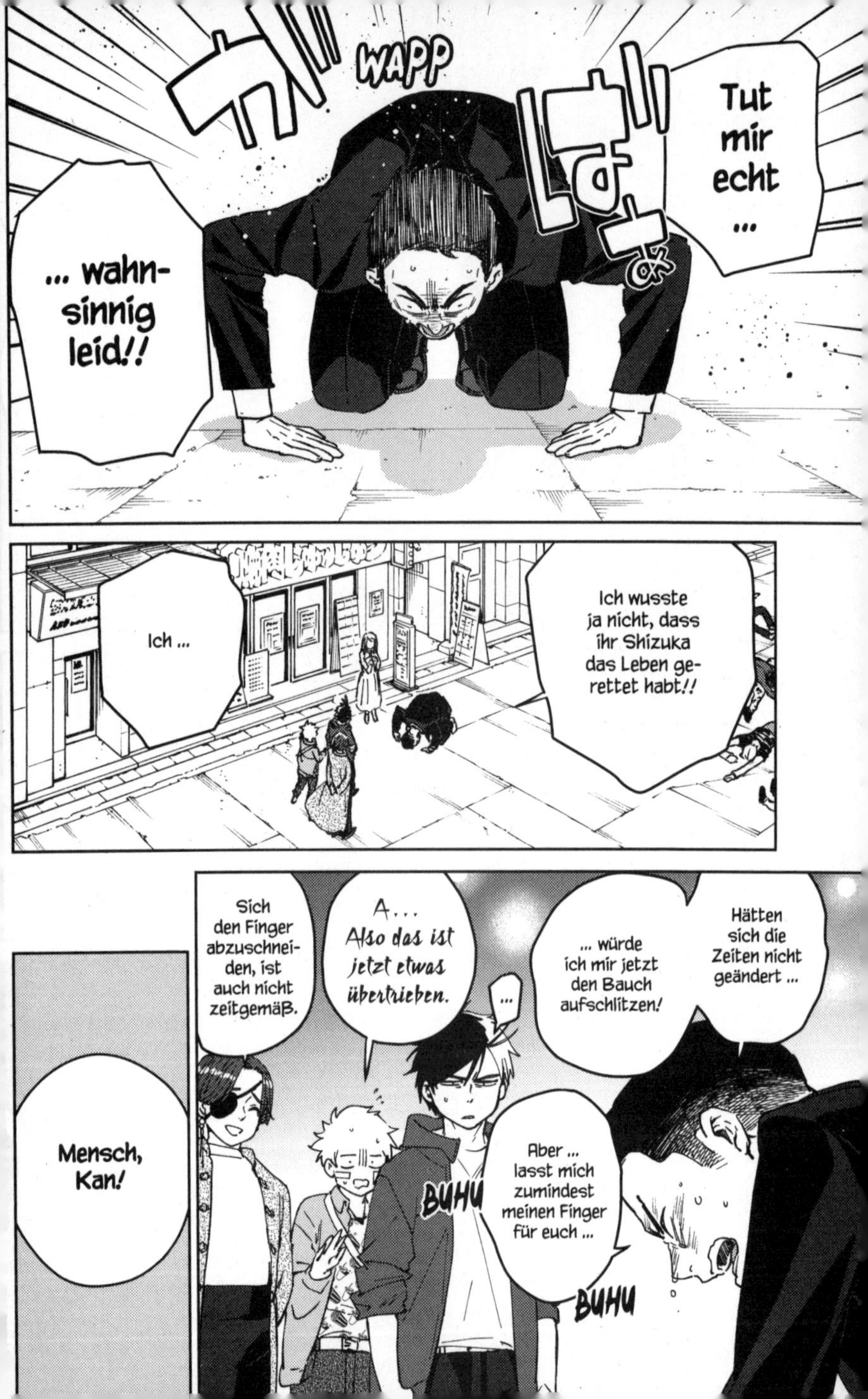
WAPP
Tut mir echt ...
... wahn-sinnig leid!!
Ich wusste ja nicht, dass ihr Shizuka das Leben gerettet habt!!
Ich ...
Hätten sich die Zeiten nicht geändert ...
... würde ich mir jetzt den Bauch aufschlitzen!
Aber ... lasst mich zumindest meinen Finger für euch ...
BUHU
BUHU
...
A... Also das ist jetzt etwas übertrieben.
Sich den Finger abzuschneiden, ist auch nicht zeitgemäß.
Mensch, Kan!

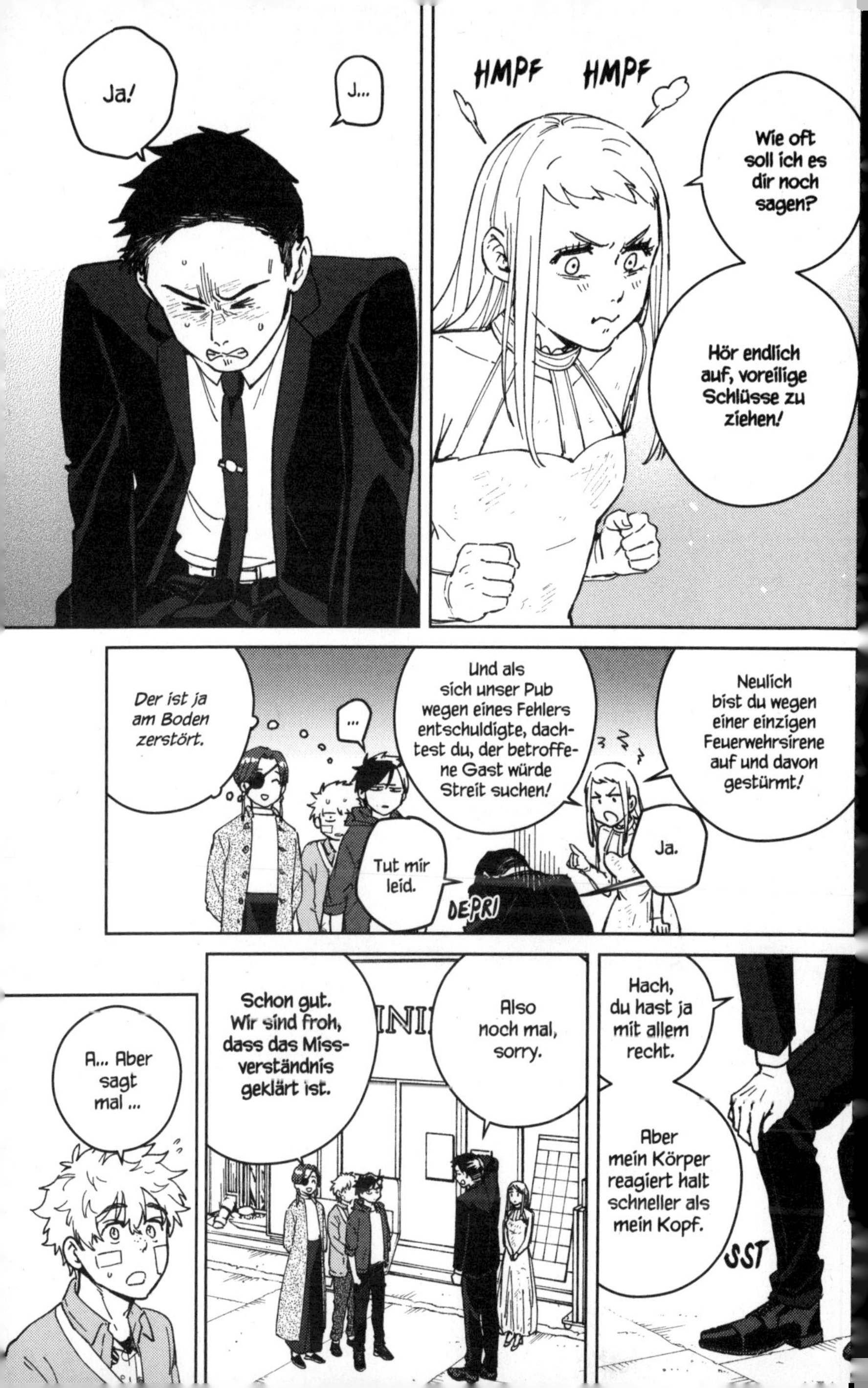
HMPF HMPF
Wie oft soll ich es dir noch sagen?
Hör endlich auf, voreilige Schlüsse zu ziehen!
J...
Ja!
Neulich bist du wegen einer einzigen Feuerwehrsirene auf und davon gestürmt!
Ja.
Und als sich unser Pub wegen eines Fehlers entschuldigte, dachtest du, der betroffene Gast würde Streit suchen!
Tut mir leid.
DEPRI
...
Der ist ja am Boden zerstört.
Hach, du hast ja mit allem recht.
Aber mein Körper reagiert halt schneller als mein Kopf.
SST
Also noch mal, sorry.
Schon gut. Wir sind froh, dass das Missverständnis geklärt ist.
A... Aber sagt mal ...

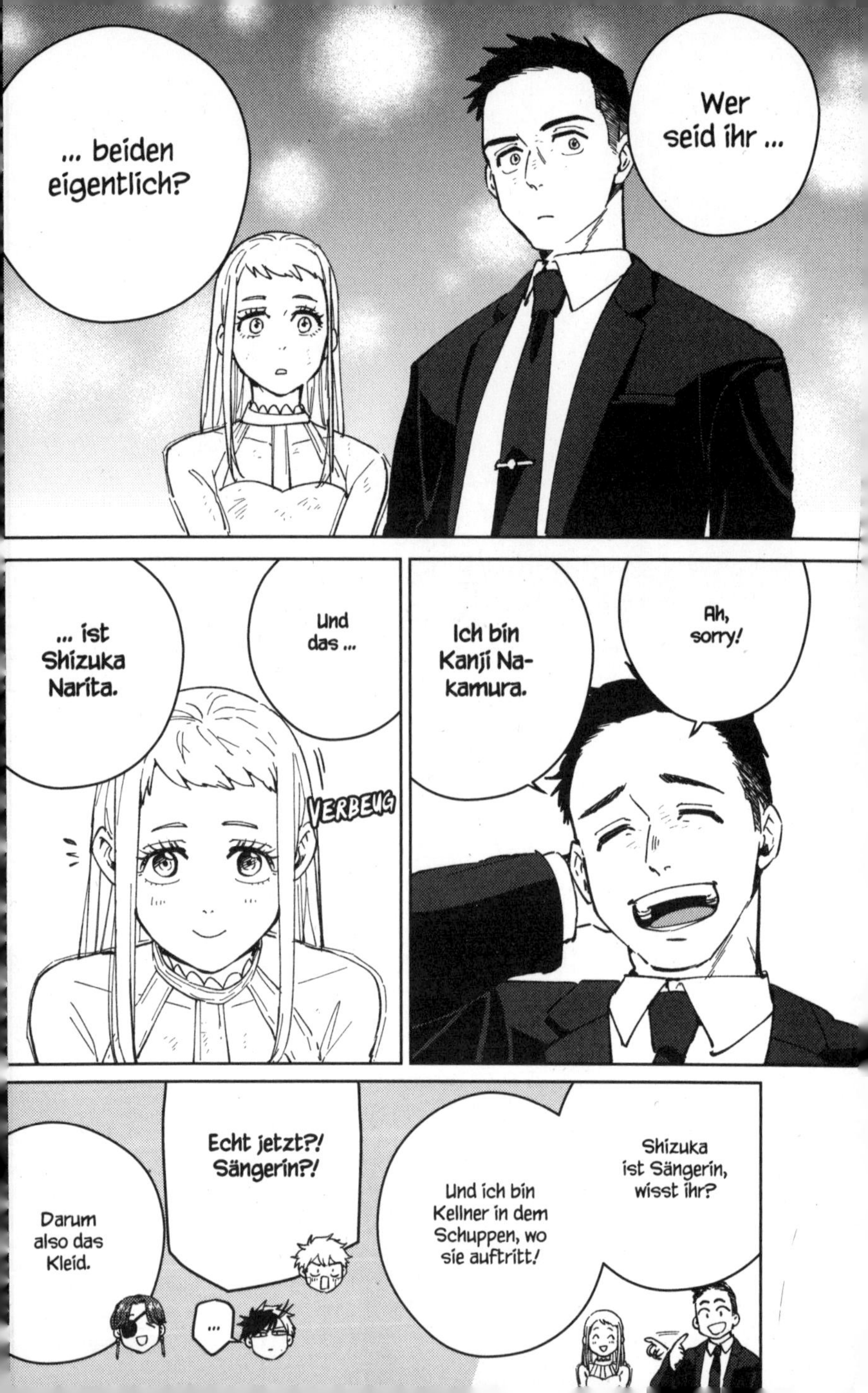
Wer seid ihr ...
... beiden eigentlich?
Ah, sorry!
Ich bin Kanji Na-kamura.
Und das ...
... ist Shizuka Narita.
VERBEUG
Shizuka ist Sängerin, wisst ihr?
Und ich bin Kellner in dem Schuppen, wo sie auftritt!
Echt jetzt?! Sängerin?!
Darum also das Kleid.
...

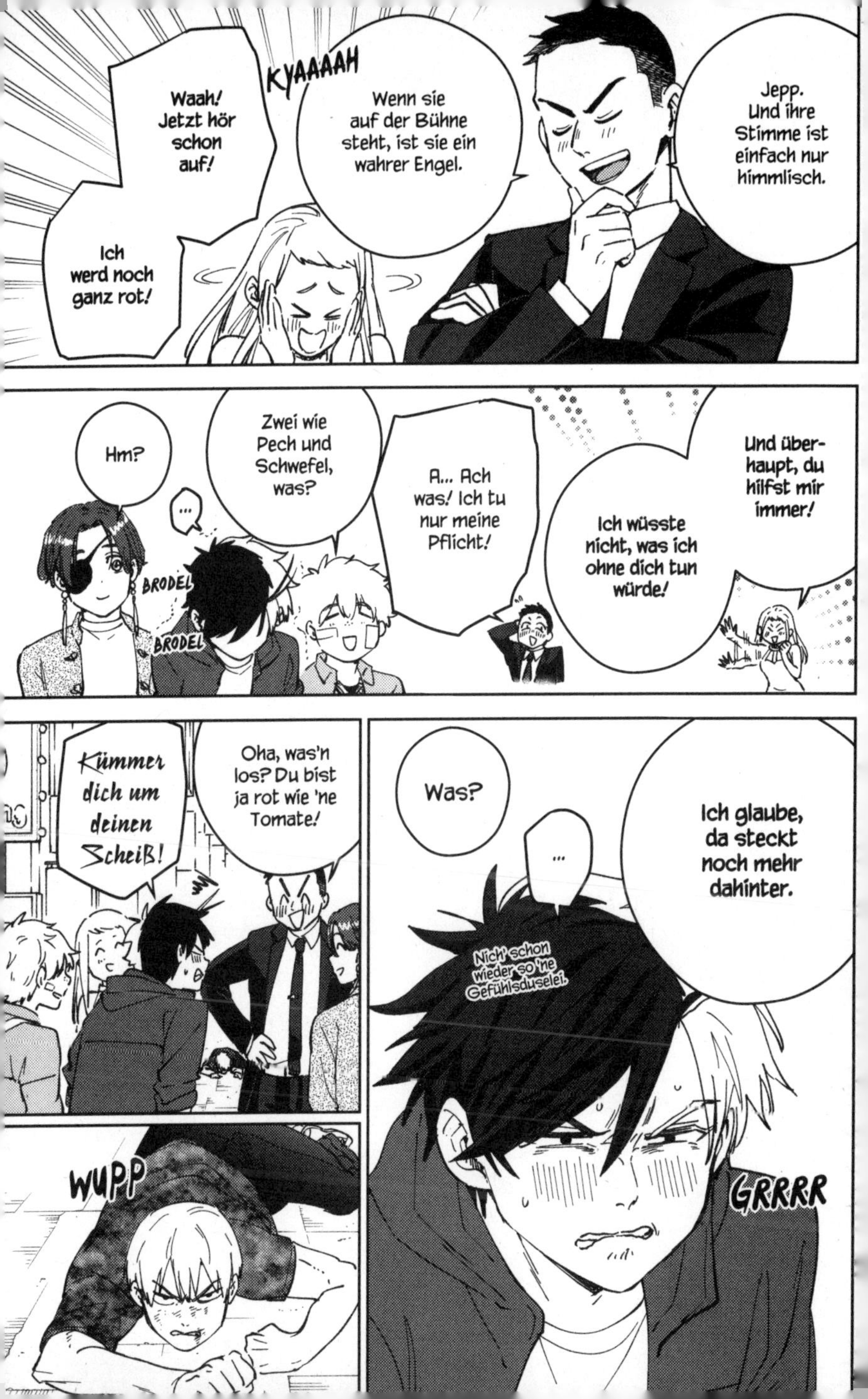
Jepp. Und ihre Stimme ist einfach nur himmlisch.
Wenn sie auf der Bühne steht, ist sie ein wahrer Engel.
KYAAAAH
Waah! Jetzt hör schon auf!
Ich werd noch ganz rot!
Und überhaupt, du hilfst mir immer!
Ich wüsste nicht, was ich ohne dich tun würde!
A… Ach was! Ich tu nur meine Pflicht!
Zwei wie Pech und Schwefel, was?
…
Hm?
BRODEL
BRODEL
Ich glaube, da steckt noch mehr dahinter.
Was?
…
Nich' schon wieder so 'ne Gefühlsduselei.
GRRRR
Oha, was'n los? Du bist ja rot wie 'ne Tomate!
Kümmer dich um deinen Scheiß!
WUPP

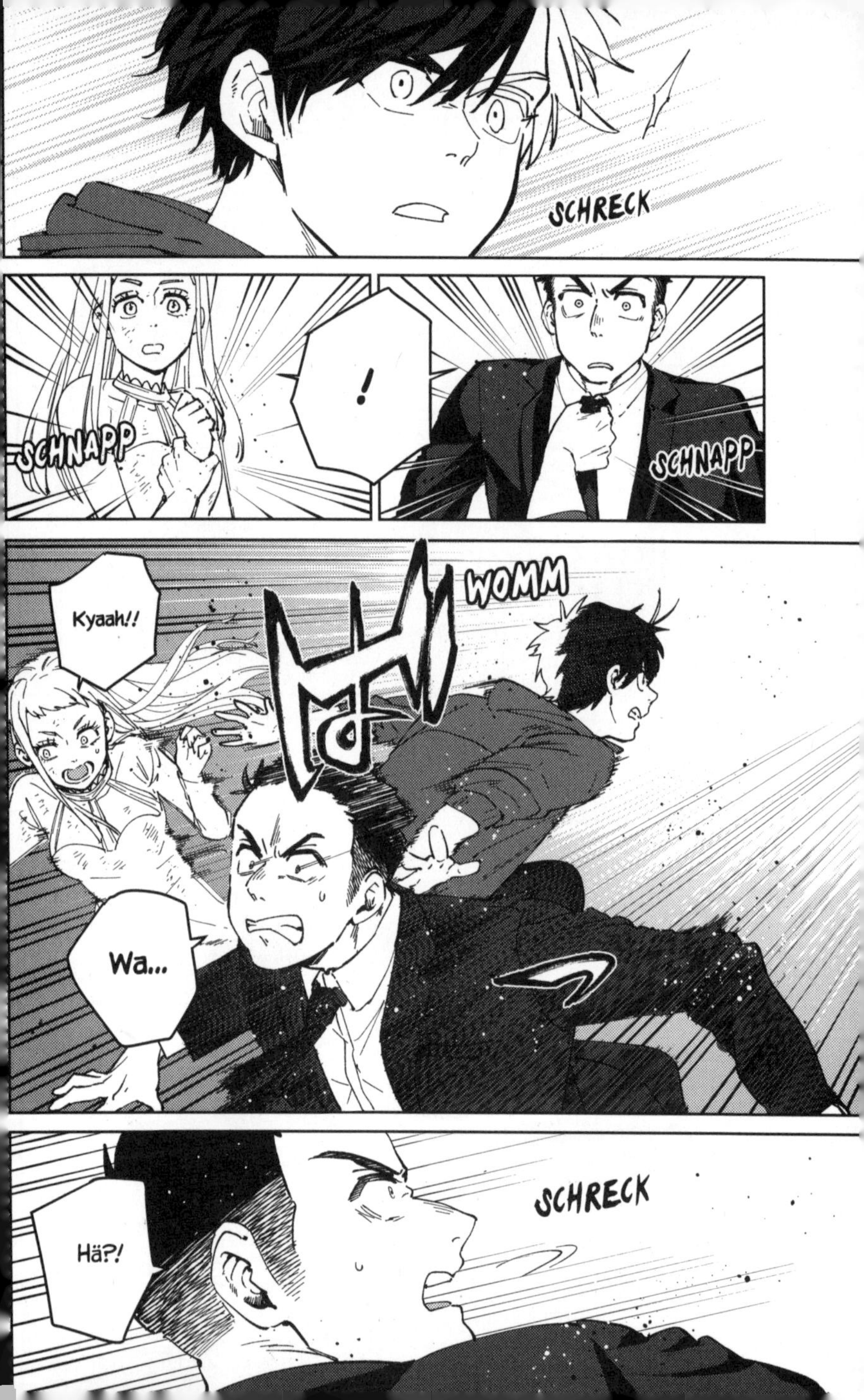
SCHRECK
SCHNAPP
!
SCHNAPP
WOMM
Kyaah!!
Wa...
SCHRECK
Hä?!

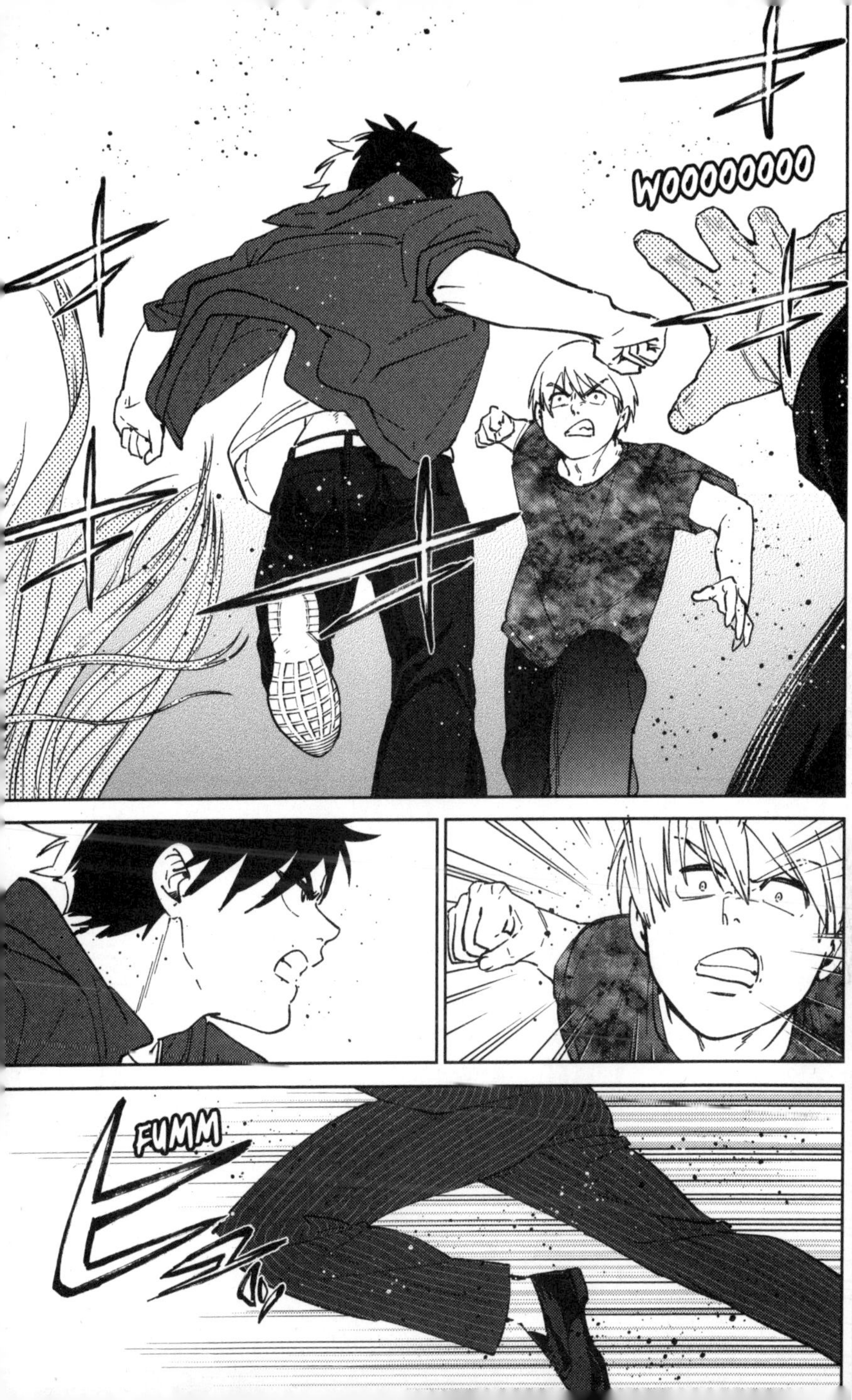
WOOOOOOOO
FUMM

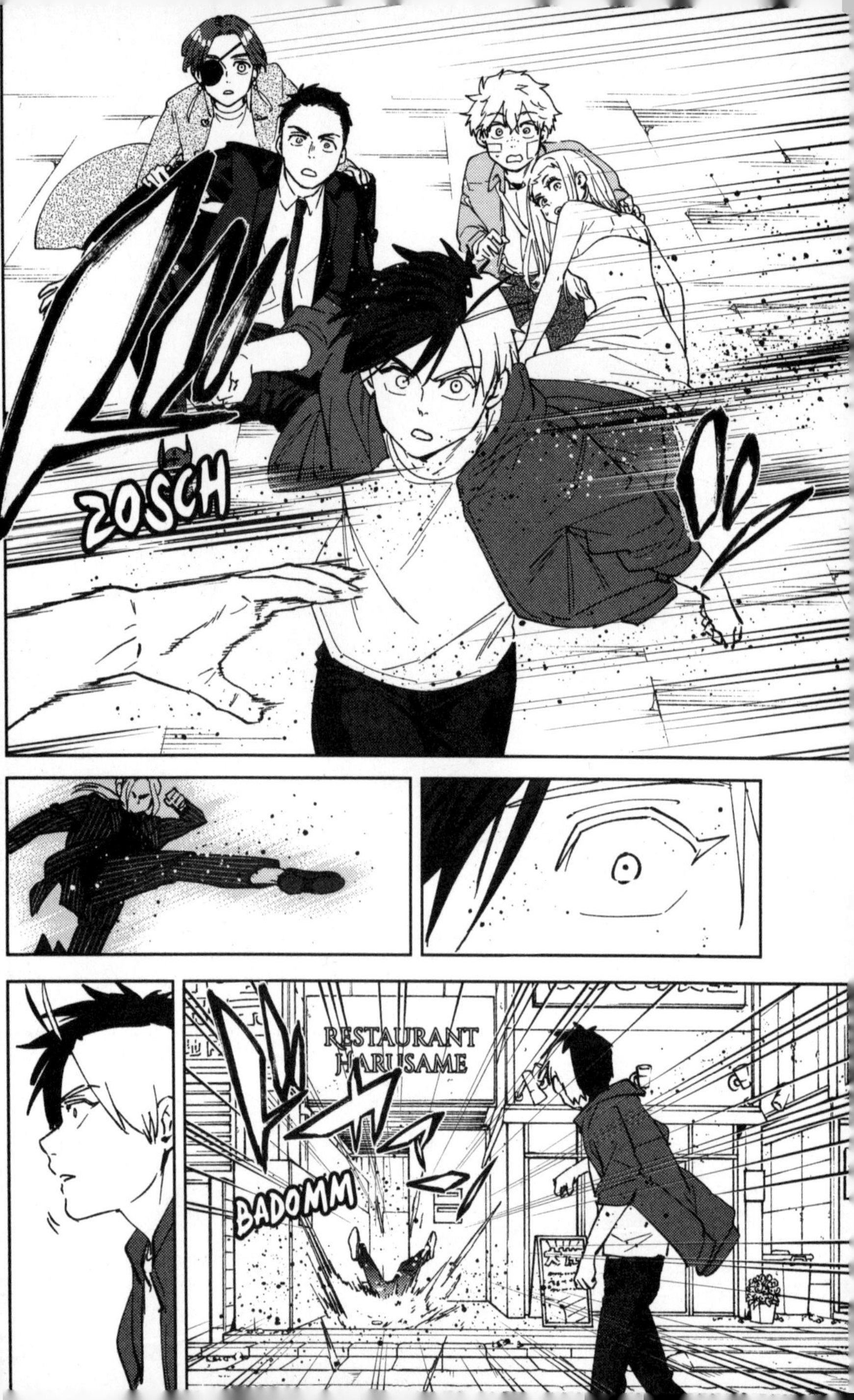
ZOSCH
RESTAURANT
HARUSAME
BADOMM

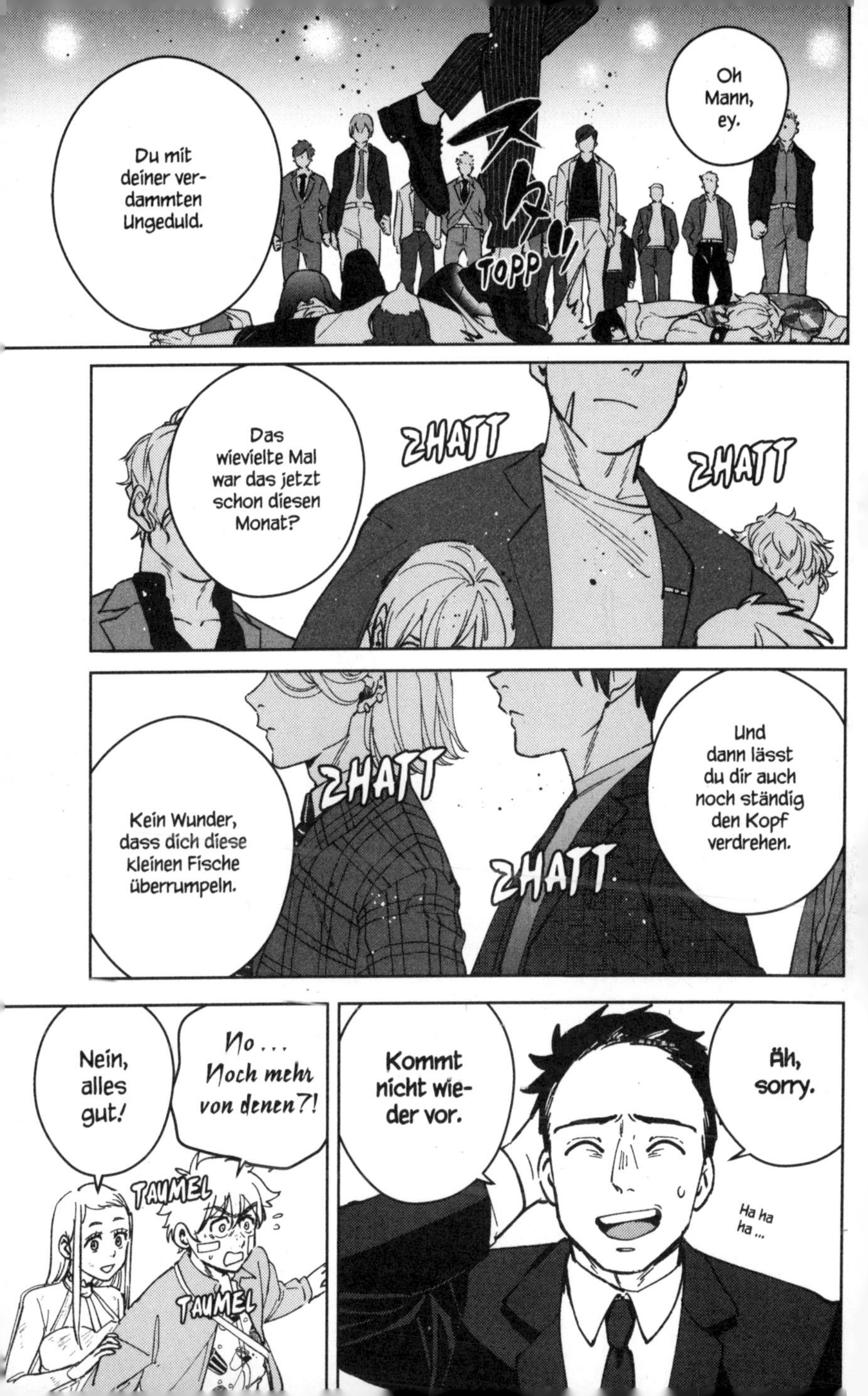
Oh Mann, ey.
Du mit deiner verdammten Ungeduld.
TOPP
Das wievielte Mal war das jetzt schon diesen Monat?
ZHATT
ZHATT
Und dann lässt du dir auch noch ständig den Kopf verdrehen.
ZHATT
ZHATT
Kein Wunder, dass dich diese kleinen Fische überrumpeln.
Äh, sorry.
Kommt nicht wieder vor.
Ha ha ha ...
No ... Noch mehr von denen?!
Nein, alles gut!
TAUMEL
TAUMEL

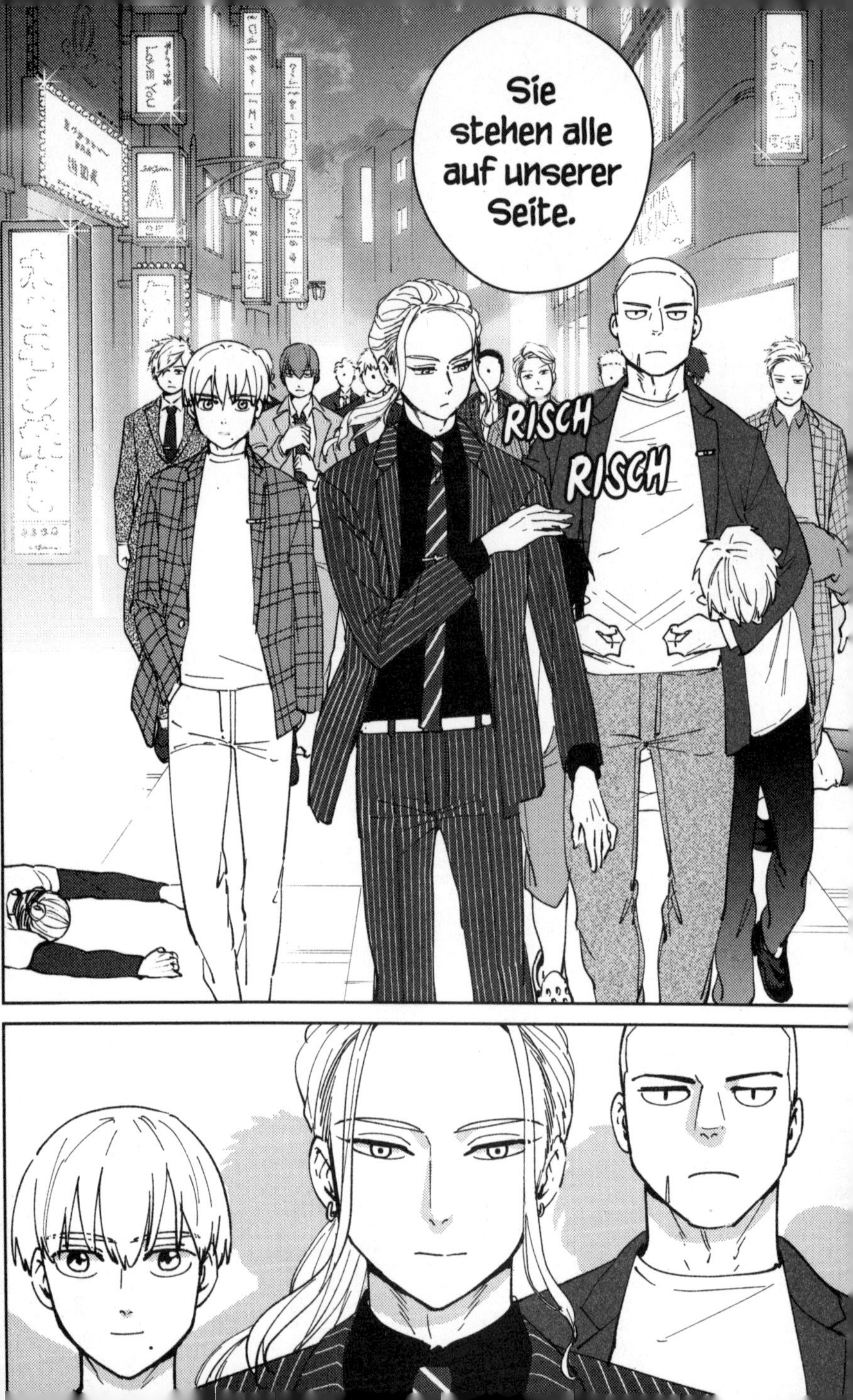
Sie stehen alle auf unserer Seite.
RISCH
RISCH

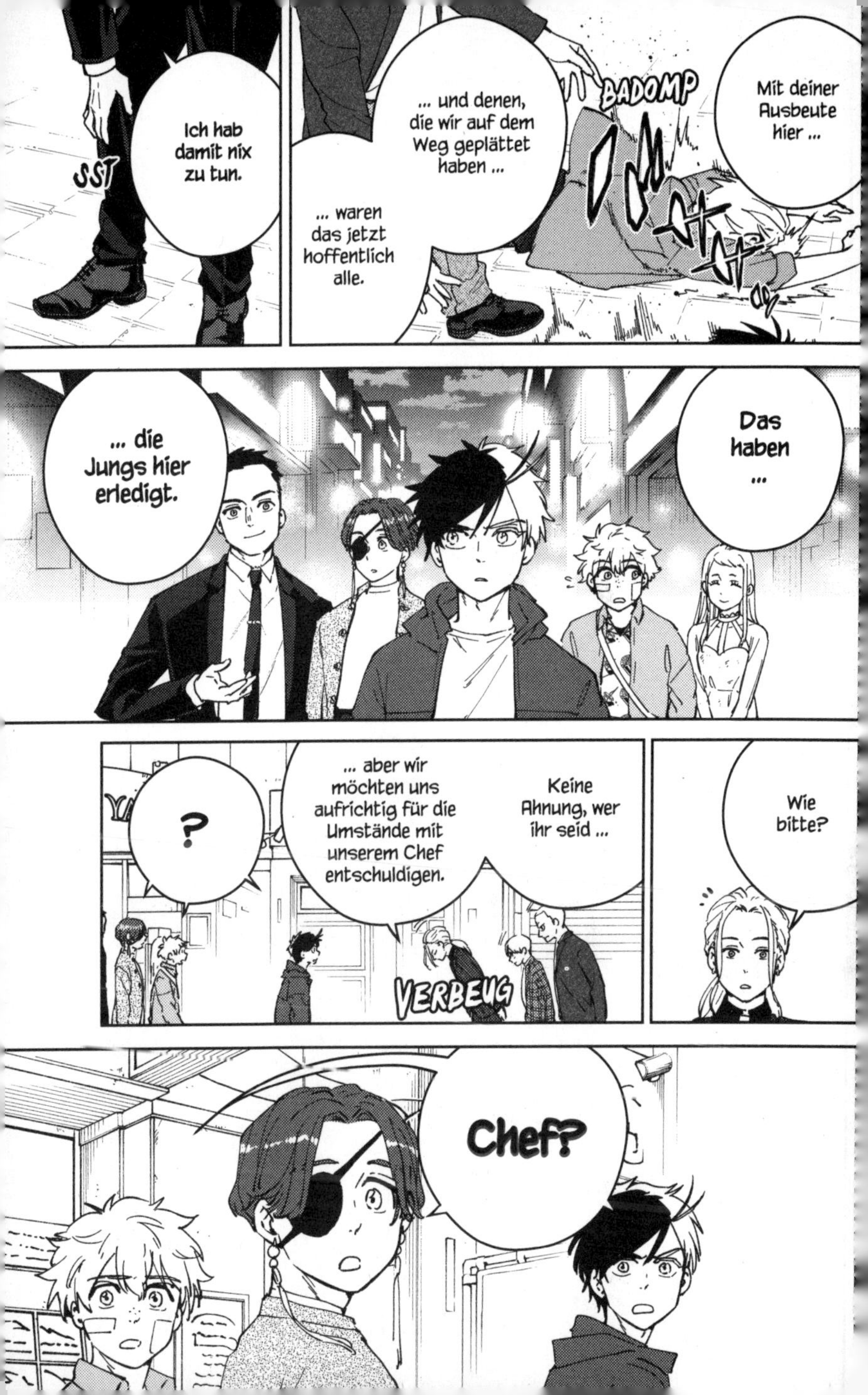
Mit deiner Ausbeute hier ...
BADOMP
... und denen, die wir auf dem Weg geplättet haben ...
... waren das jetzt hoffentlich alle.
Ich hab damit nix zu tun.
SST
Das haben ...
... die Jungs hier erledigt.
Wie bitte?
Keine Ahnung, wer ihr seid ...
... aber wir möchten uns aufrichtig für die Umstände mit unserem Chef entschuldigen.
VERBEUG
?
Chef?

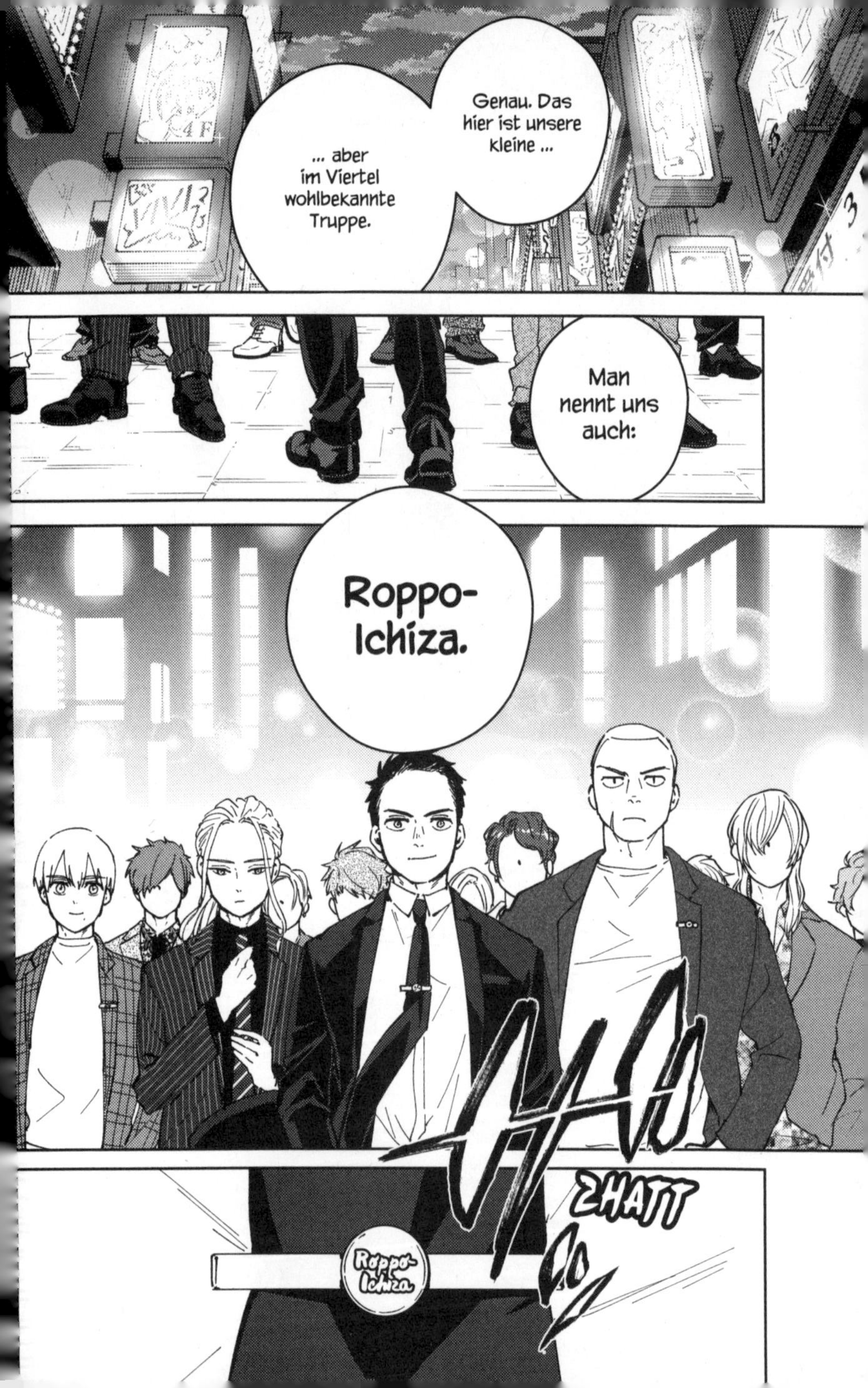
Genau. Das hier ist unsere kleine ...
... aber im Viertel wohlbekannte Truppe.
Man nennt uns auch:
Roppo-Ichiza.
ZHATT
Roppo-Ichiza

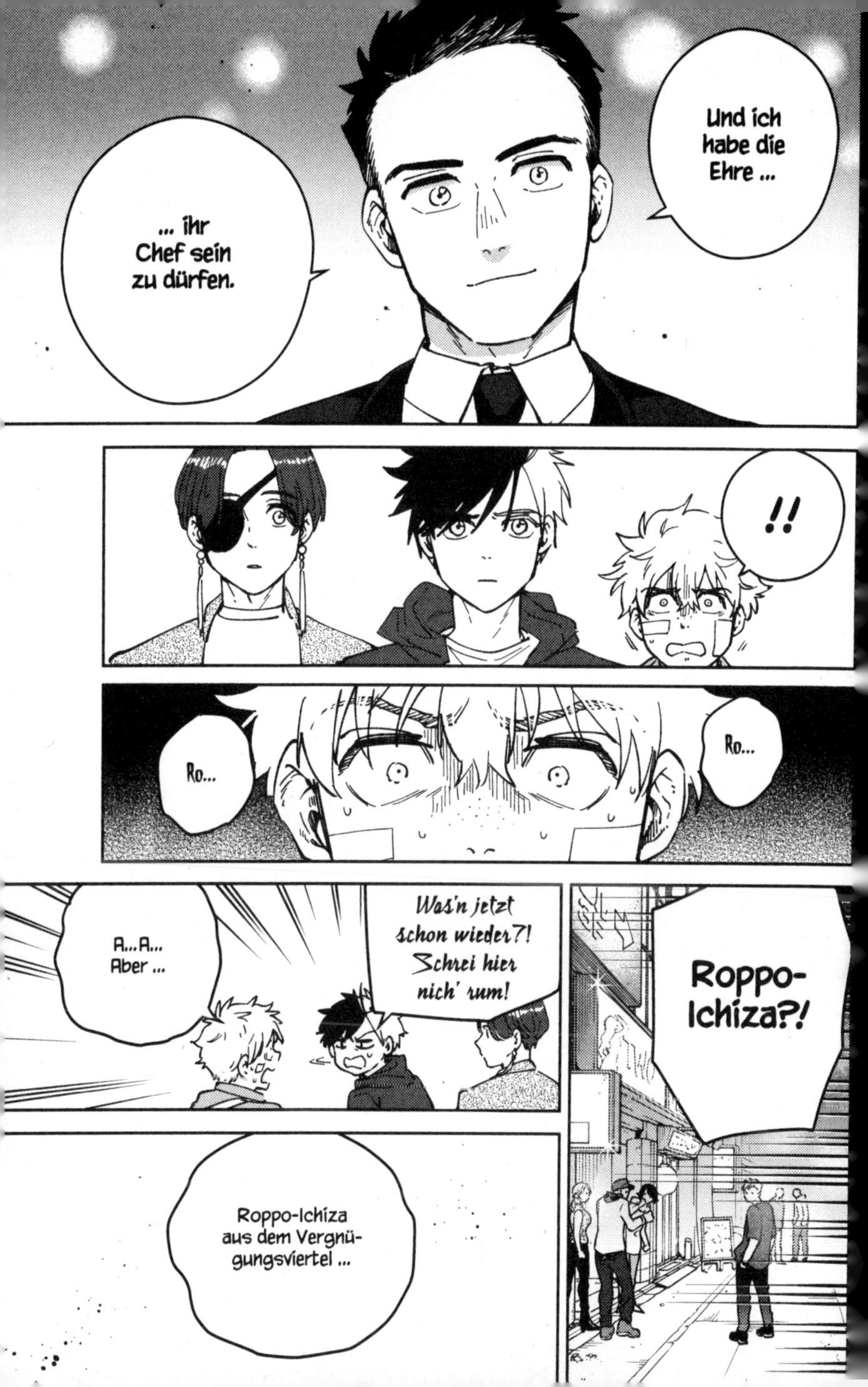
Und ich habe die Ehre ...
... ihr Chef sein zu dürfen.
!!
Ro...
Ro...
Roppo-Ichiza?!
Was'n jetzt schon wieder?! Schrei hier nich' rum!
A...A... Aber ...
Roppo-Ichiza aus dem Vergnügungsviertel ...

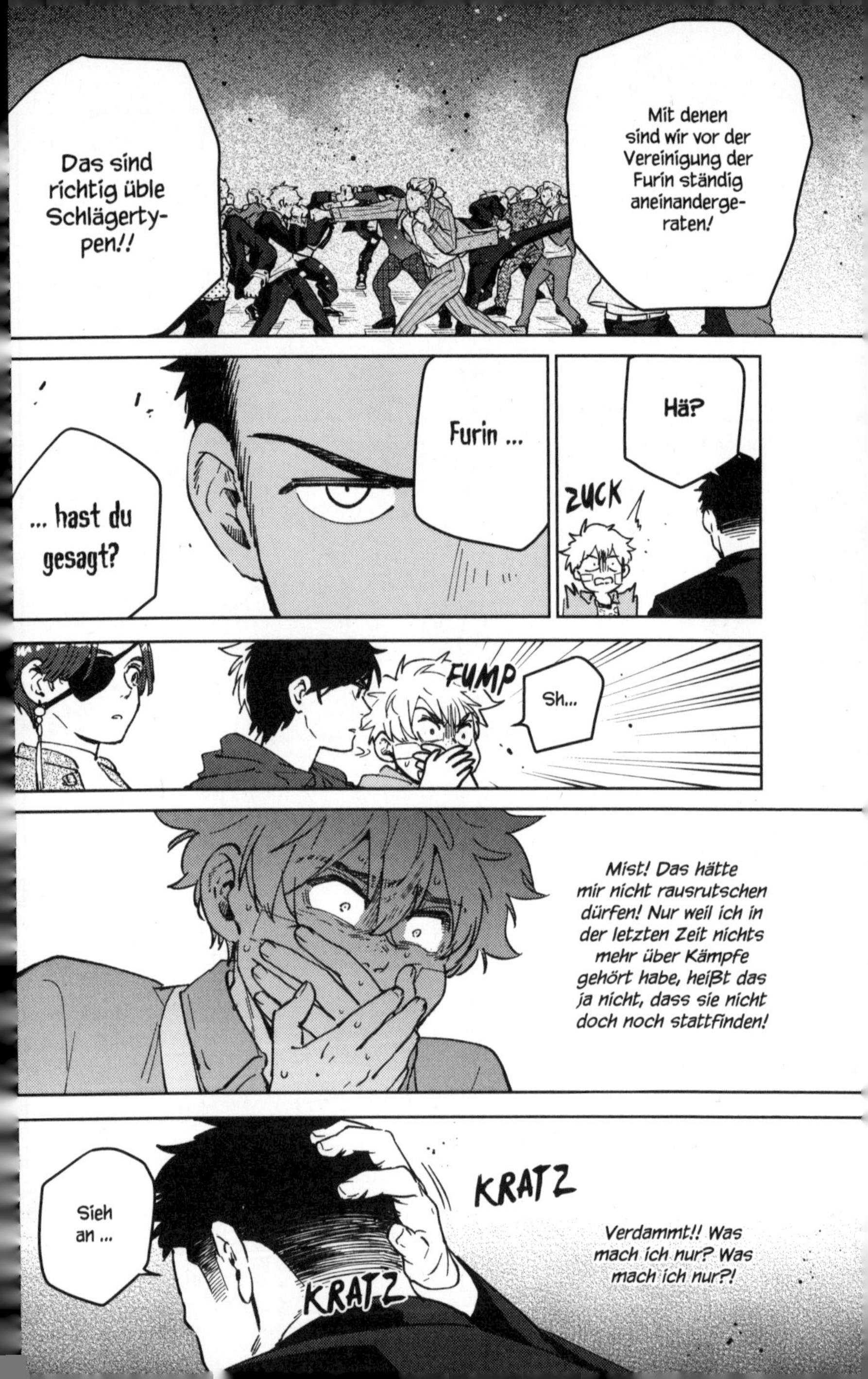
Das sind richtig üble Schlägertypen!!
Mit denen sind wir vor der Vereinigung der Furin ständig aneinandergeraten!
Furin ...
... hast du gesagt?
Hä?
ZUCK
FUMP
Sh...
Mist! Das hätte mir nicht rausrutschen dürfen! Nur weil ich in der letzten Zeit nichts mehr über Kämpfe gehört habe, heißt das ja nicht, dass sie nicht doch noch stattfinden!
Sieh an ...
KRATZ
Verdammt!! Was mach ich nur? Was mach ich nur?!
KRATZ

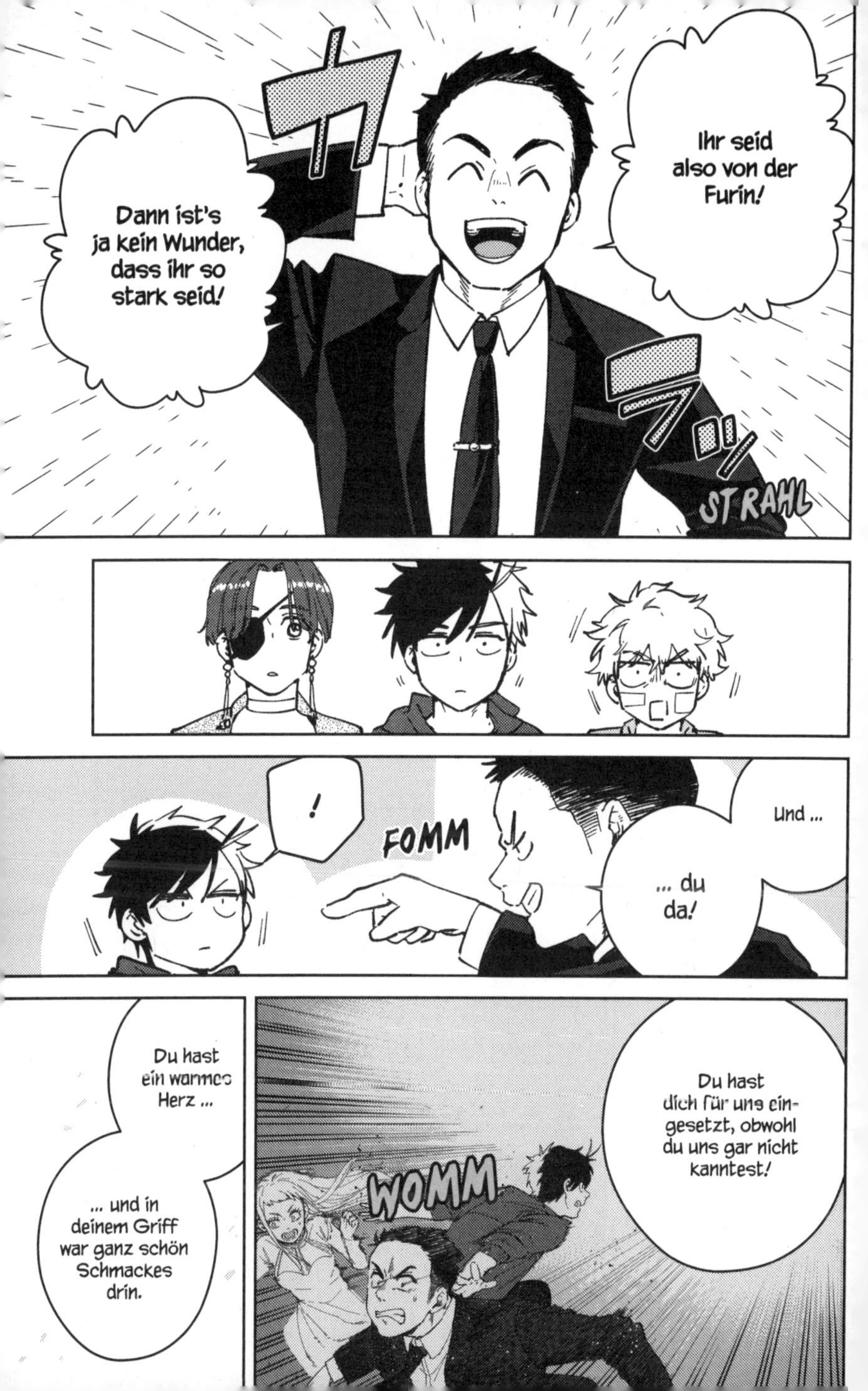
Ihr seid also von der Furin!
Dann ist's ja kein Wunder, dass ihr so stark seid!
STRAHL
und ...
!
FOMM
... du da!
Du hast dich für uns eingesetzt, obwohl du uns gar nicht kanntest!
WOMM
Du hast ein warmes Herz ...
... und in deinem Griff war ganz schön Schmackes drin.

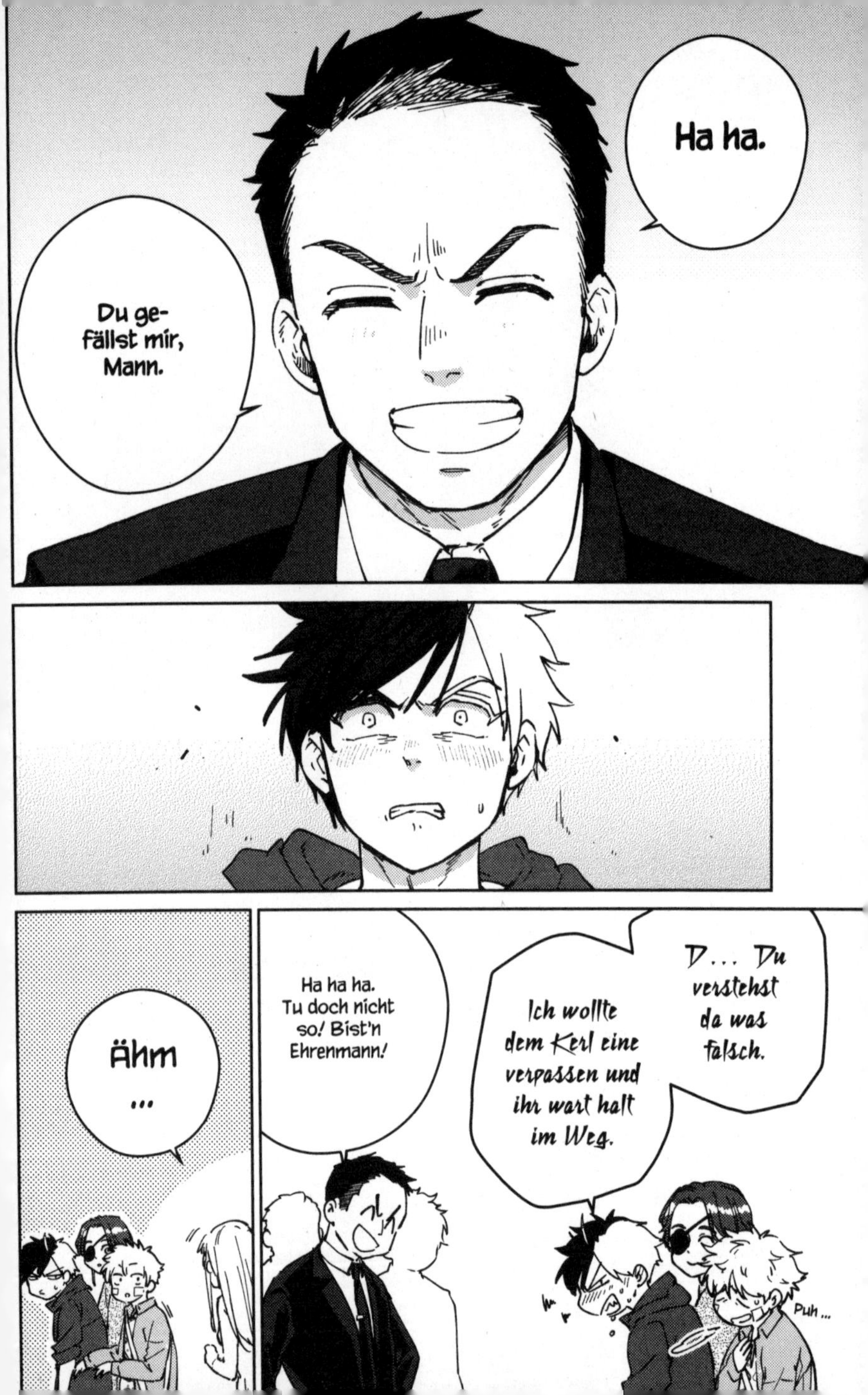
Ha ha.
Du gefällst mir, Mann.
D... Du verstehst da was falsch.
Ich wollte dem Kerl eine verpassen und ihr wart halt im Weg.
Puh ...
Ha ha ha. Tu doch nicht so! Bist'n Ehrenmann!
Ähm ...

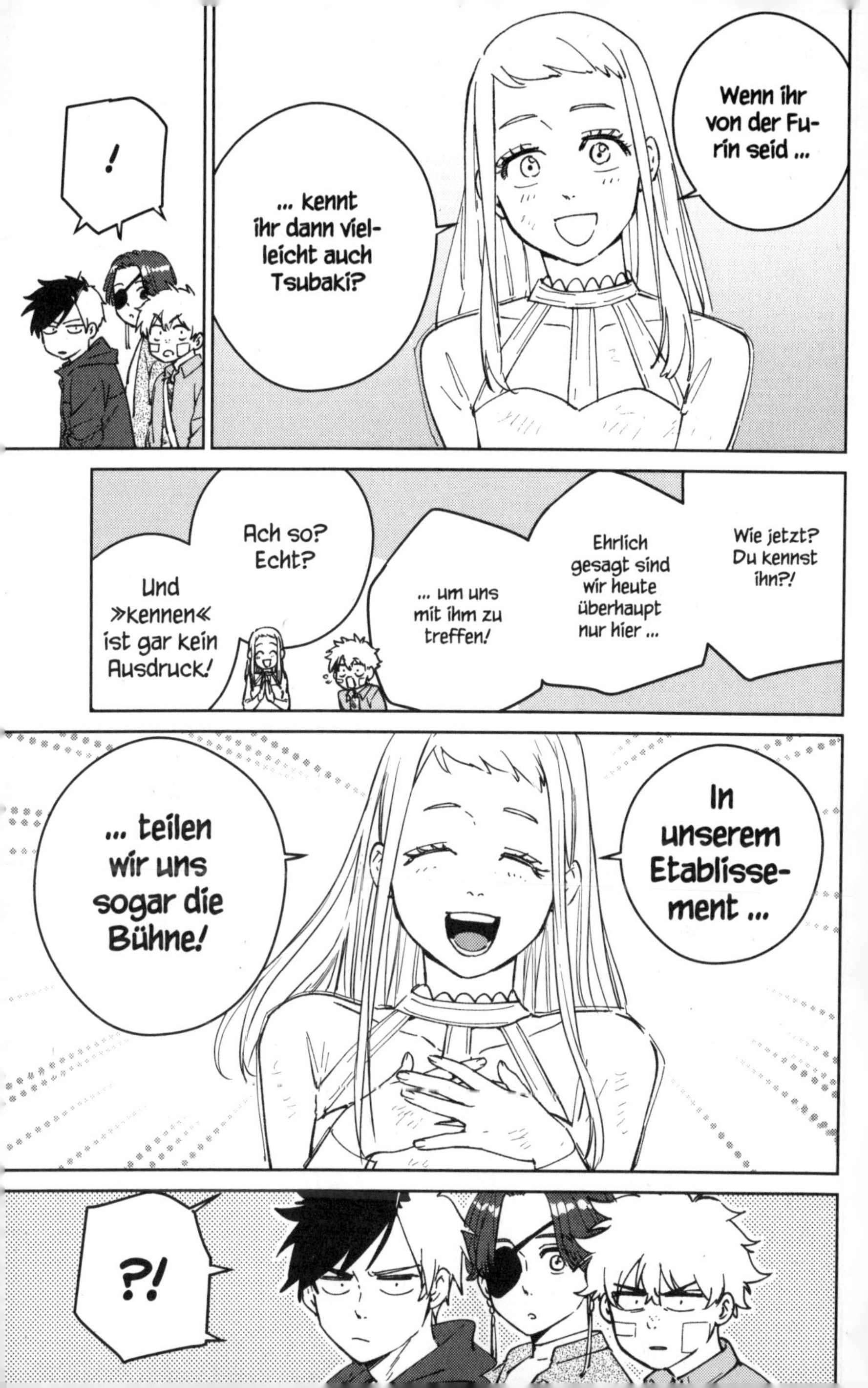
Wenn ihr von der Furin seid ...
... kennt ihr dann vielleicht auch Tsubaki?
!
Wie jetzt? Du kennst ihn?!
Ehrlich gesagt sind wir heute überhaupt nur hier ...
... um uns mit ihm zu treffen!
Ach so? Echt?
Und »kennen« ist gar kein Ausdruck!
In unserem Etablissement ...
... teilen wir uns sogar die Bühne!
?!

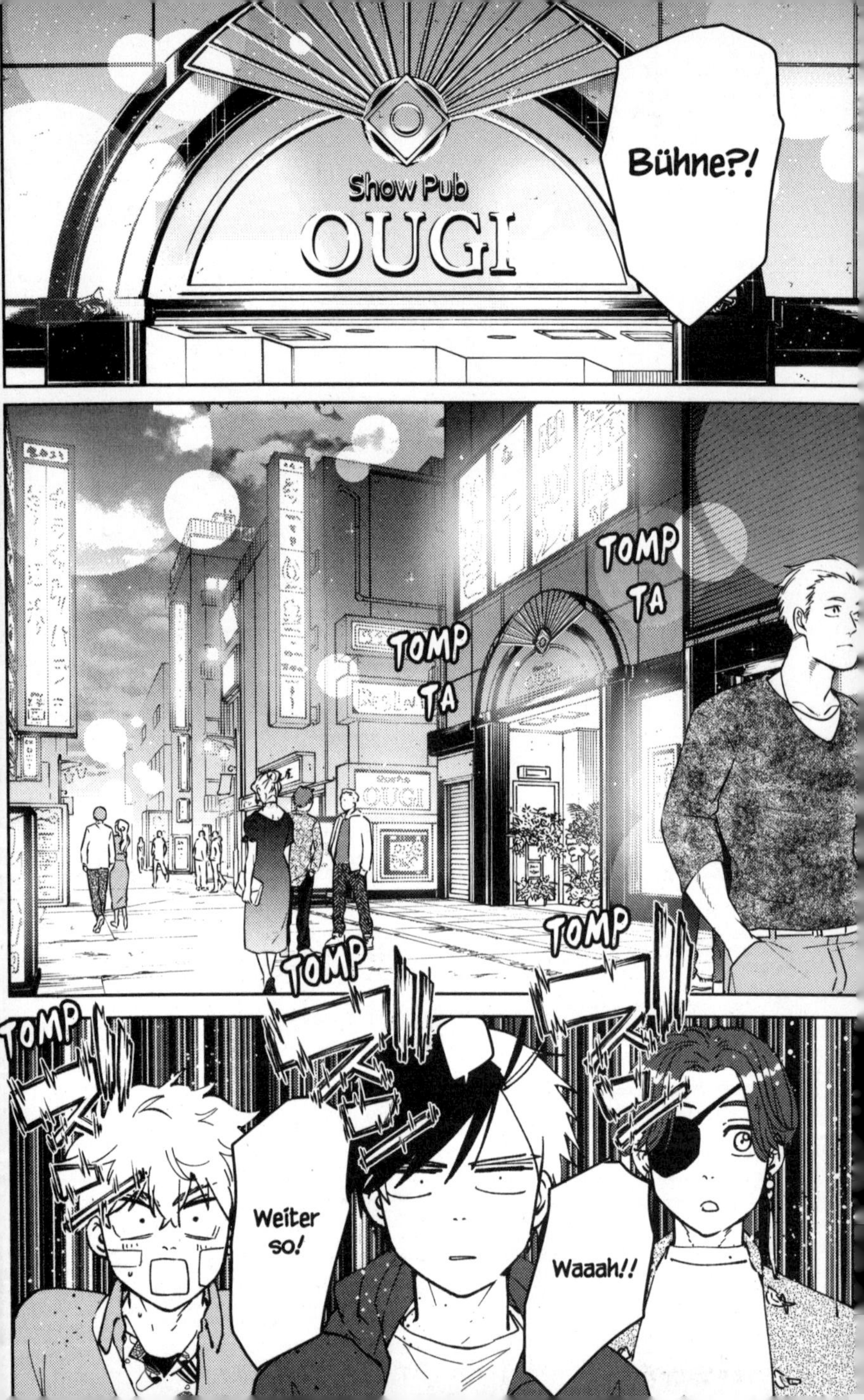

Show Pub
OUGI
Bühne?!
TOMP
TA
TOMP
TA
TOMP
TOMP
TOMP
Waaah!!
Weiter so!

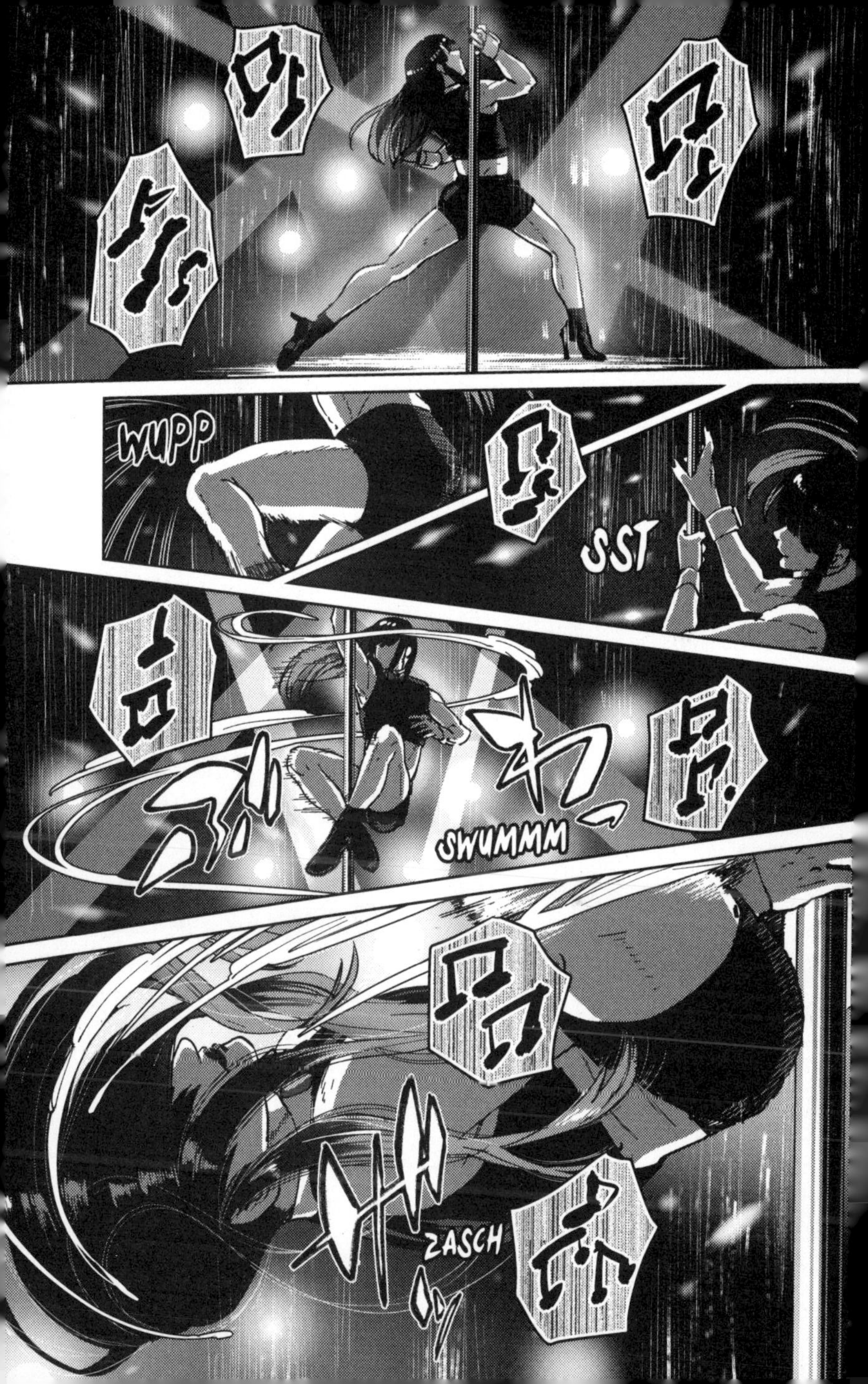
WUPP
SST
SWUMMM
ZASCH

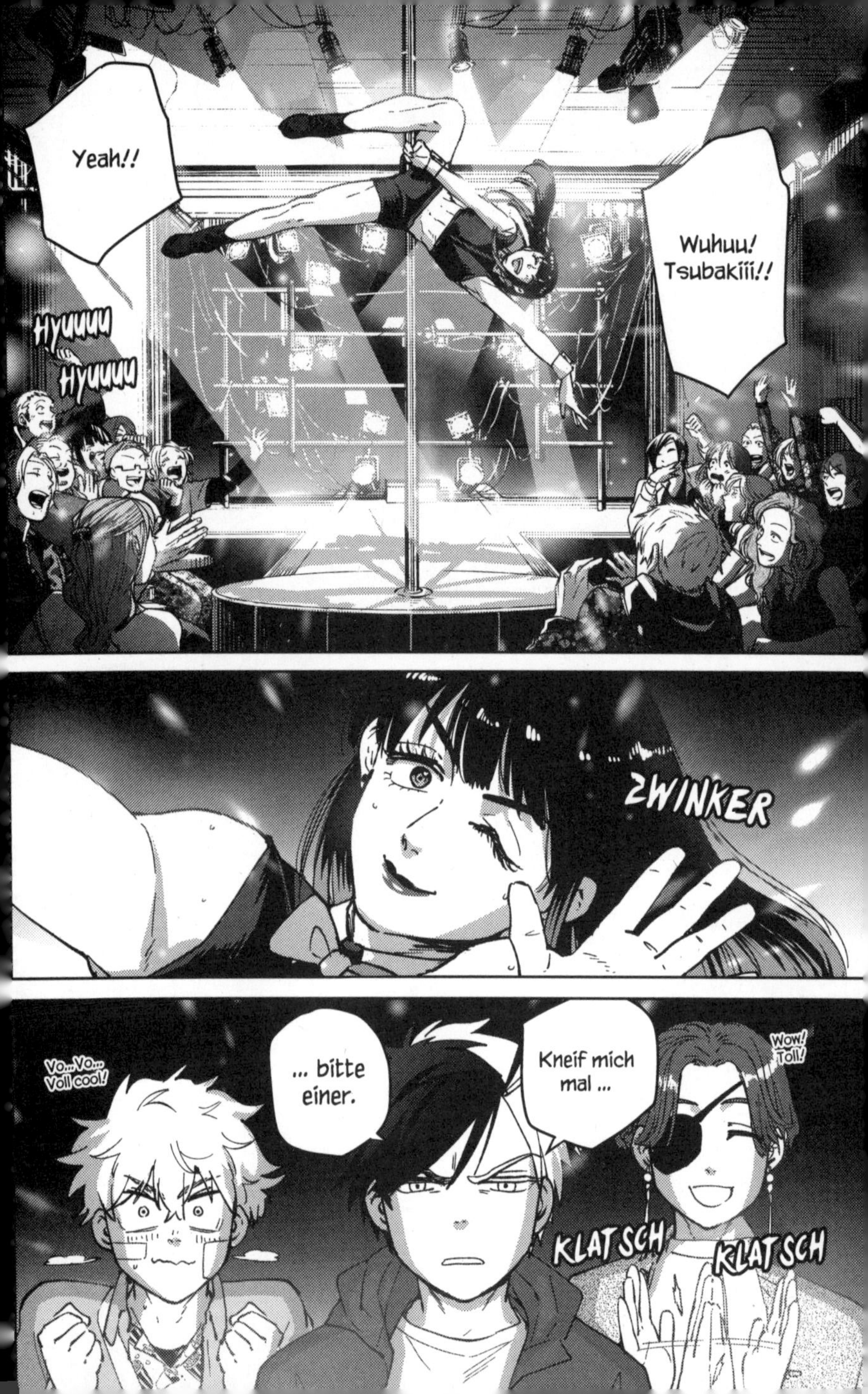
Wuhuu! Tsubakiii!!
Yeah!!
Hyuuuu
Hyuuuu
ZWINKER
Wow! Toll!
Kneif mich mal ...
... bitte einer.
Vo... Vo... Voll cool!
KLATSCH
KLATSCH

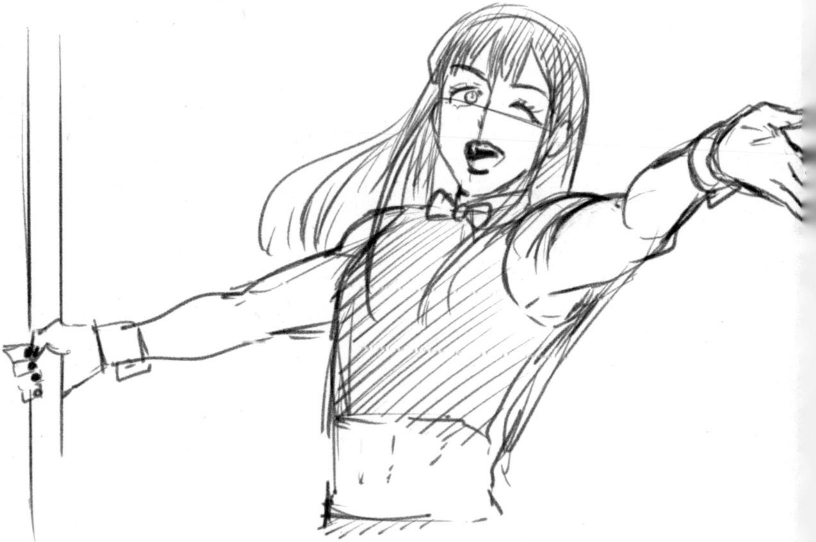

WIND BREAKER

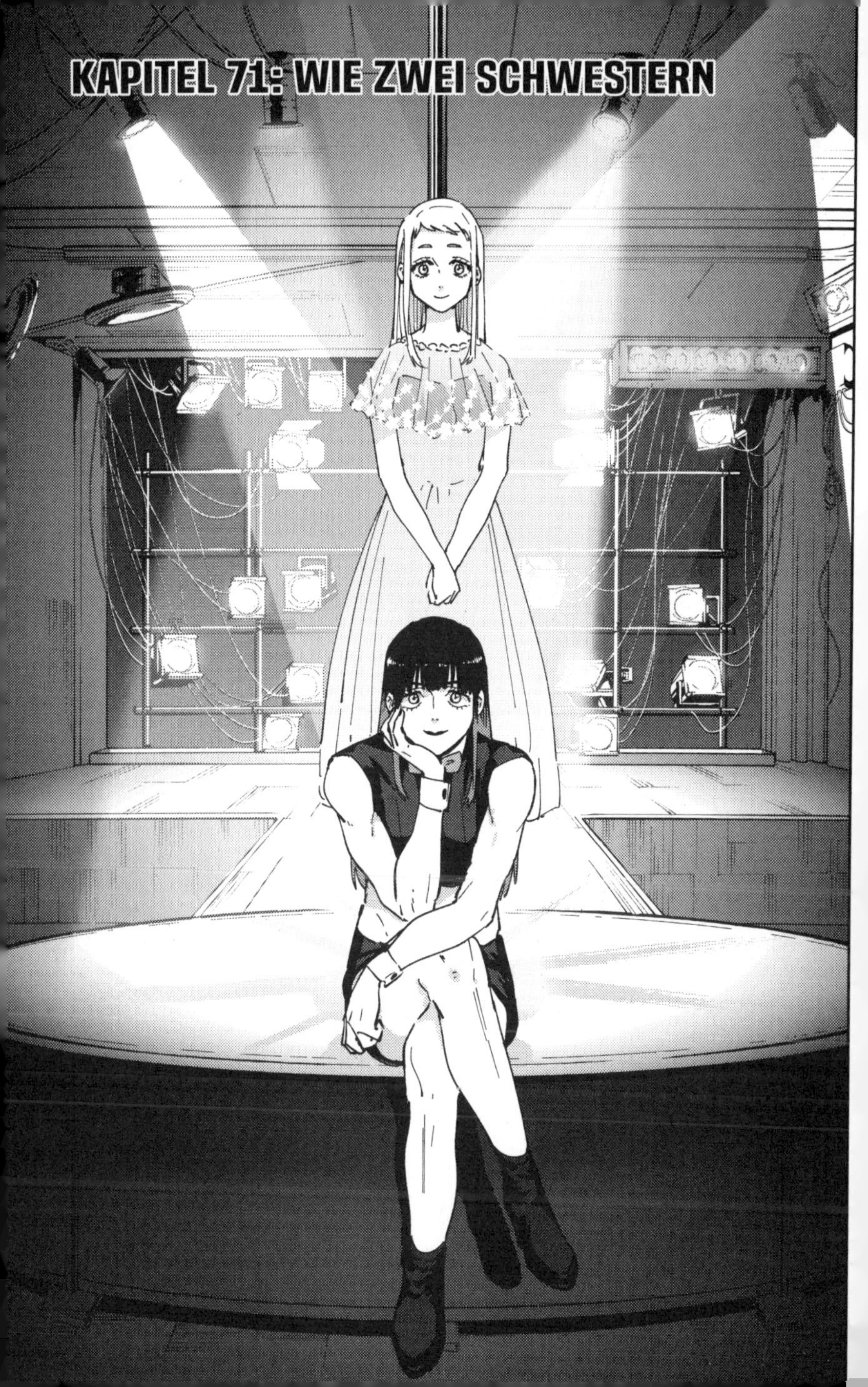
KAPITEL 71: WIE ZWEI SCHWESTERN

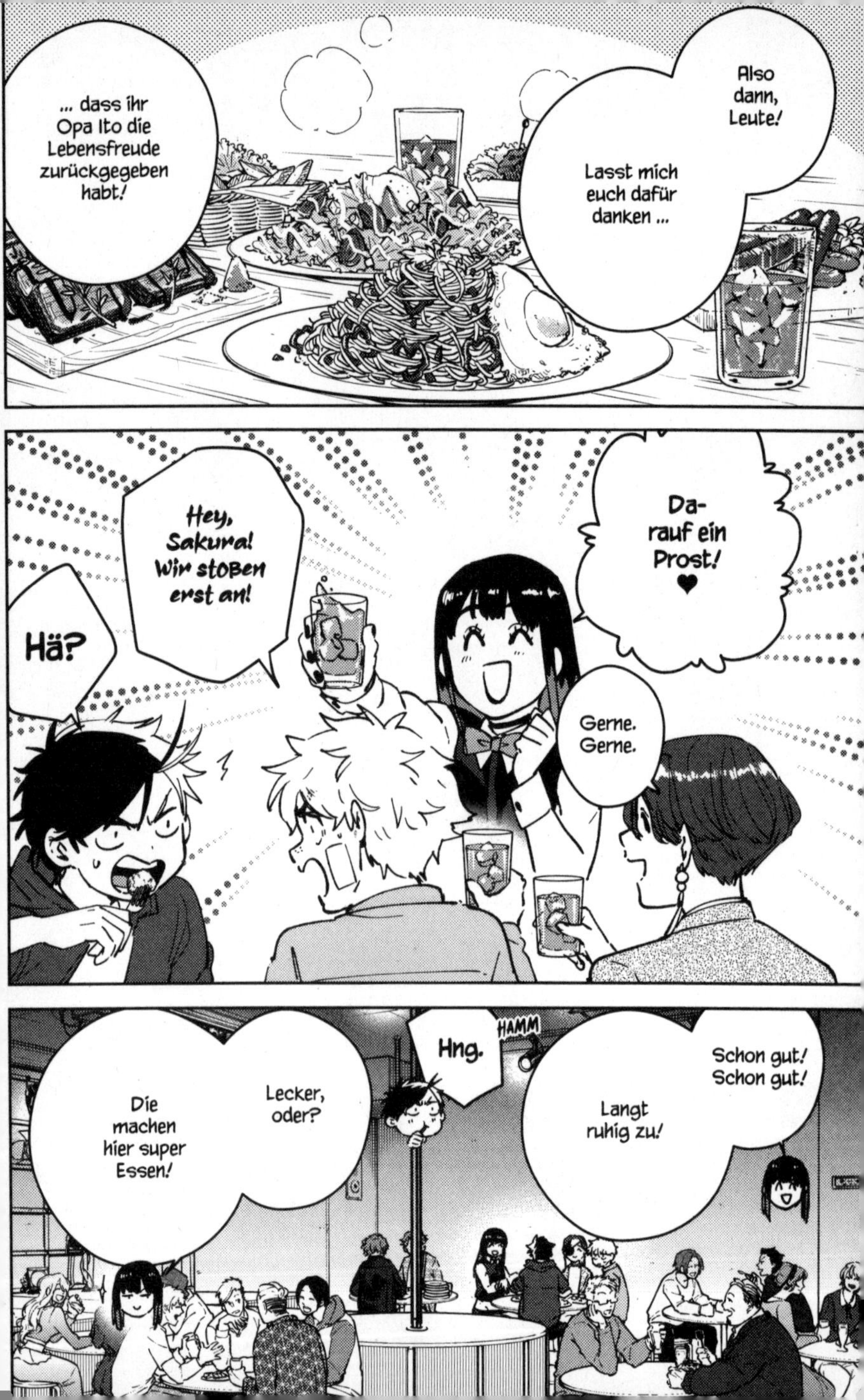
Also dann, Leute!
Lasst mich euch dafür danken ...
... dass ihr Opa Ito die Lebensfreude zurückgegeben habt!
Da- rauf ein Prost! ♥
Gerne. Gerne.
Hey, Sakura! Wir stoßen erst an!
Hä?
Schon gut! Schon gut!
Langt ruhig zu!
HAMM
Hng.
Lecker, oder?
Die machen hier super Essen!

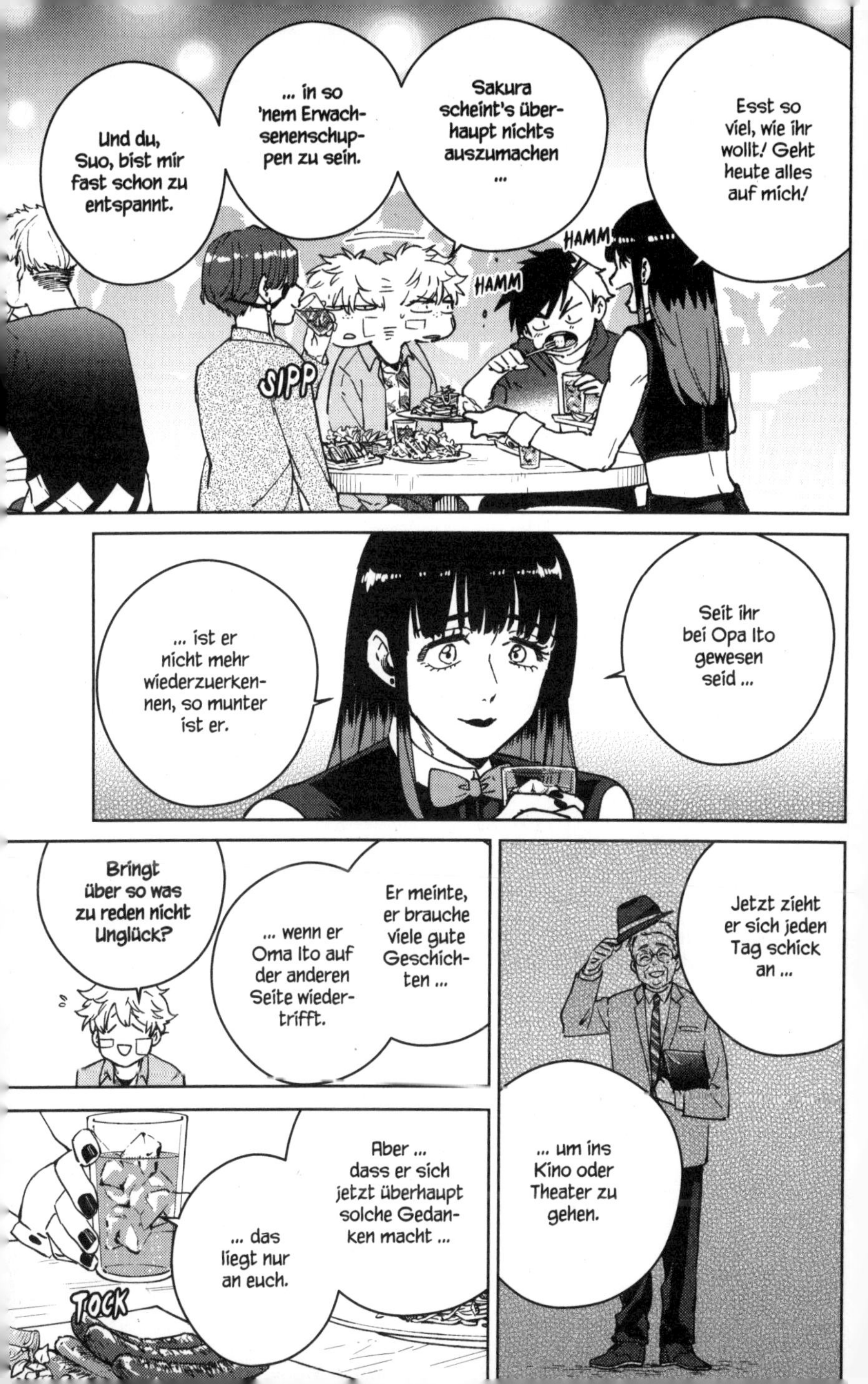

Esst so viel, wie ihr wollt! Geht heute alles auf mich!
HAMM
HAMM
Sakura scheint's überhaupt nichts auszumachen ...
... in so 'nem Erwachsenenschuppen zu sein.
Und du, Suo, bist mir fast schon zu entspannt.
SIPP
Seit ihr bei Opa Ito gewesen seid ...
... ist er nicht mehr wiederzuerkennen, so munter ist er.
Jetzt zieht er sich jeden Tag schick an ...
... um ins Kino oder Theater zu gehen.
Er meinte, er brauche viele gute Geschichten ...
... wenn er Oma Ito auf der anderen Seite wiedertrifft.
Bringt über so was zu reden nicht Unglück?
Aber ... dass er sich jetzt überhaupt solche Gedanken macht ...
... das liegt nur an euch.
TOCK

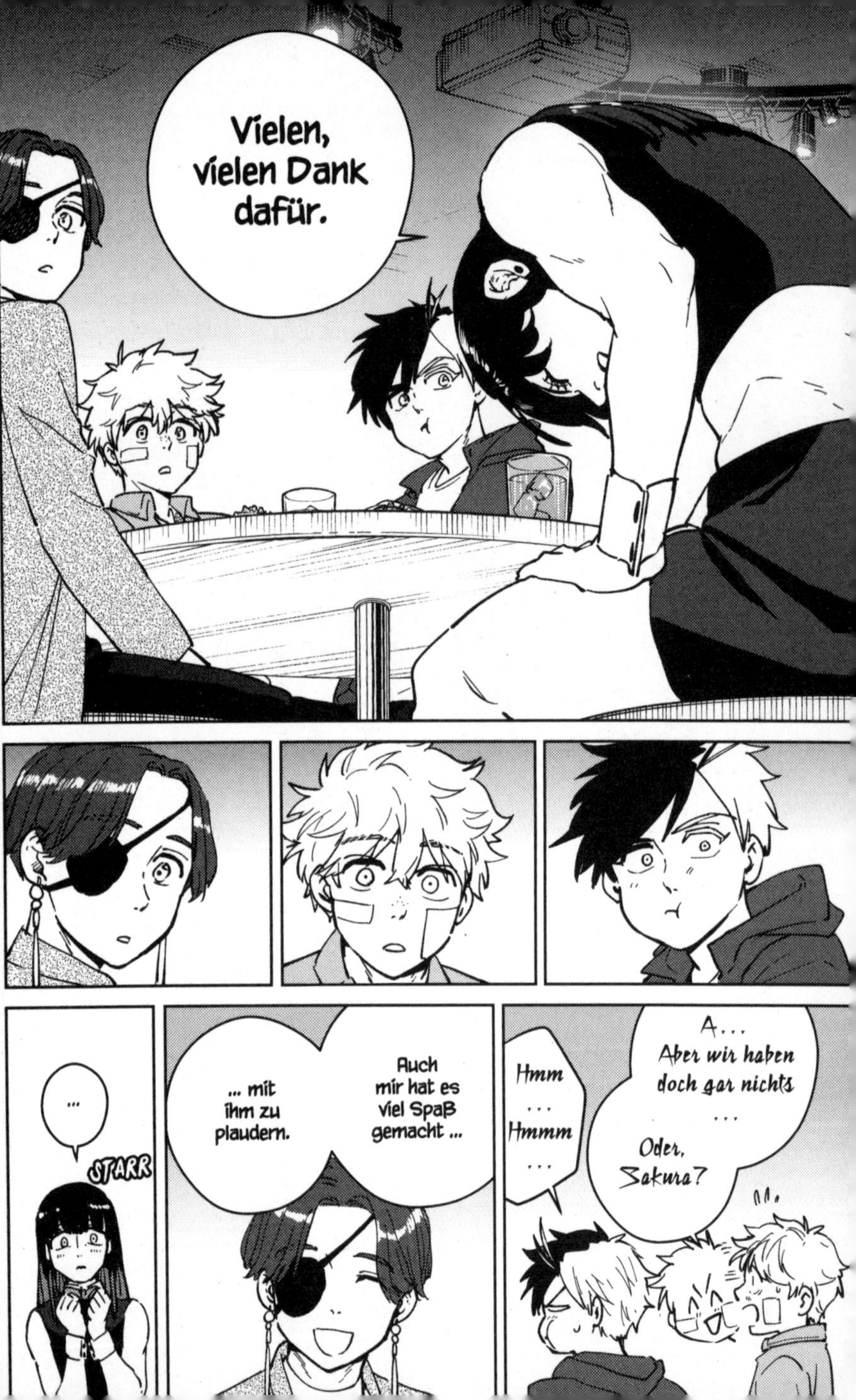
Vielen, vielen Dank dafür.
A… Aber wir haben doch gar nichts … Oder, Sakura?
Hmm … Hmmm …
Auch mir hat es viel Spaß gemacht …
… mit ihm zu plaudern.
…
STARR

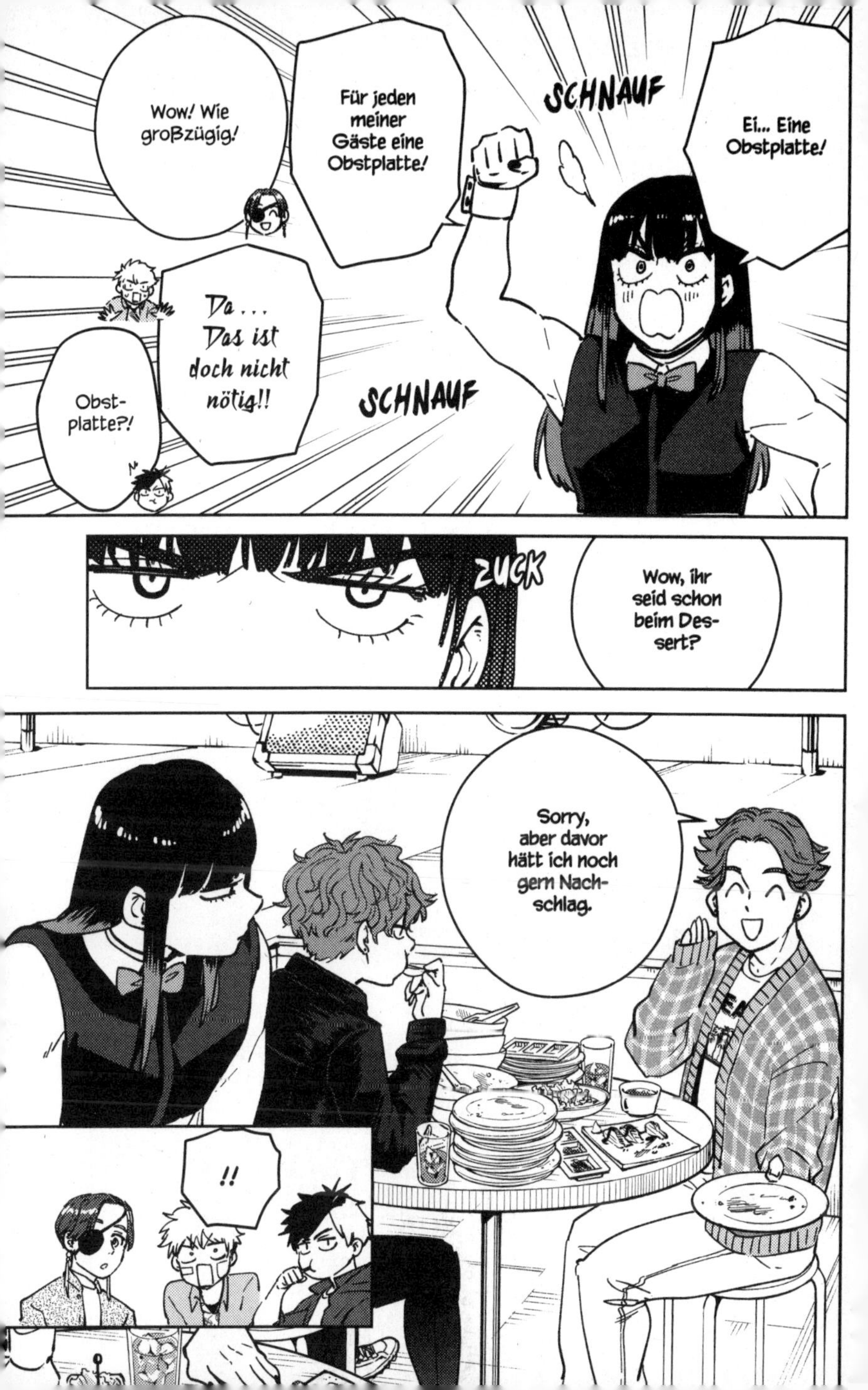

Ei... Eine Obstplatte!
SCHNAUF
Für jeden meiner Gäste eine Obstplatte!
Wow! Wie großzügig!
SCHNAUF
Da ... Das ist doch nicht nötig!!
Obst-platte?!
Wow, ihr seid schon beim Des-sert?
ZUCK
Sorry, aber davor hätt ich noch gern Nach-schlag.
!!

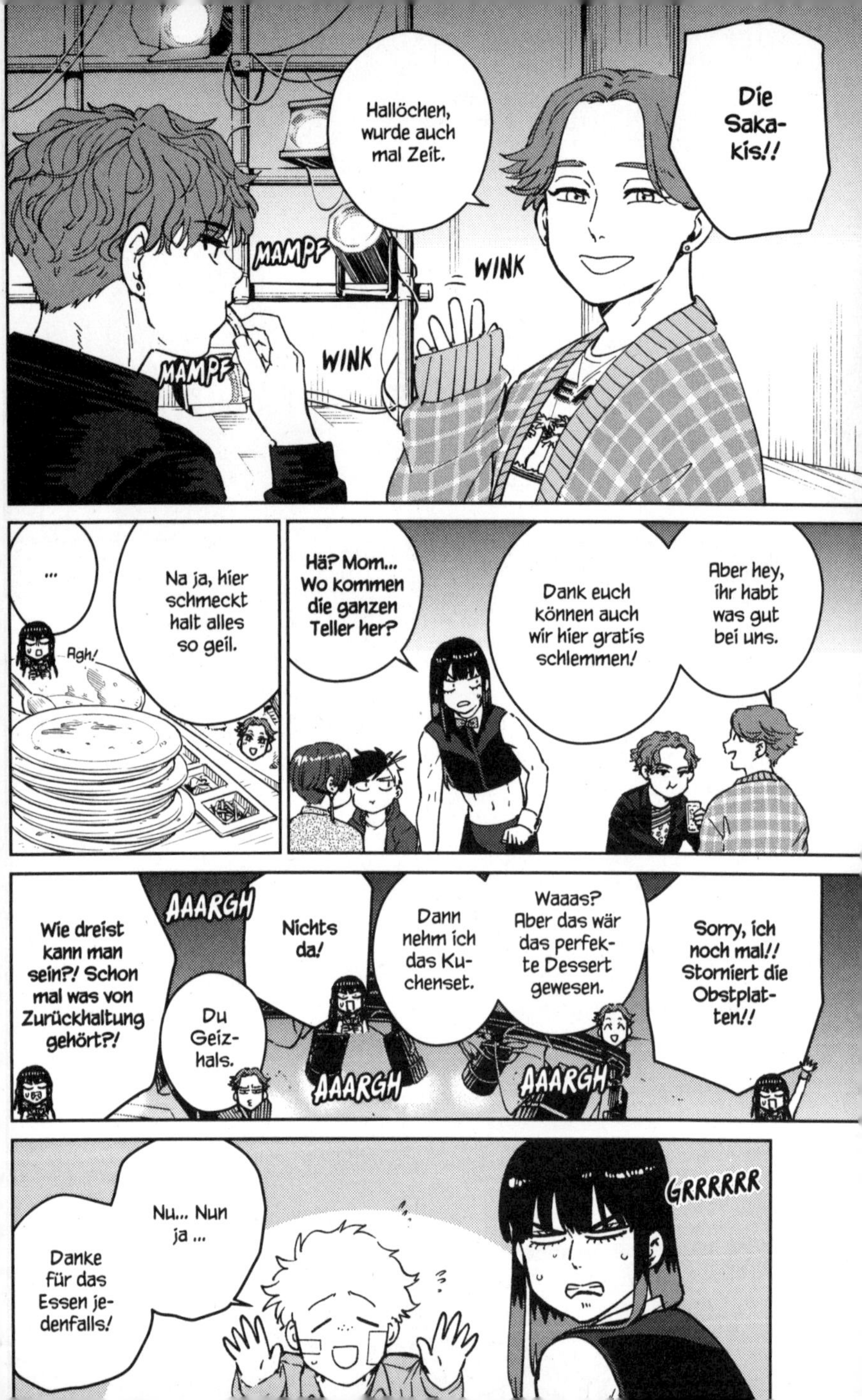

Die Saka-kis!!
Hallöchen, wurde auch mal Zeit.
WINK
WINK
MAMPF
MAMPF
Aber hey, ihr habt was gut bei uns.
Dank euch können auch wir hier gratis schlemmen!
Hä? Mom... Wo kommen die ganzen Teller her?
Na ja, hier schmeckt halt alles so geil.
...
Agh!
Sorry, ich noch mal!! Storniert die Obstplat-ten!!
Waaas? Aber das wär das perfek-te Dessert gewesen.
Dann nehm ich das Ku-chenset.
Nichts da!
Du Geiz-hals.
Wie dreist kann man sein?! Schon mal was von Zurückhaltung gehört?!
AAARGH
AAARGH
AAARGH
GRRRRRR
Nu... Nun ja ...
Danke für das Essen je-denfalls!

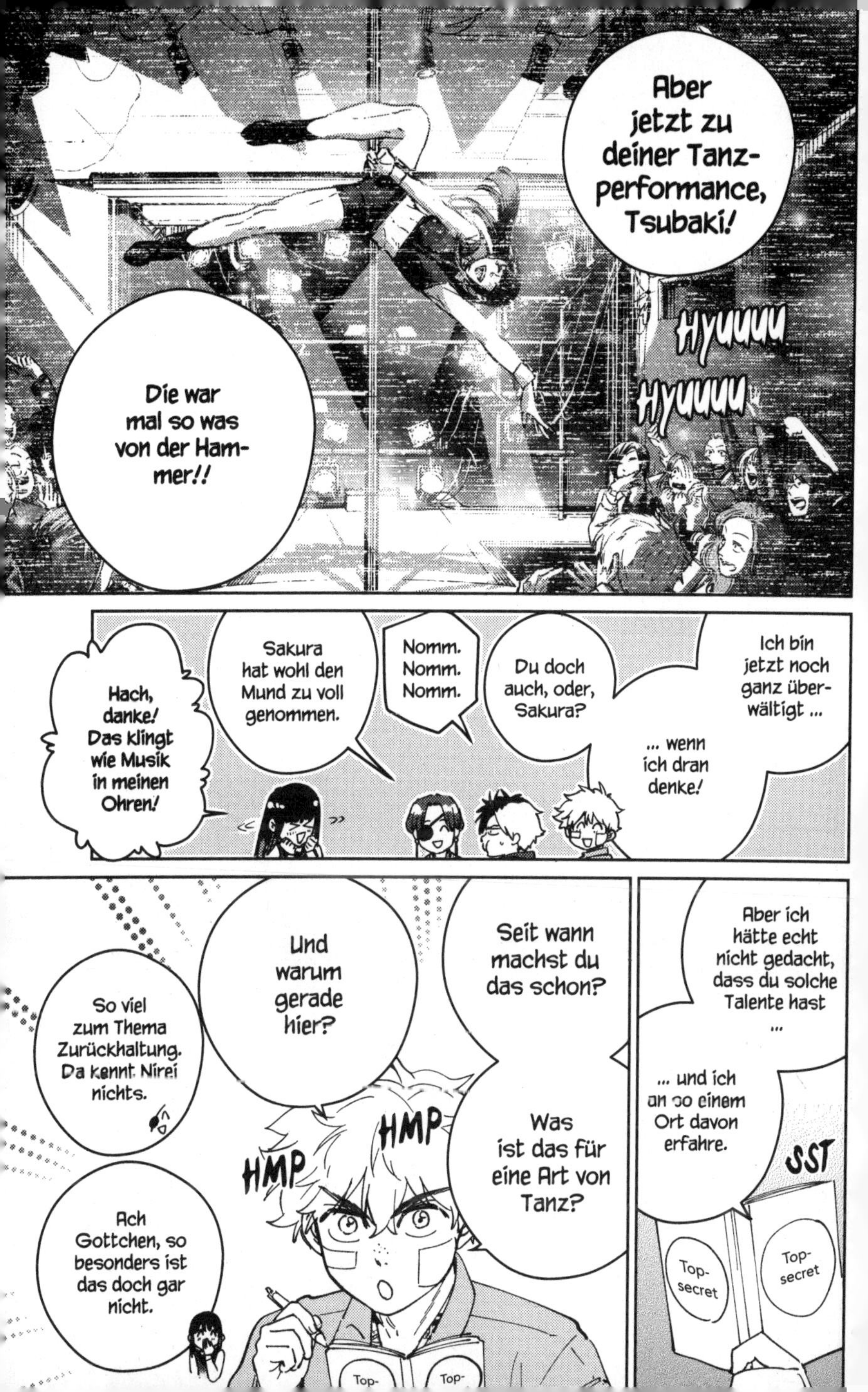
Aber jetzt zu deiner Tanz-performance, Tsubaki!
Hyuuuu
Hyuuuu
Die war mal so was von der Ham-mer!!
Ich bin jetzt noch ganz über-wältigt ...
... wenn ich dran denke!
Du doch auch, oder, Sakura?
Nomm. Nomm. Nomm.
Sakura hat wohl den Mund zu voll genommen.
Hach, danke! Das klingt wie Musik in meinen Ohren!
Aber ich hätte echt nicht gedacht, dass du solche Talente hast ...
... und ich an so einem Ort davon erfahre.
SST
Top-secret
Top-secret
Seit wann machst du das schon?
Was ist das für eine Art von Tanz?
Und warum gerade hier?
HMP
HMP
So viel zum Thema Zurückhaltung. Da kennt Nirei nichts.
Ach Gottchen, so besonders ist das doch gar nicht.

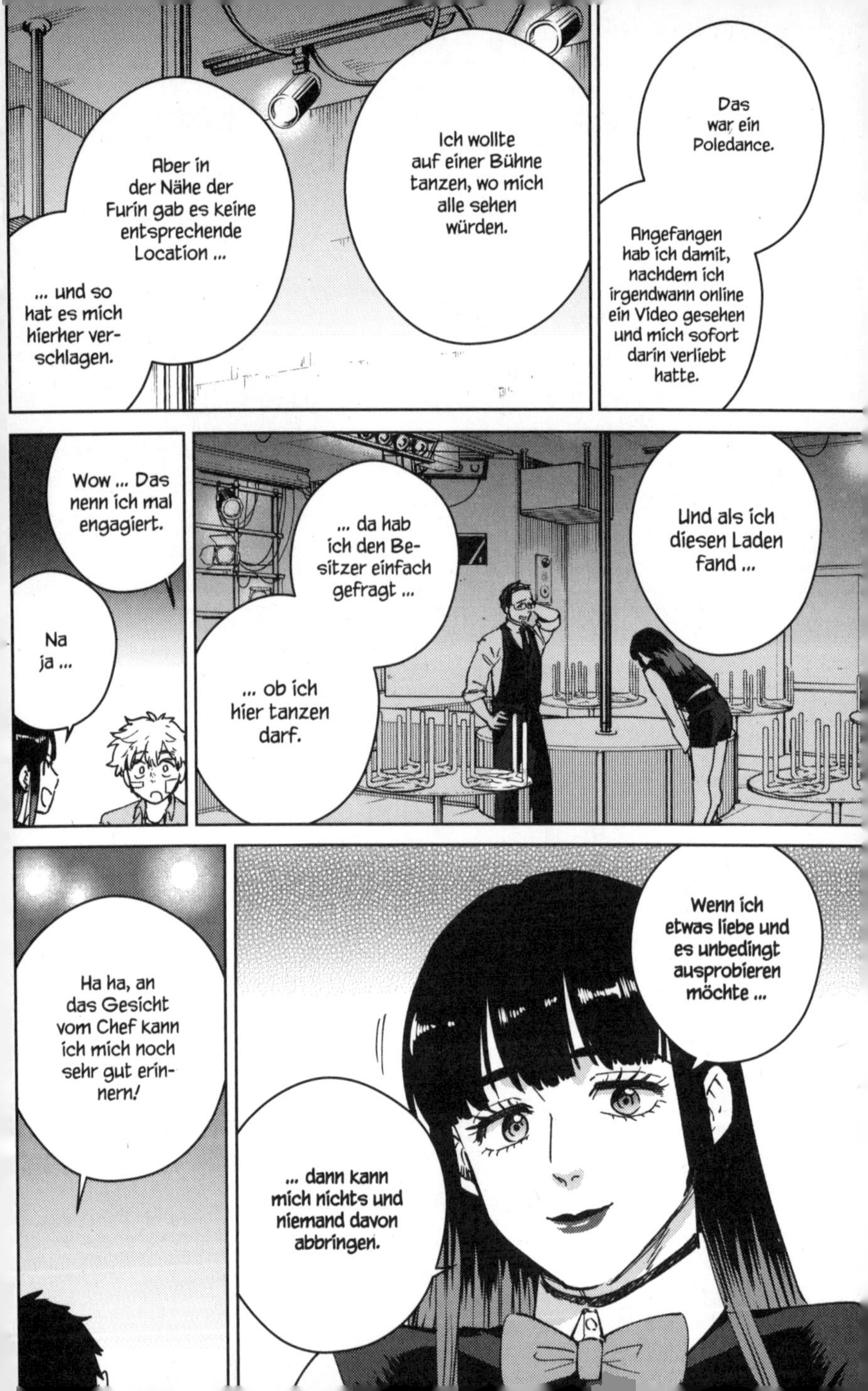
Das war ein Poledance.
Angefangen hab ich damit, nachdem ich irgendwann online ein Video gesehen und mich sofort darin verliebt hatte.
Ich wollte auf einer Bühne tanzen, wo mich alle sehen würden.
Aber in der Nähe der Furin gab es keine entsprechende Location ...
... und so hat es mich hierher verschlagen.
Und als ich diesen Laden fand ...
... da hab ich den Besitzer einfach gefragt ...
... ob ich hier tanzen darf.
Wow ... Das nenn ich mal engagiert.
Na ja ...
Wenn ich etwas liebe und es unbedingt ausprobieren möchte ...
... dann kann mich nichts und niemand davon abbringen.
Ha ha, an das Gesicht vom Chef kann ich mich noch sehr gut erinnern!

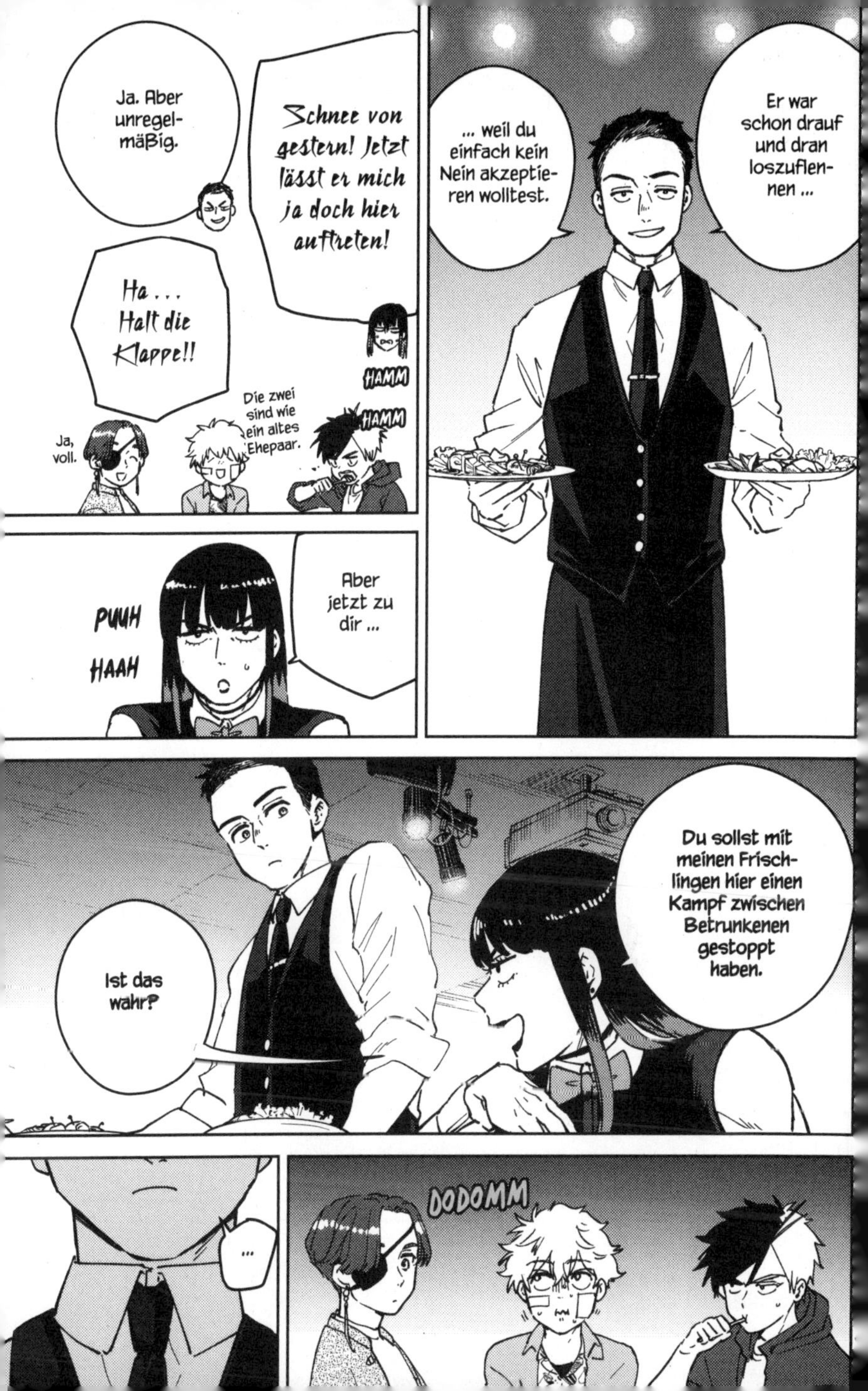
Er war schon drauf und dran loszuflennen ...
... weil du einfach kein Nein akzeptieren wolltest.
Schnee von gestern! Jetzt lässt er mich ja doch hier auftreten!
Ja. Aber unregelmäßig.
Ha ... Halt die Klappe!!
HAMM
HAMM
Die zwei sind wie ein altes Ehepaar.
Ja, voll.
Aber jetzt zu dir ...
PUUH
HAAH
Du sollst mit meinen Frischlingen hier einen Kampf zwischen Betrunkenen gestoppt haben.
Ist das wahr?
DODOMM
...

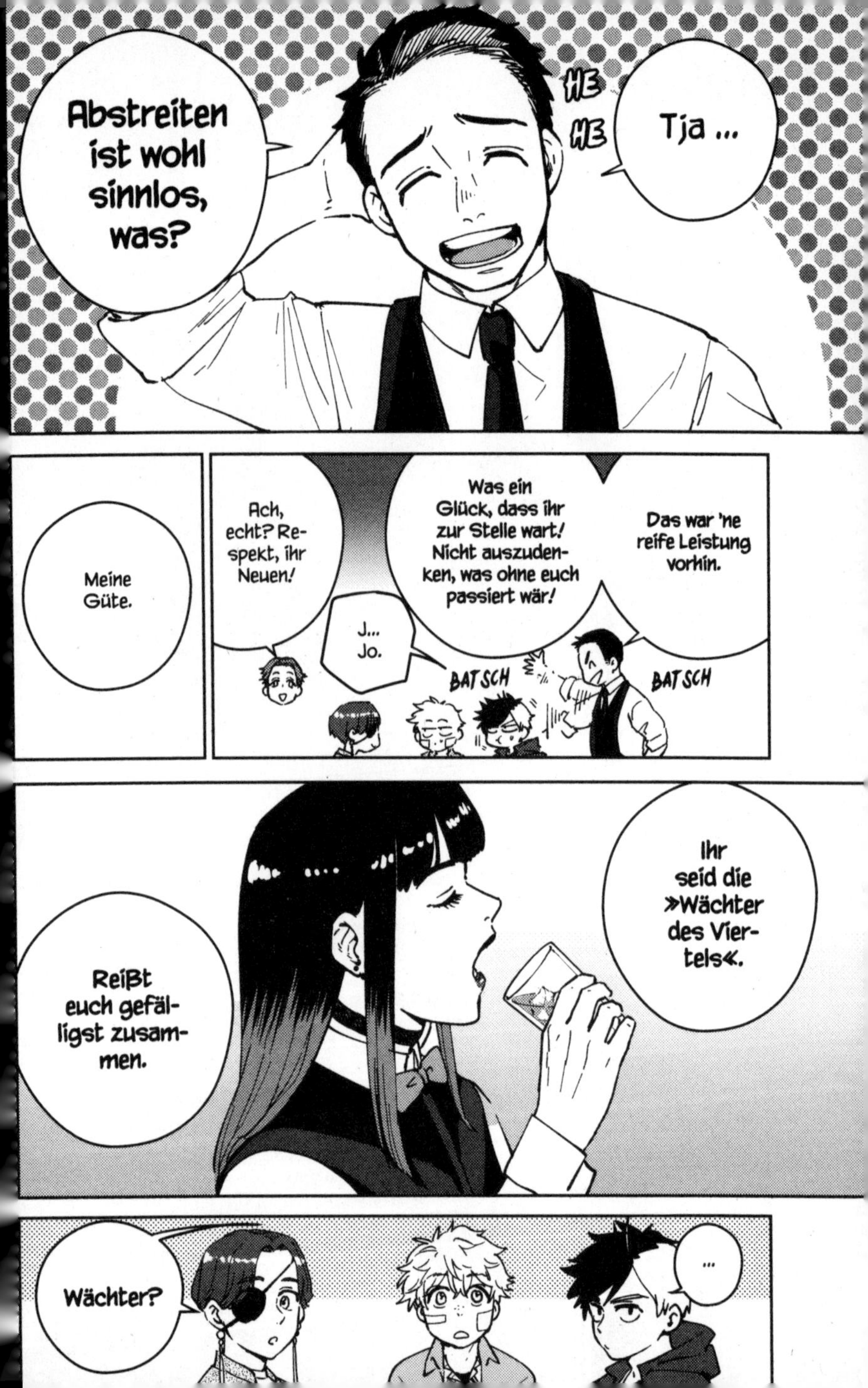
Tja ...
HE HE
Abstreiten ist wohl sinnlos, was?
Das war 'ne reife Leistung vorhin.
BATSCH
Was ein Glück, dass ihr zur Stelle wart! Nicht auszuden-ken, was ohne euch passiert wär!
BATSCH
J... Jo.
Ach, echt? Re-spekt, ihr Neuen!
Meine Güte.
Ihr seid die »Wächter des Vier-tels«.
Reißt euch gefäl-ligst zusam-men.
...
Wächter?

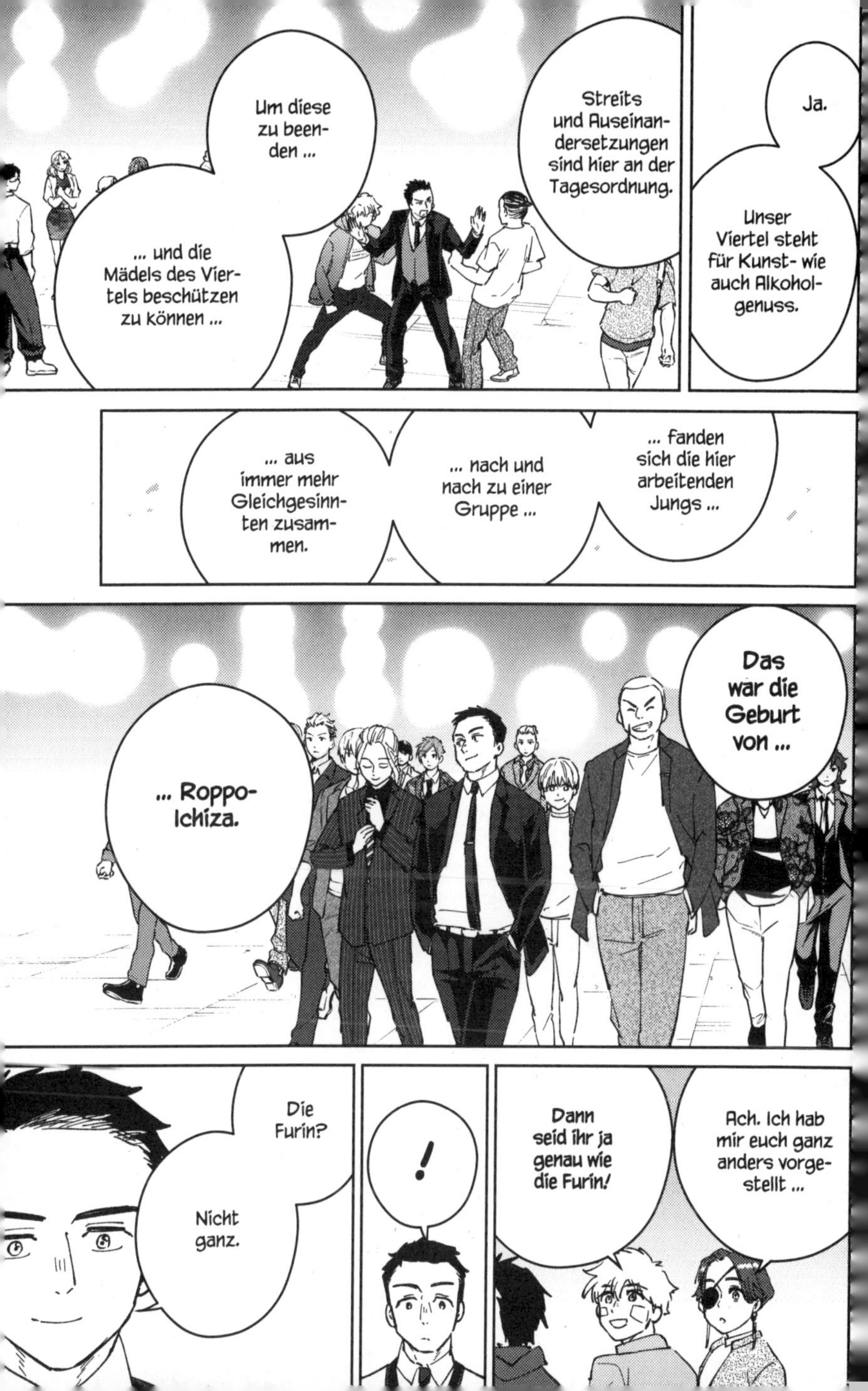

Ja.
Unser Viertel steht für Kunst- wie auch Alkoholgenuss.
Streits und Auseinandersetzungen sind hier an der Tagesordnung.
Um diese zu beenden ...
... und die Mädels des Viertels beschützen zu können ...
... fanden sich die hier arbeitenden Jungs ...
... nach und nach zu einer Gruppe ...
... aus immer mehr Gleichgesinnten zusammen.
Das war die Geburt von ...
... Roppo-Ichiza.
Ach. Ich hab mir euch ganz anders vorgestellt ...
Dann seid ihr ja genau wie die Furin!
!
Die Furin?
Nicht ganz.

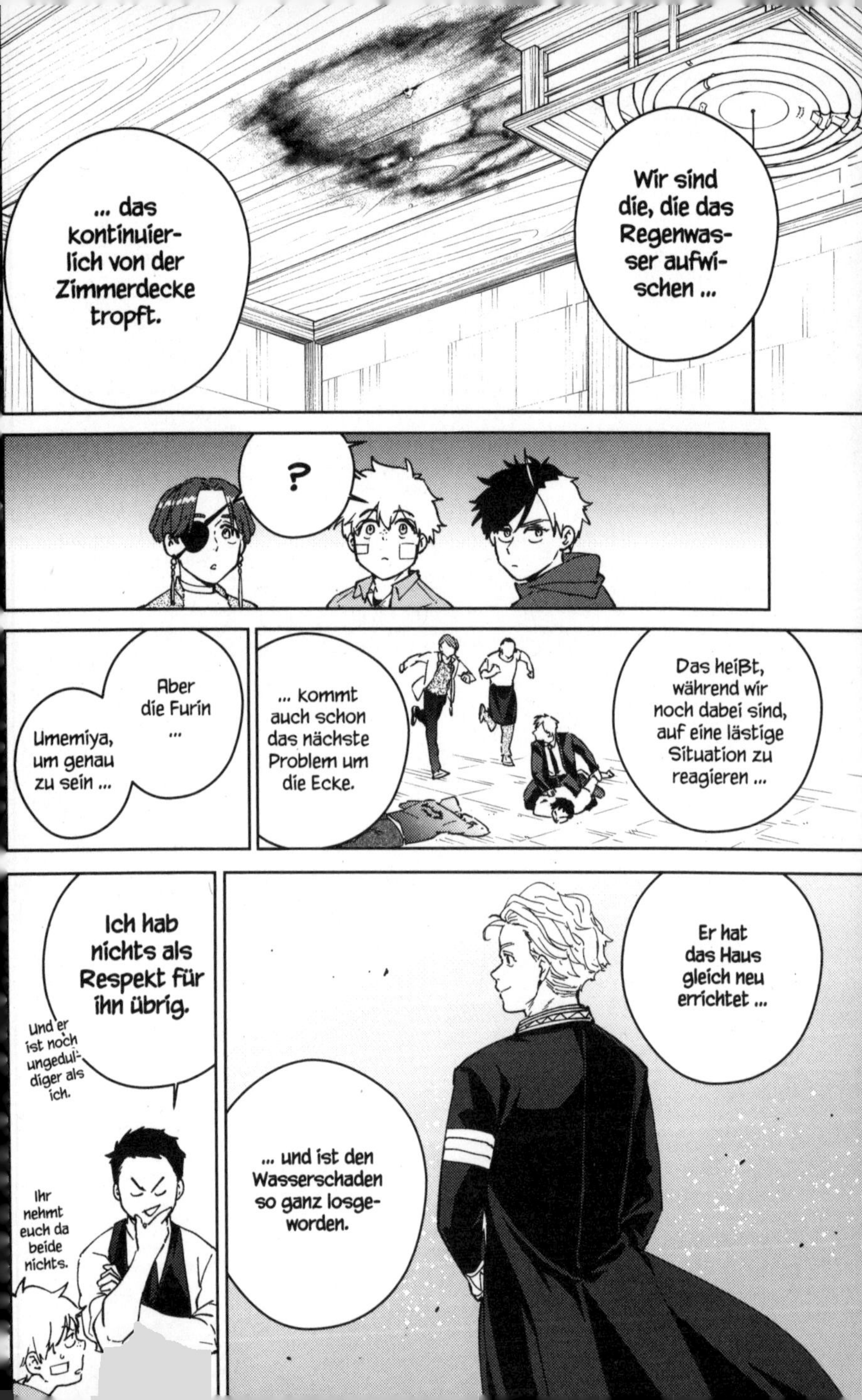

Wir sind die, die das Regenwasser aufwischen ...
... das kontinuierlich von der Zimmerdecke tropft.
?
Das heißt, während wir noch dabei sind, auf eine lästige Situation zu reagieren ...
... kommt auch schon das nächste Problem um die Ecke.
Aber die Furin ...
Umemiya, um genau zu sein ...
Er hat das Haus gleich neu errichtet ...
... und ist den Wasserschaden so ganz losgeworden.
Ich hab nichts als Respekt für ihn übrig.
Und er ist noch ungeduldiger als ich.
Ihr nehmt euch da beide nichts.

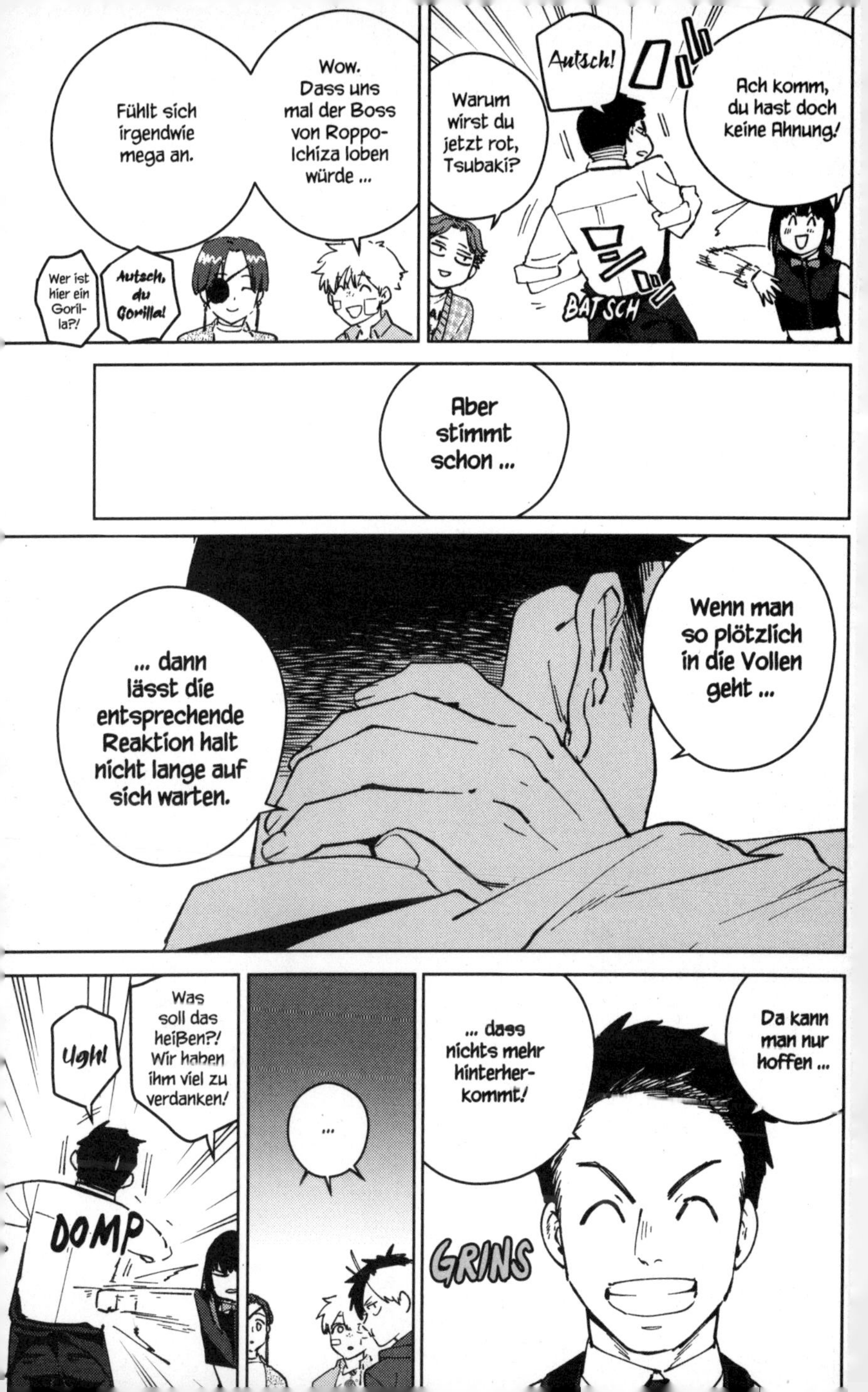
Warum wirst du jetzt rot, Tsubaki?
Ach komm, du hast doch keine Ahnung!
BATSCH
Autsch!
Wow. Dass uns mal der Boss von Roppo-Ichiza loben würde …
Fühlt sich irgendwie mega an.
Autsch, du Gorilla!
Wer ist hier ein Gorilla?!
Aber stimmt schon …
Wenn man so plötzlich in die Vollen geht …
… dann lässt die entsprechende Reaktion halt nicht lange auf sich warten.
Da kann man nur hoffen …
… dass nichts mehr hinterher-kommt!
GRINS
…
Was soll das heißen?! Wir haben ihm viel zu verdanken!
DOMP
Ugh!

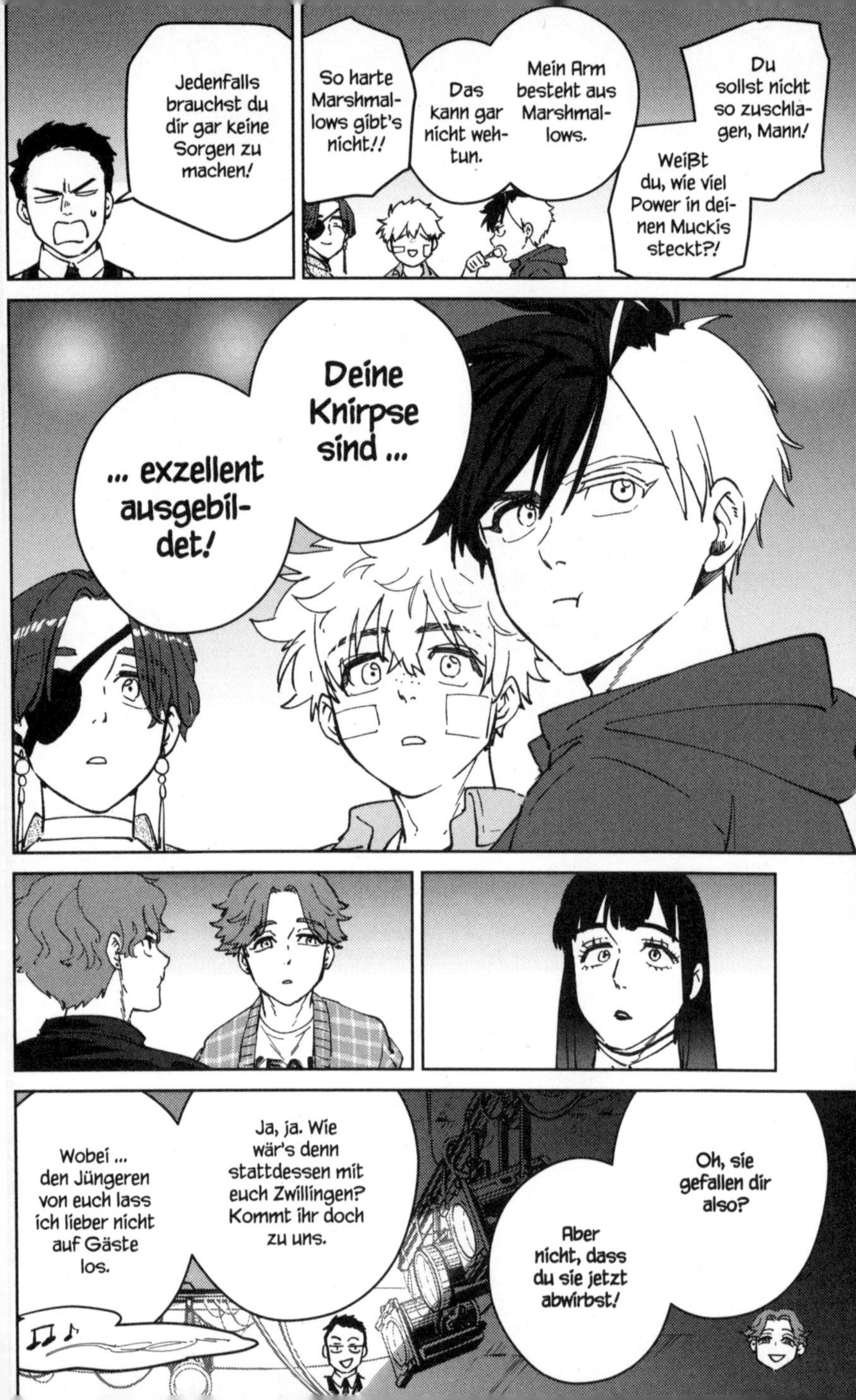

Du sollst nicht so zuschlagen, Mann!
Weißt du, wie viel Power in deinen Muckis steckt?!
Mein Arm besteht aus Marshmallows.
Das kann gar nicht wehtun.
So harte Marshmallows gibt's nicht!!
Jedenfalls brauchst du dir gar keine Sorgen zu machen!
Deine Knirpse sind …
… exzellent ausgebildet!
Oh, sie gefallen dir also?
Aber nicht, dass du sie jetzt abwirbst!
Ja, ja. Wie wär's denn stattdessen mit euch Zwillingen? Kommt ihr doch zu uns.
Wobei … den Jüngeren von euch lass ich lieber nicht auf Gäste los.
♫♪

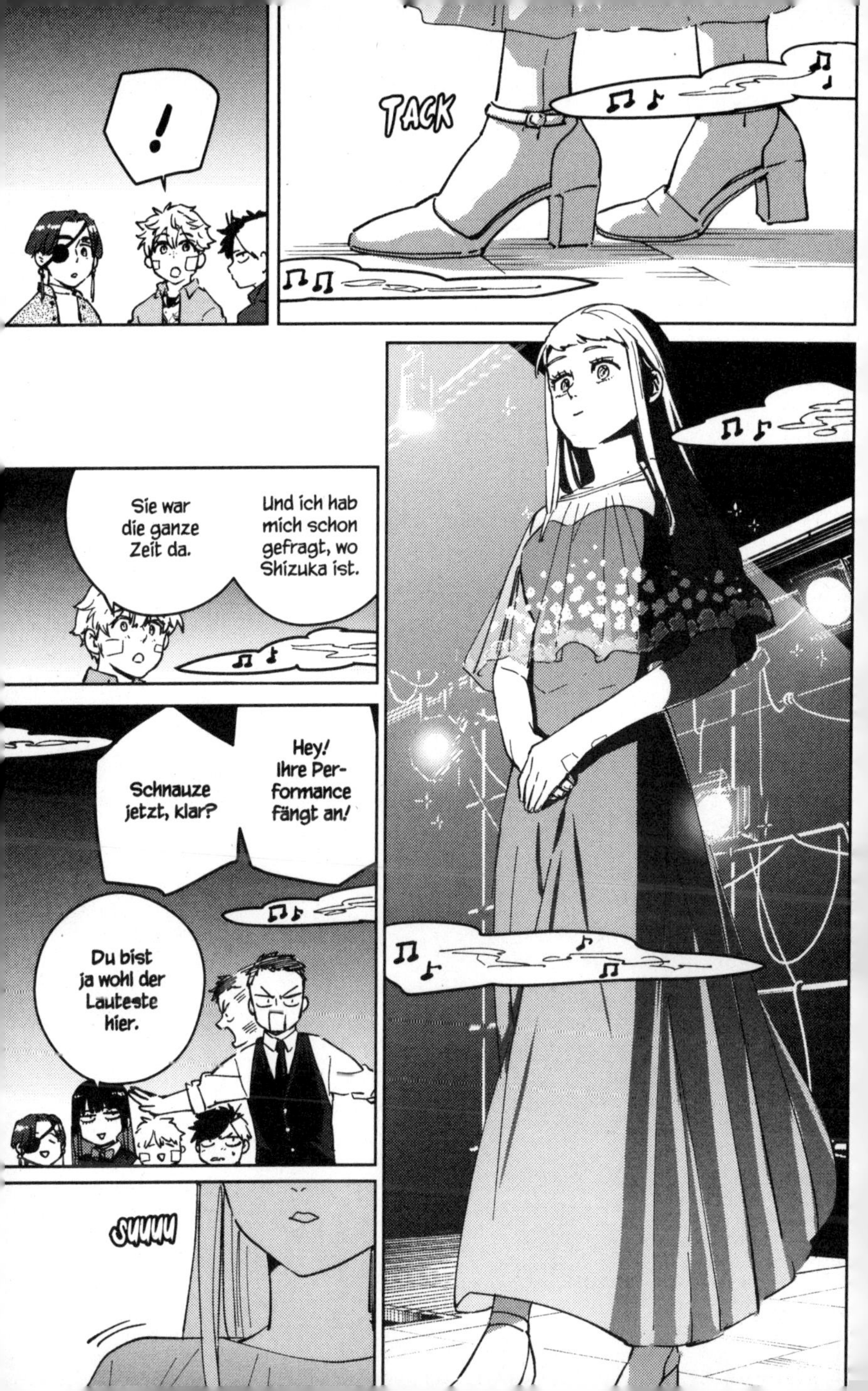
!
TACK
Sie war die ganze Zeit da.
Und ich hab mich schon gefragt, wo Shizuka ist.
Hey! Ihre Performance fängt an!
Schnauze jetzt, klar?
Du bist ja wohl der Lauteste hier.
SUUUU

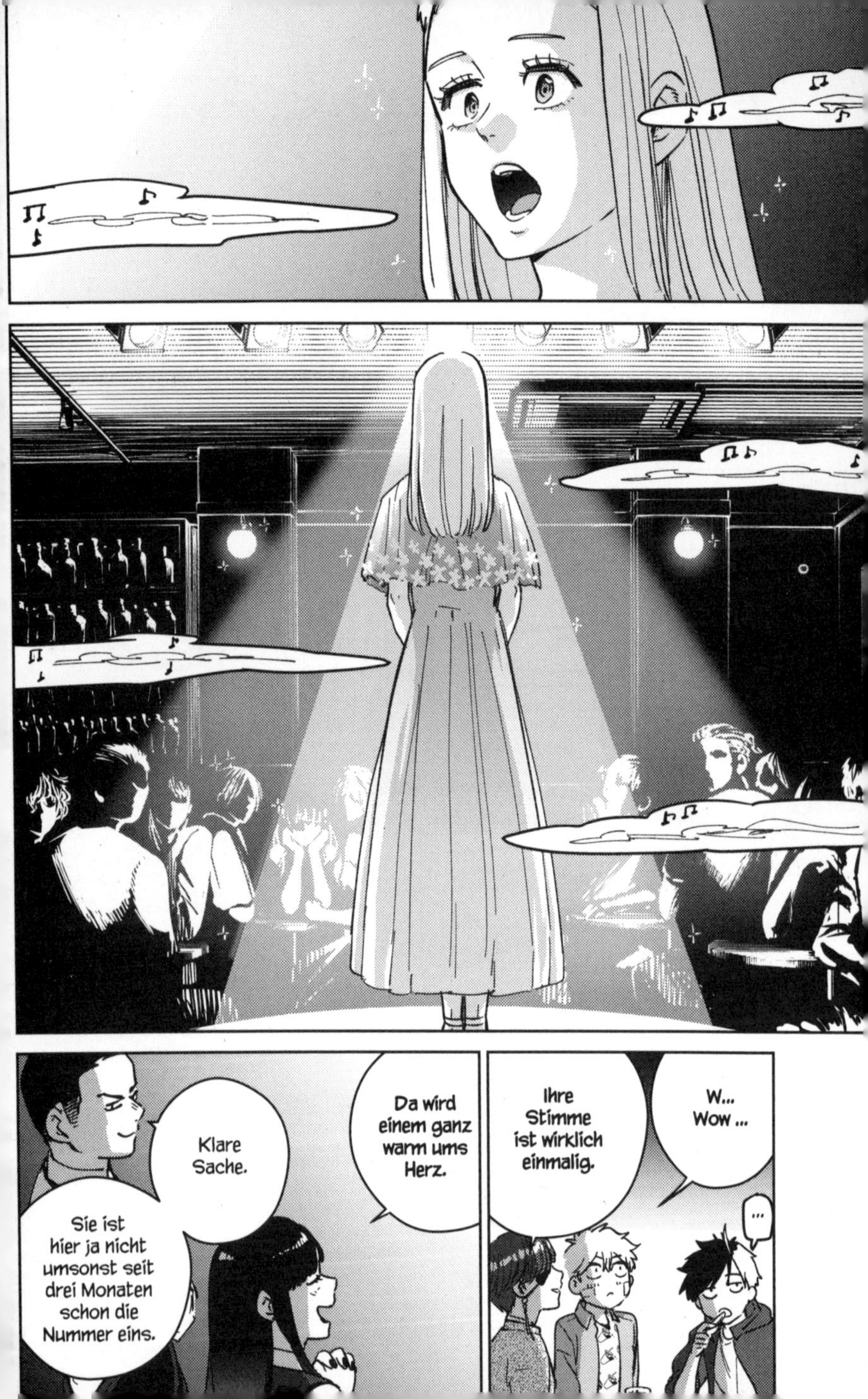
W... Wow ...
Ihre Stimme ist wirklich einmalig.
...
Da wird einem ganz warm ums Herz.
Klare Sache.
Sie ist hier ja nicht umsonst seit drei Monaten schon die Nummer eins.

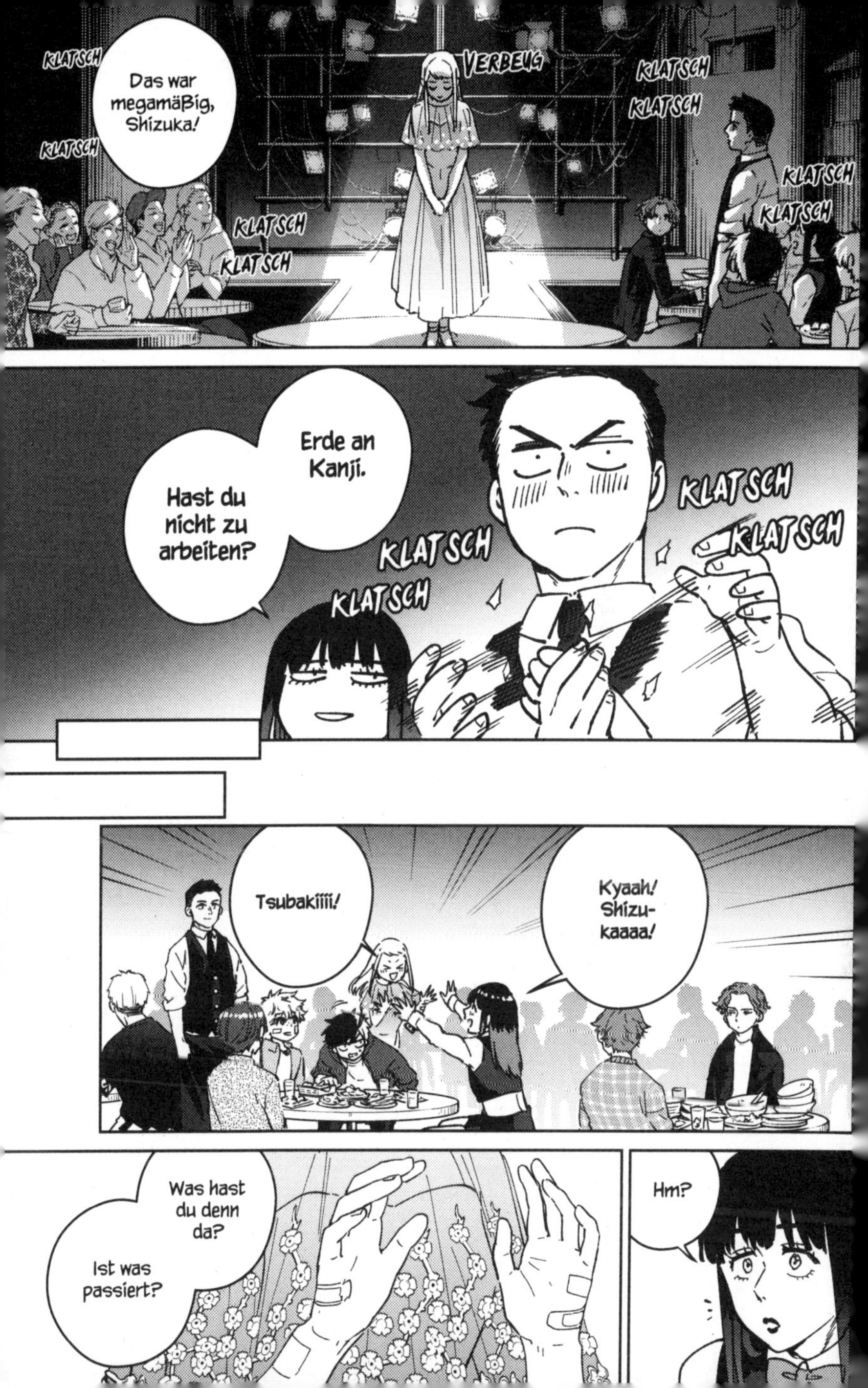

KLATSCH
Das war megamäßig, Shizuka!
VERBEUG
KLATSCH
KLATSCH
KLATSCH
KLATSCH
KLATSCH
KLATSCH
KLATSCH
Erde an Kanji.
Hast du nicht zu arbeiten?
KLATSCH
KLATSCH
KLATSCH
KLATSCH
Kyaah! Shizu-kaaaa!
Tsubakiiii!
Hm?
Was hast du denn da?
Ist was passiert?

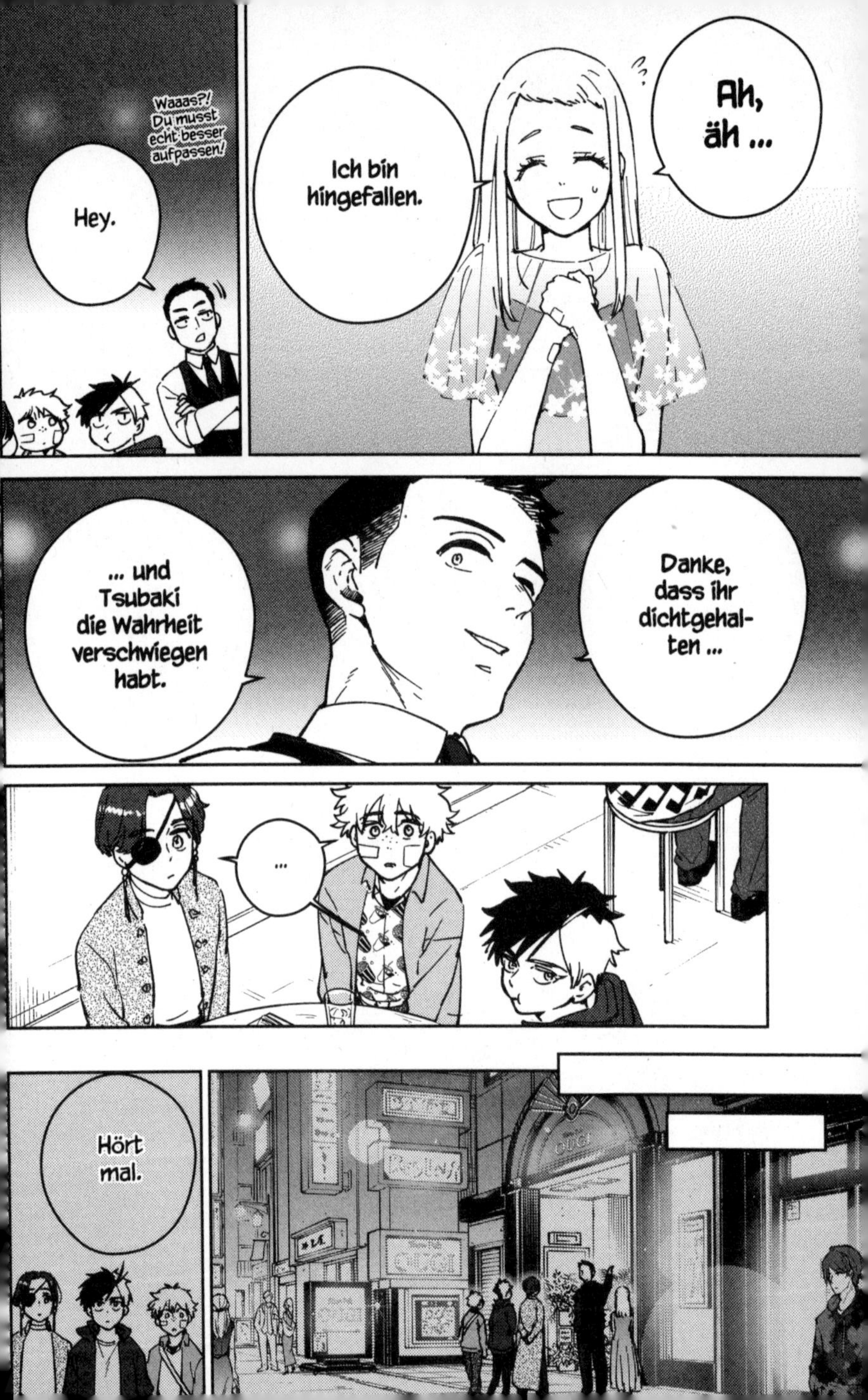
Ah, äh ...
Ich bin hingefallen.
Waaas?! Du musst echt besser aufpassen!
Hey.
Danke, dass ihr dichtgehalten ...
... und Tsubaki die Wahrheit verschwiegen habt.
...
Hört mal.

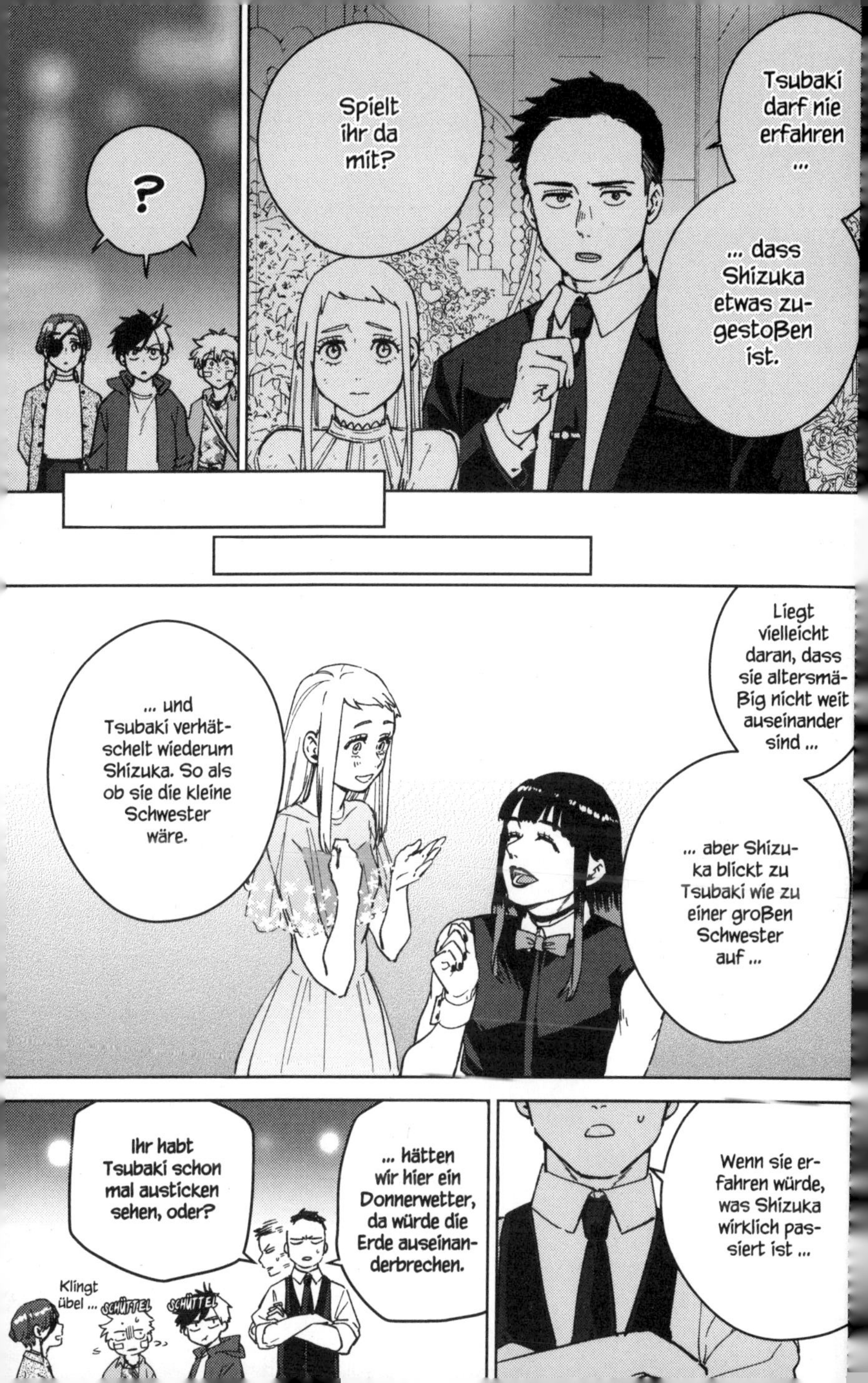

Tsubaki darf nie erfahren ...
... dass Shizuka etwas zugestoßen ist.
Spielt ihr da mit?
?
Liegt vielleicht daran, dass sie altersmäßig nicht weit auseinander sind ...
... aber Shizuka blickt zu Tsubaki wie zu einer großen Schwester auf ...
... und Tsubaki verhätschelt wiederum Shizuka. So als ob sie die kleine Schwester wäre.
Wenn sie erfahren würde, was Shizuka wirklich passiert ist ...
... hätten wir hier ein Donnerwetter, da würde die Erde auseinanderbrechen.
Ihr habt Tsubaki schon mal austicken sehen, oder?
Klingt übel ...
SCHÜTTEL
SCHÜTTEL

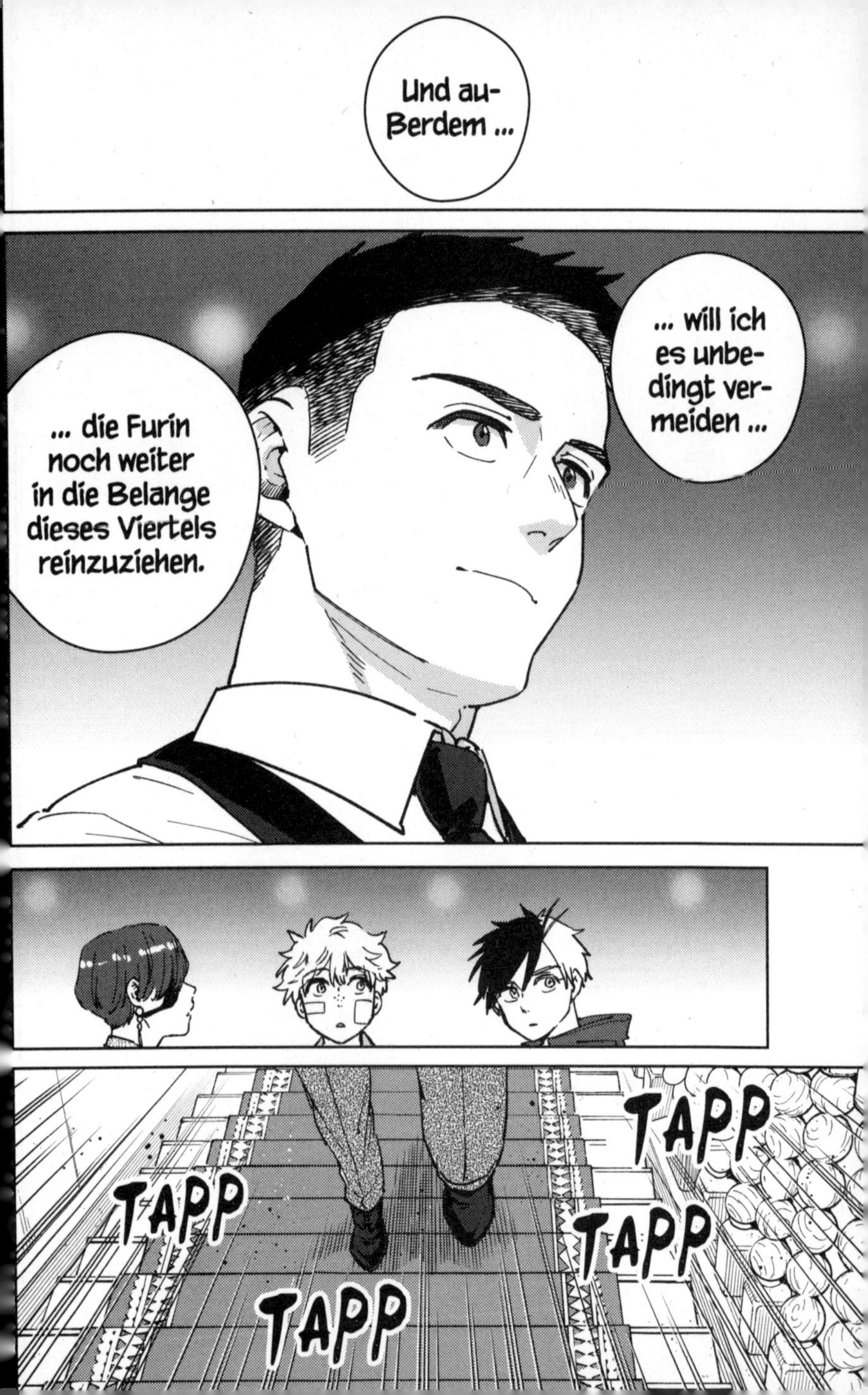
Und au-
ßerdem ...
... will ich es unbedingt vermeiden ...
... die Furin noch weiter in die Belange dieses Viertels reinzuziehen.
TAPP
TAPP
TAPP
TAPP

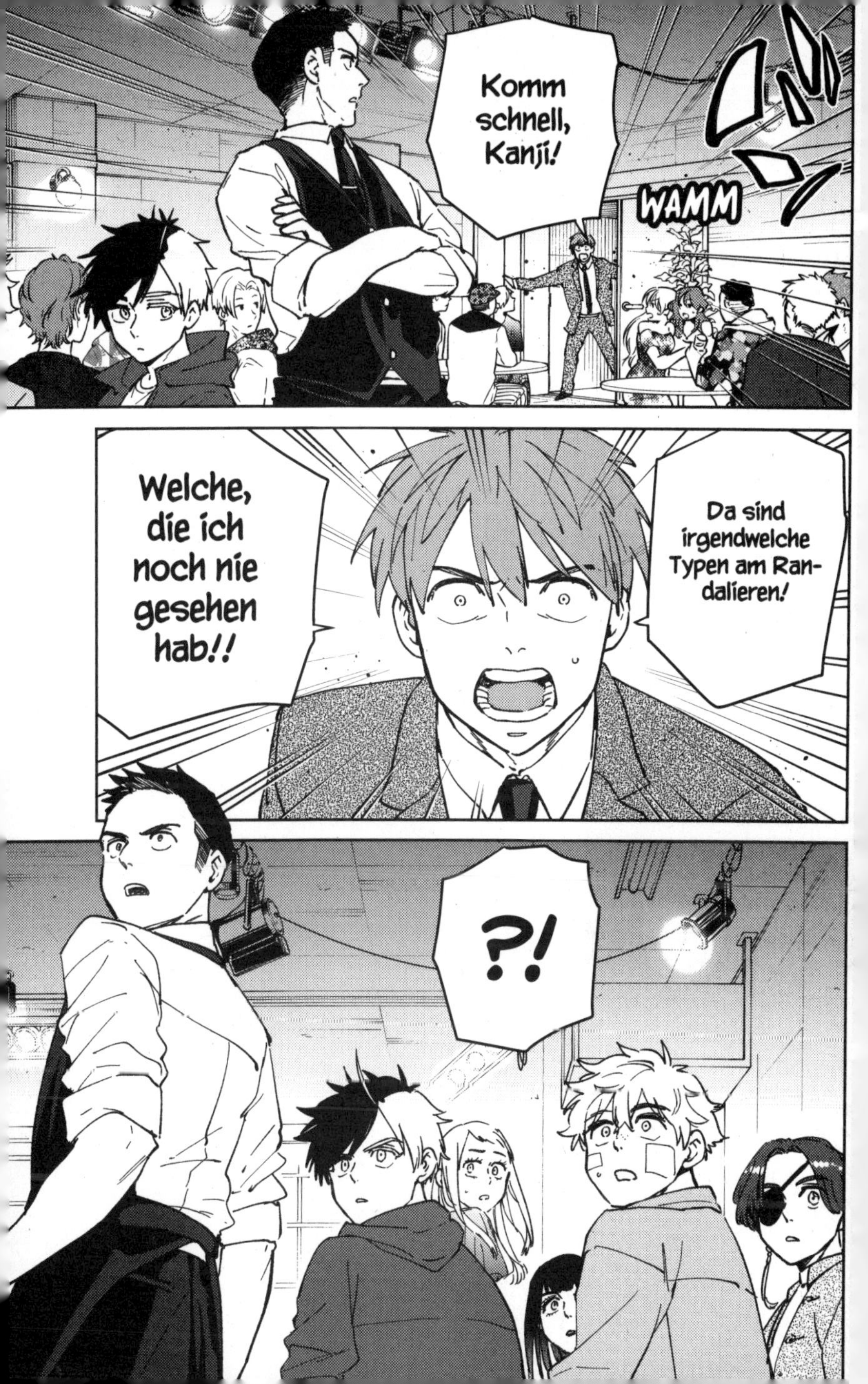
WAMM
Komm schnell, Kanji!
Da sind irgendwelche Typen am Randalieren!
Welche, die ich noch nie gesehen hab!!
?!

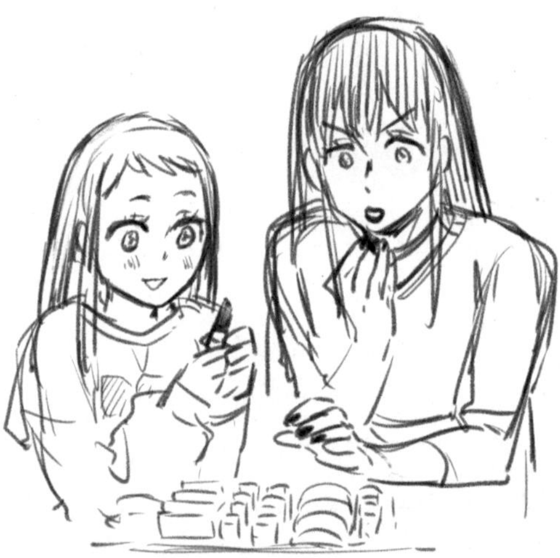

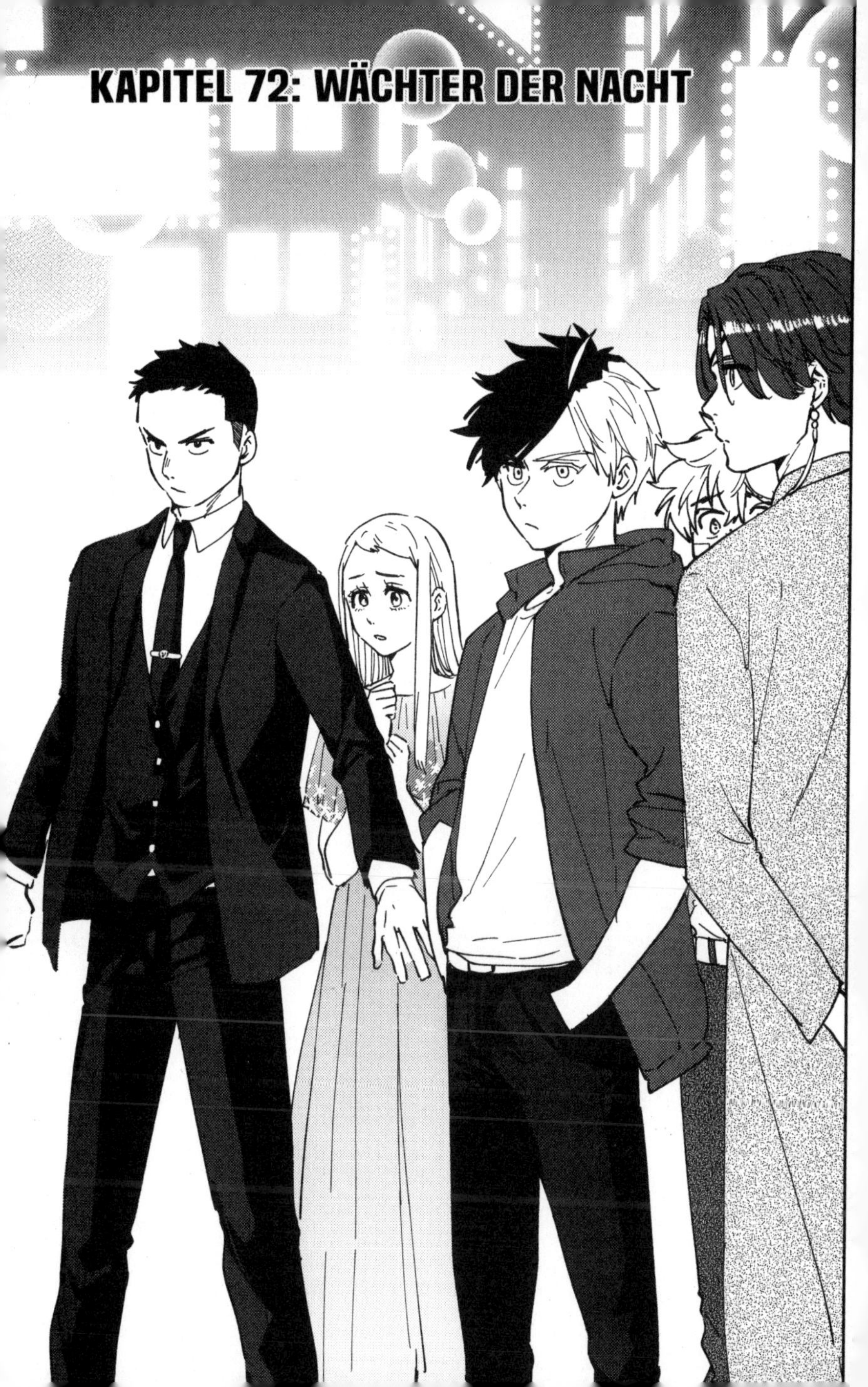
KAPITEL 72: WÄCHTER DER NACHT

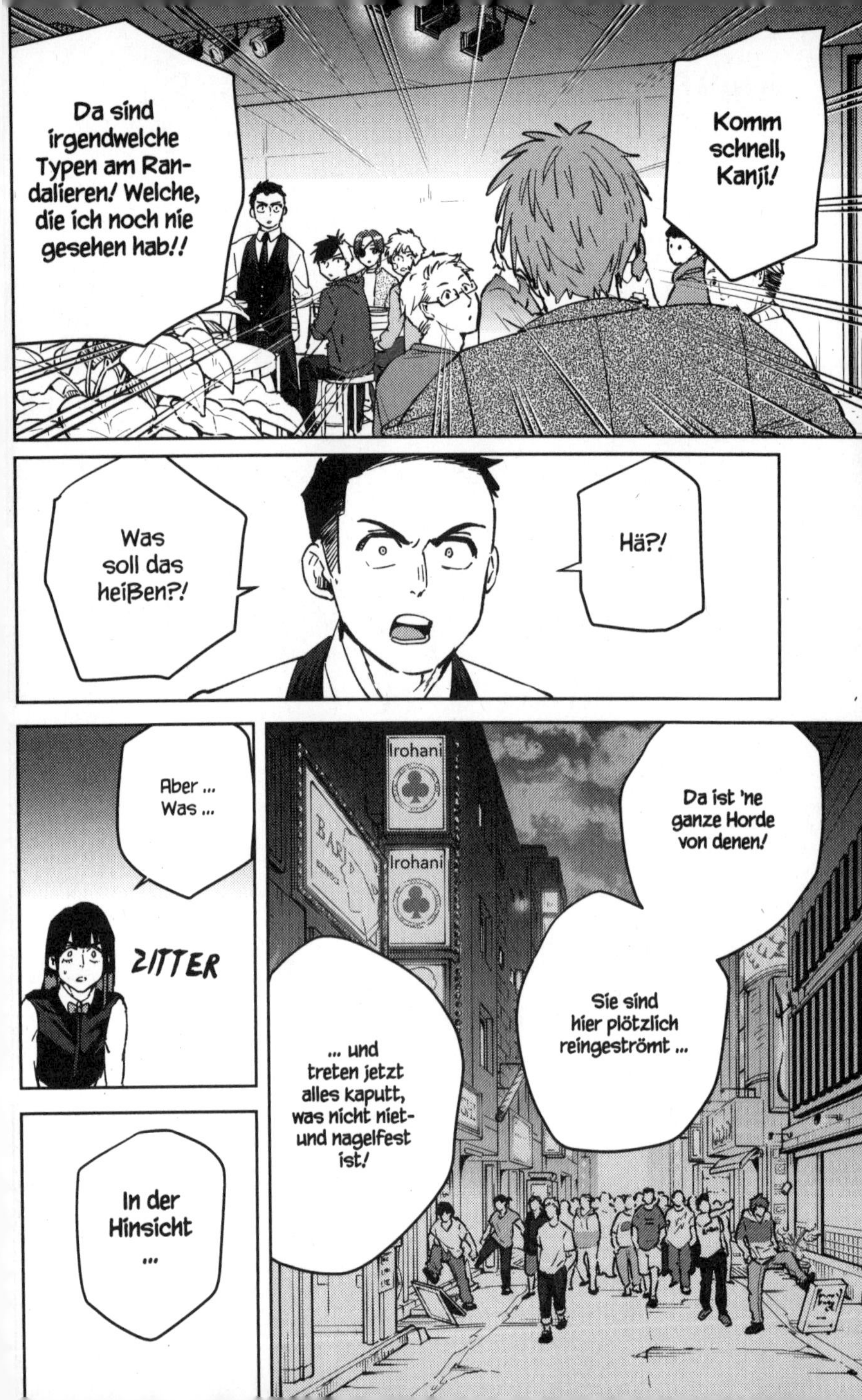
Komm schnell, Kanji!
Da sind irgendwelche Typen am Randalieren! Welche, die ich noch nie gesehen hab!!
Hä?!
Was soll das heißen?!
Da ist 'ne ganze Horde von denen!
Sie sind hier plötzlich reingeströmt ...
... und treten jetzt alles kaputt, was nicht niet- und nagelfest ist!
Irohani
Irohani
Aber ... Was ...
ZITTER
In der Hinsicht ...

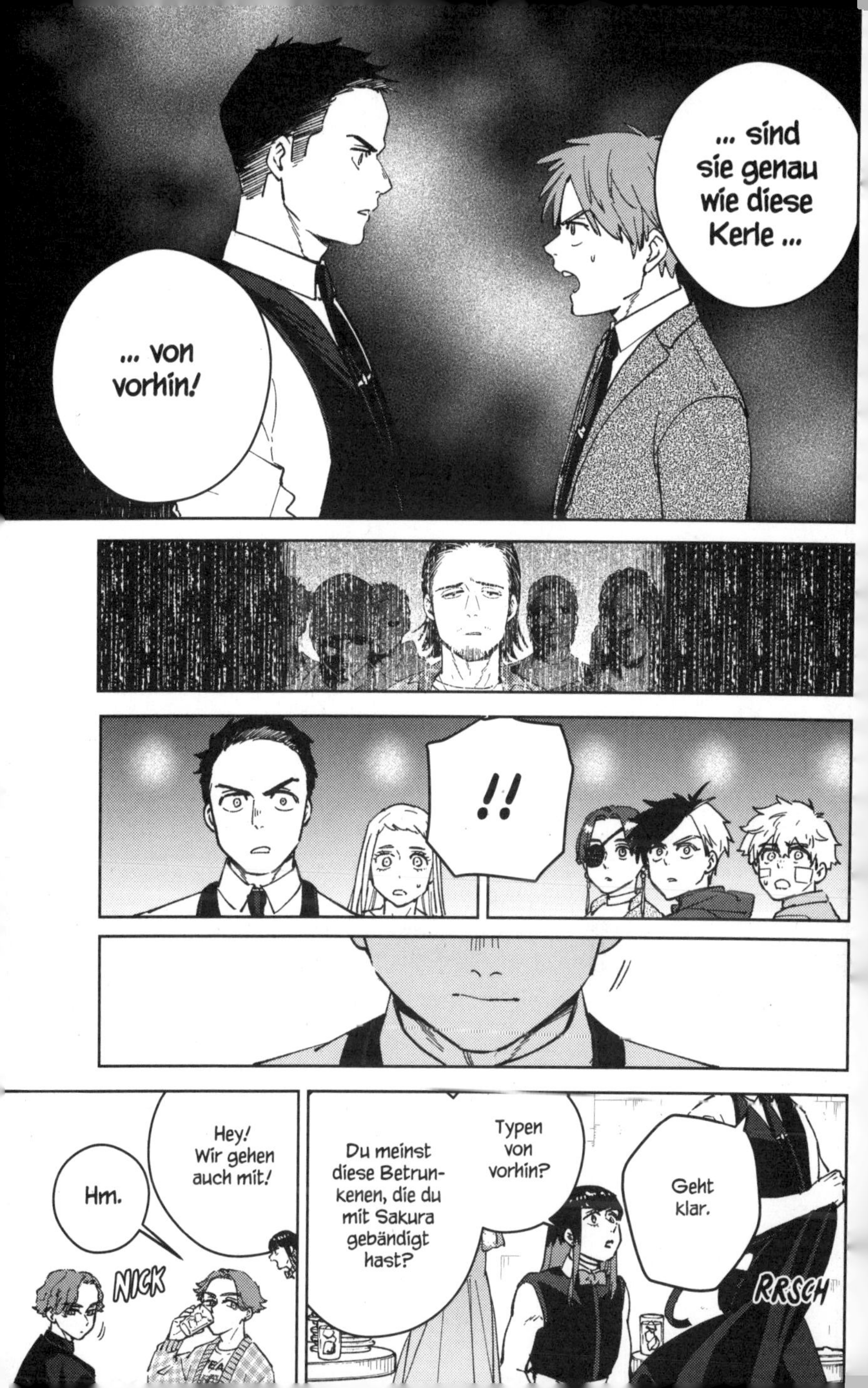
... sind sie genau wie diese Kerle ...
... von vorhin!
!!
Geht klar.
RRSCH
Typen von vorhin?
Du meinst diese Betrunkenen, die du mit Sakura gebändigt hast?
Hey! Wir gehen auch mit!
Hm.
NICK

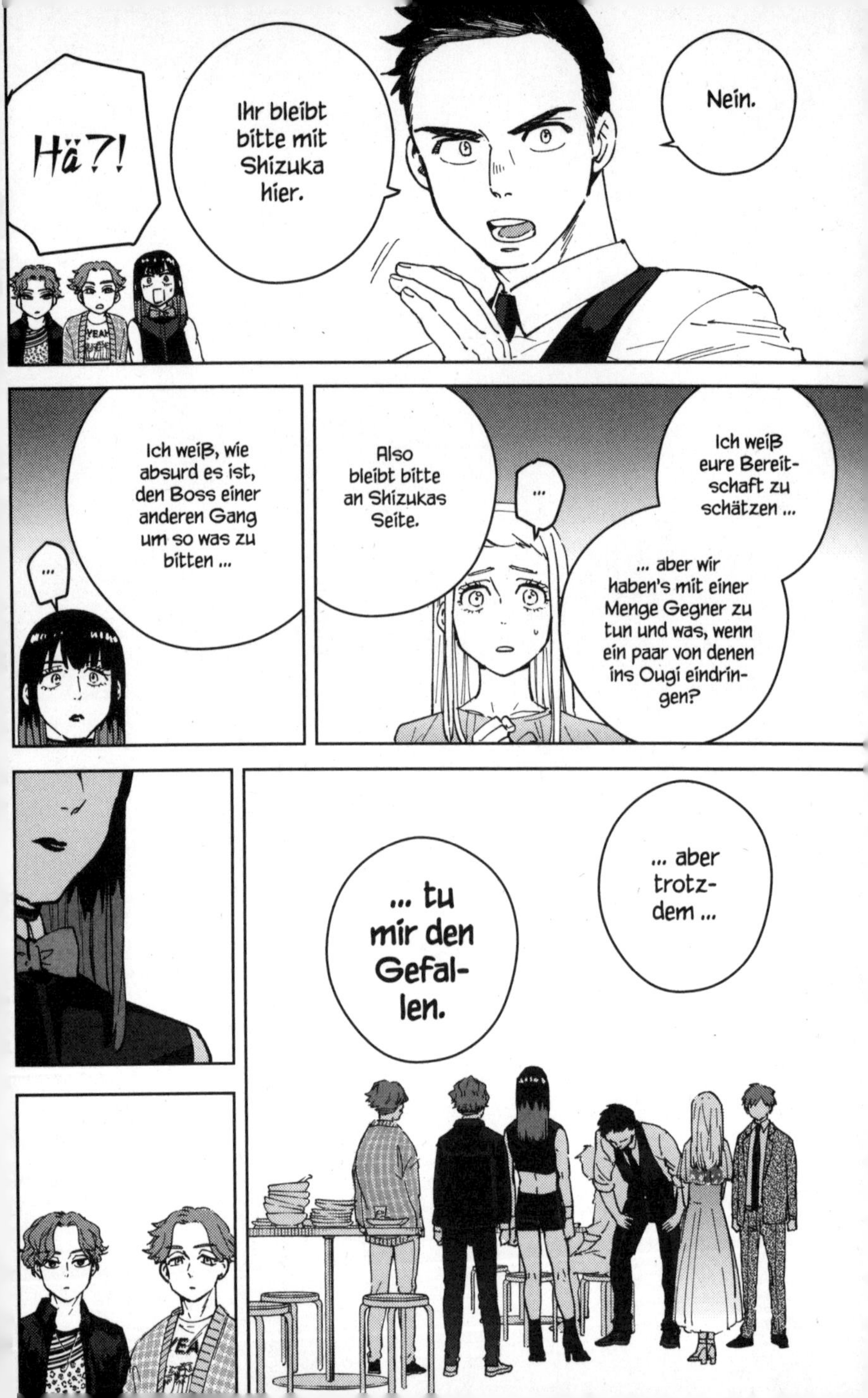
Nein.
Ihr bleibt bitte mit Shizuka hier.
Hä?!
Ich weiß eure Bereitschaft zu schätzen ...
... aber wir haben's mit einer Menge Gegner zu tun und was, wenn ein paar von denen ins Ougi eindringen?
...
Also bleibt bitte an Shizukas Seite.
Ich weiß, wie absurd es ist, den Boss einer anderen Gang um so was zu bitten ...
...
... aber trotzdem ...
... tu mir den Gefallen.

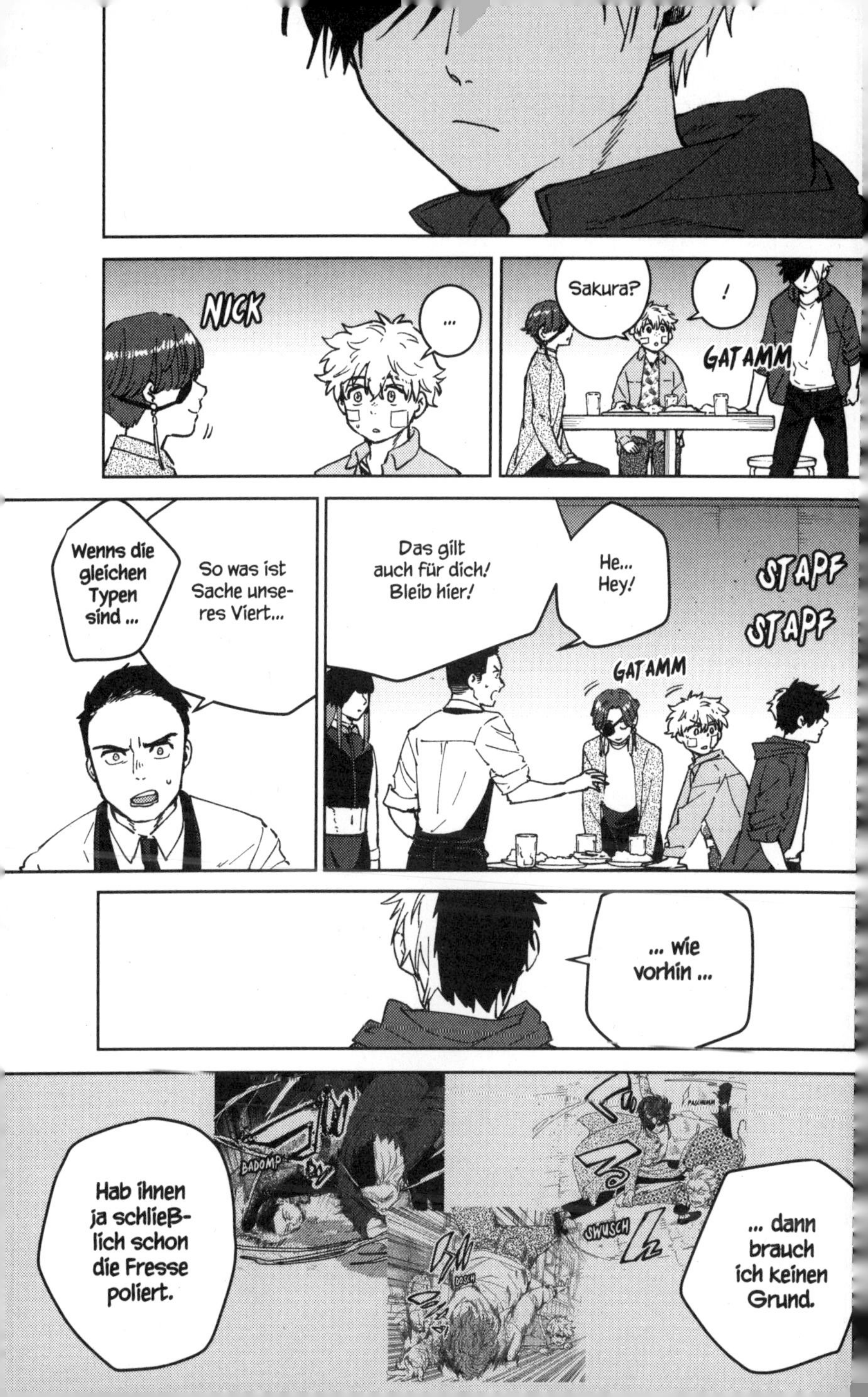
Sakura?
!
GATAMM
NICK
...
He... Hey!
Das gilt auch für dich! Bleib hier!
STAPF
STAPF
GATAMM
So was ist Sache unseres Viert...
Wenns die gleichen Typen sind ...
... wie vorhin ...
... dann brauch ich keinen Grund.
SWUSCH
BADOMP
Hab ihnen ja schließlich schon die Fresse poliert.

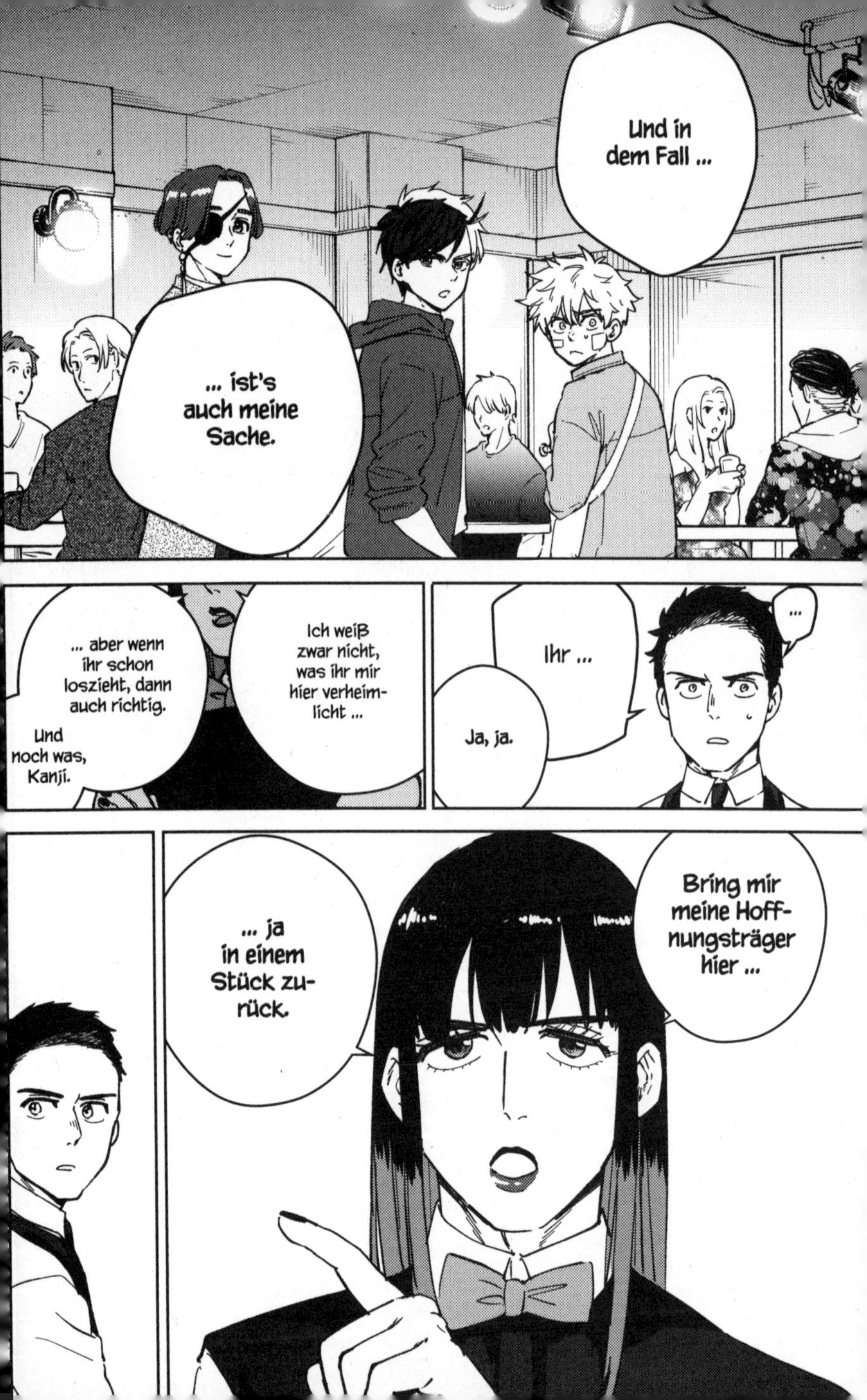
Und in dem Fall ...
... ist's auch meine Sache.
...
Ihr ...
Ja, ja.
Ich weiß zwar nicht, was ihr mir hier verheim-licht ...
... aber wenn ihr schon loszieht, dann auch richtig.
Und noch was, Kanji.
Bring mir meine Hoff-nungsträger hier ...
... ja in einem Stück zu-rück.

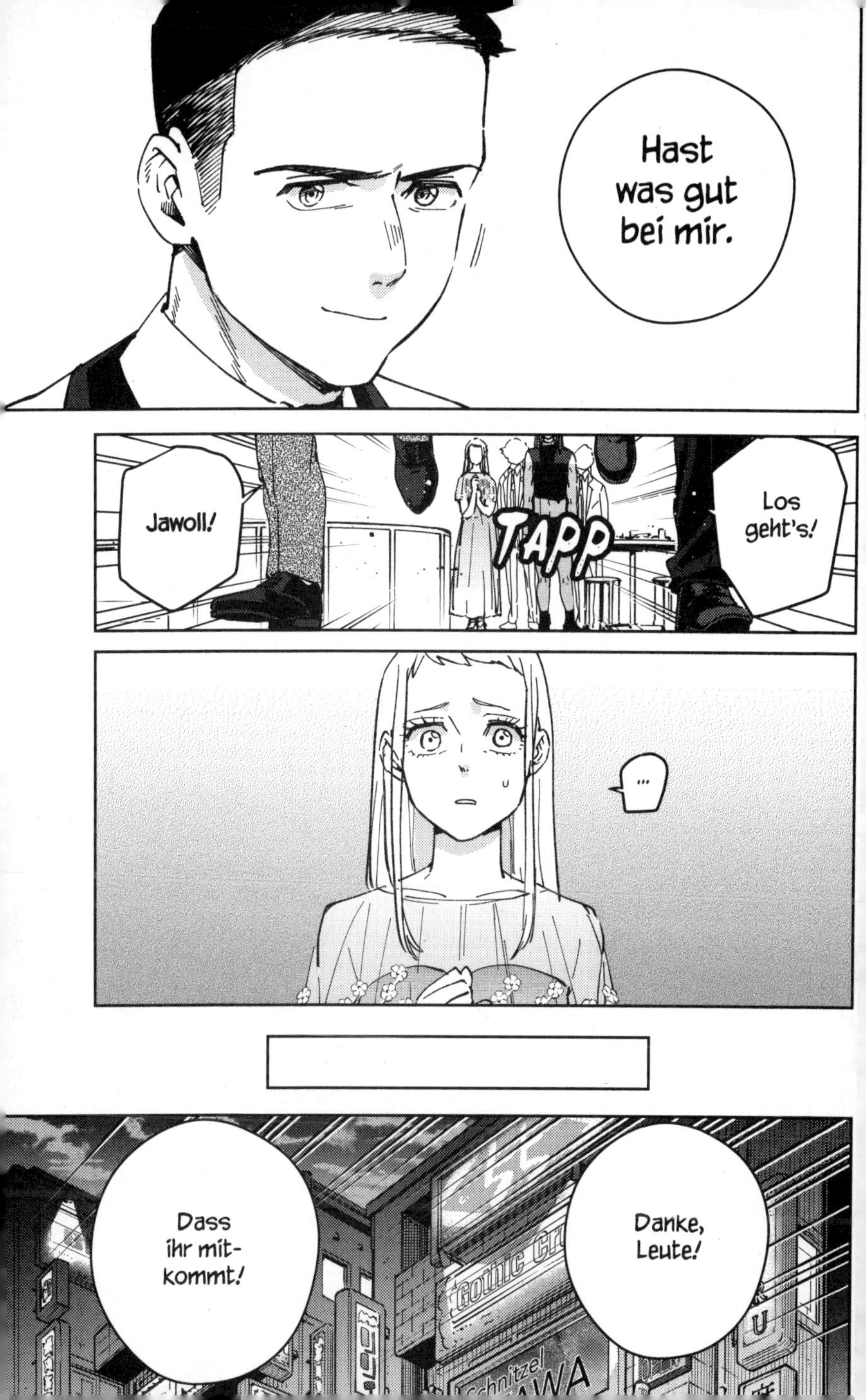
Hast was gut bei mir.
Los geht's!
TAPP
Jawoll!
...
Danke, Leute!
Dass ihr mitkommt!

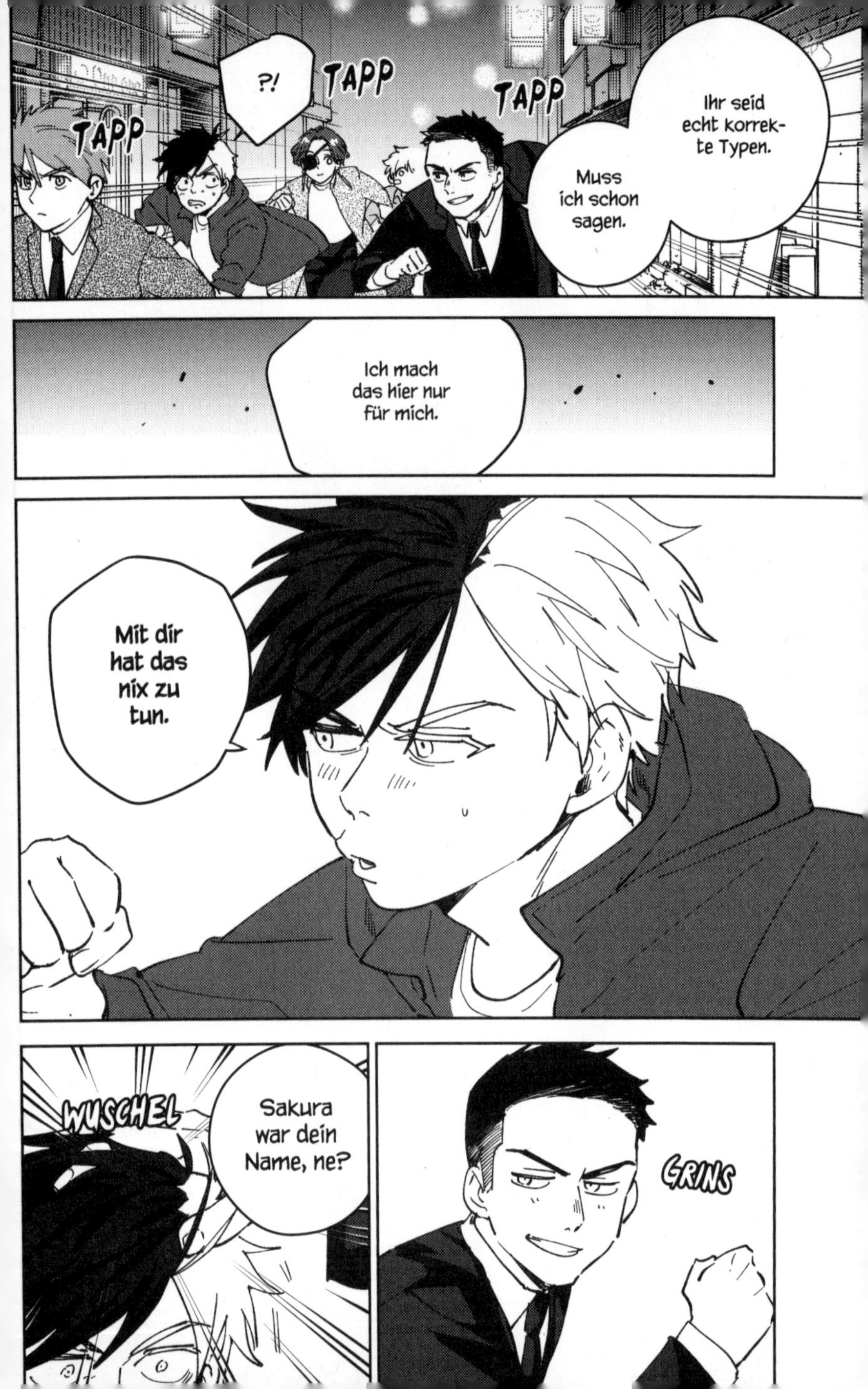
Ihr seid echt korrek-te Typen.
Muss ich schon sagen.
TAPP
TAPP
?!
TAPP
Ich mach das hier nur für mich.
Mit dir hat das nix zu tun.
GRINS
WUSCHEL
Sakura war dein Name, ne?

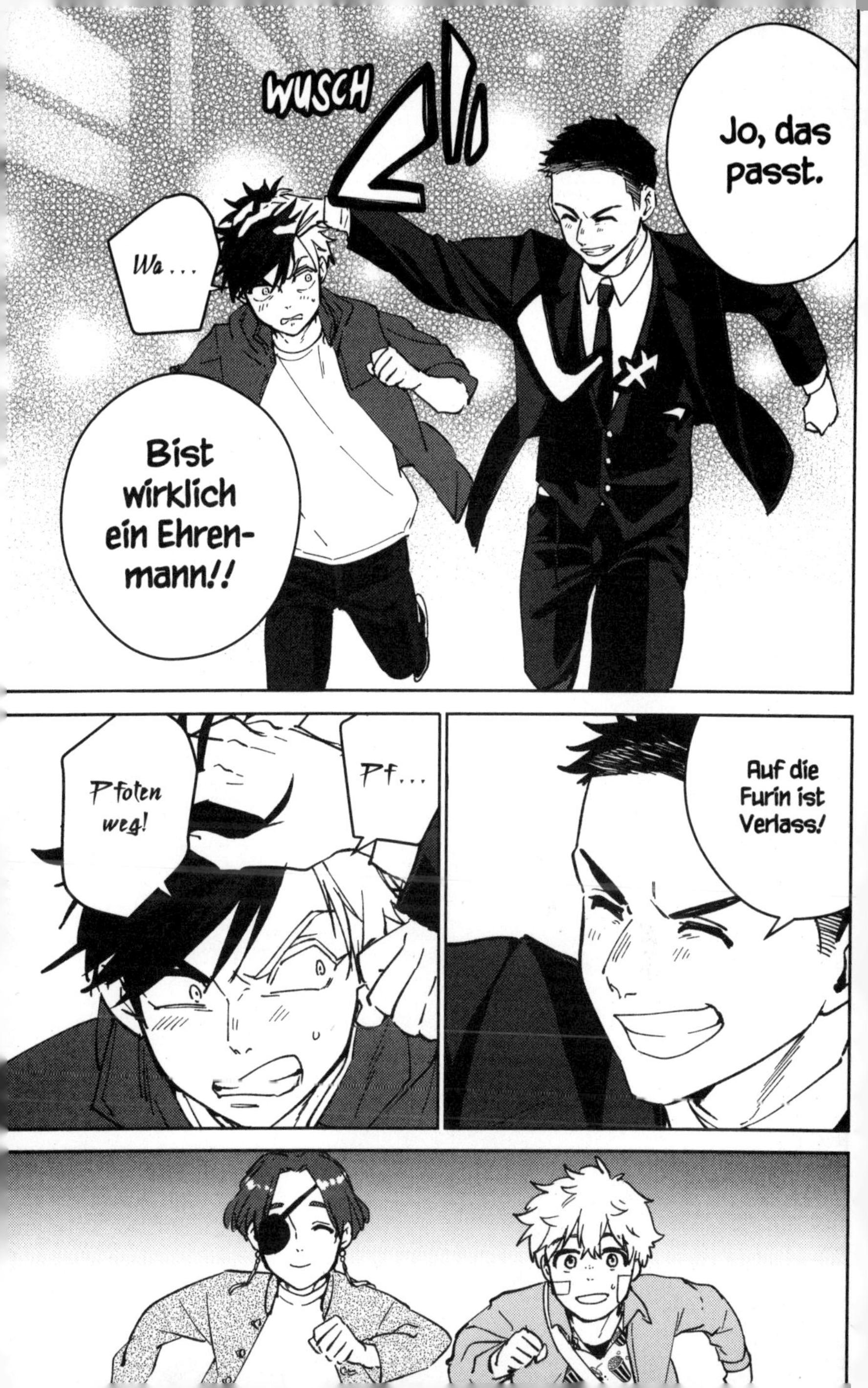

Jo, das passt.
WUSCH
Wa …
Bist wirklich ein Ehrenmann!!
Auf die Furin ist Verlass!
Pf …
Pfoten weg!

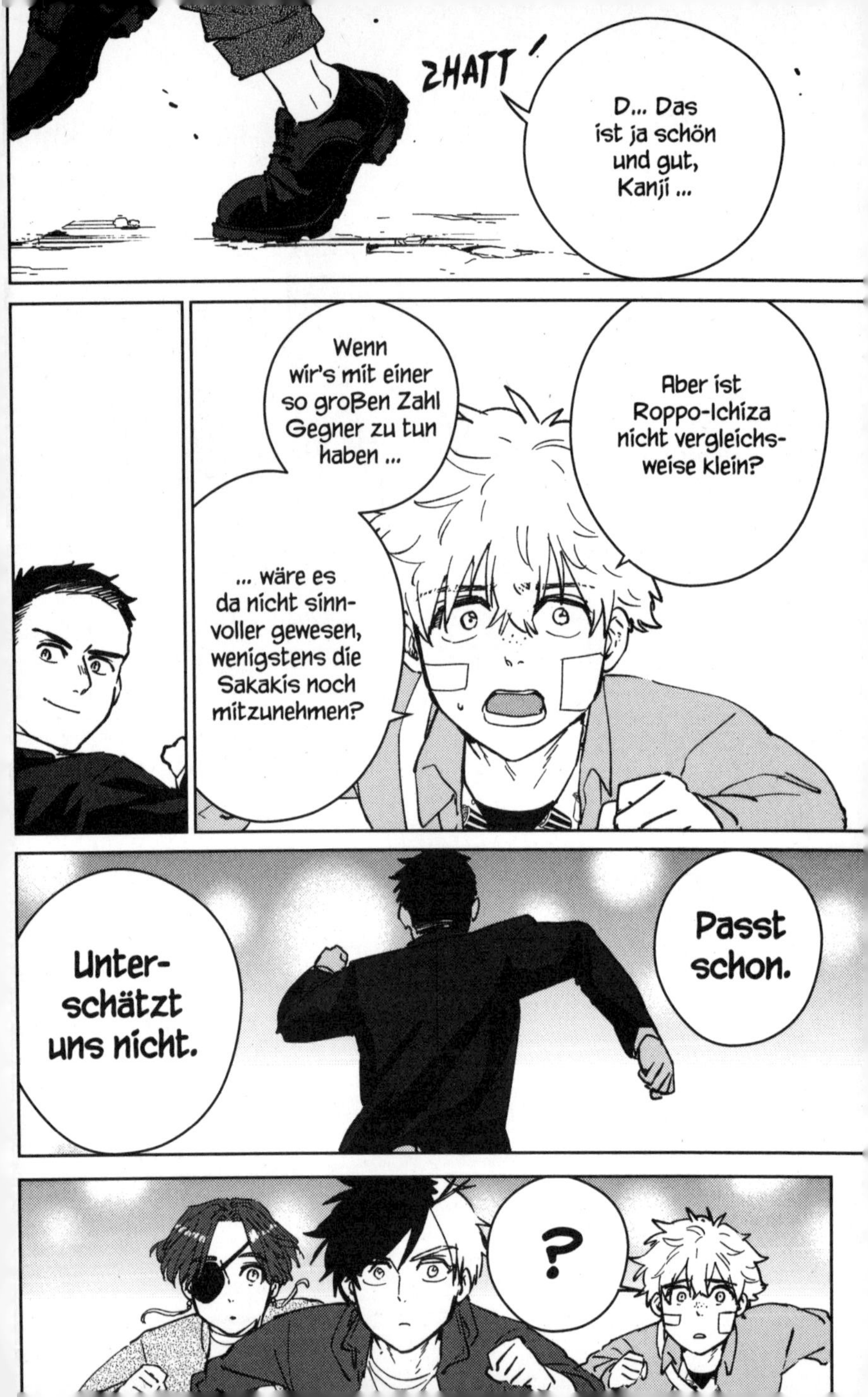
ZHATT
D... Das ist ja schön und gut, Kanji ...
Aber ist Roppo-Ichiza nicht vergleichsweise klein?
Wenn wir's mit einer so großen Zahl Gegner zu tun haben ...
... wäre es da nicht sinnvoller gewesen, wenigstens die Sakakis noch mitzunehmen?
Passt schon.
Unterschätzt uns nicht.
?

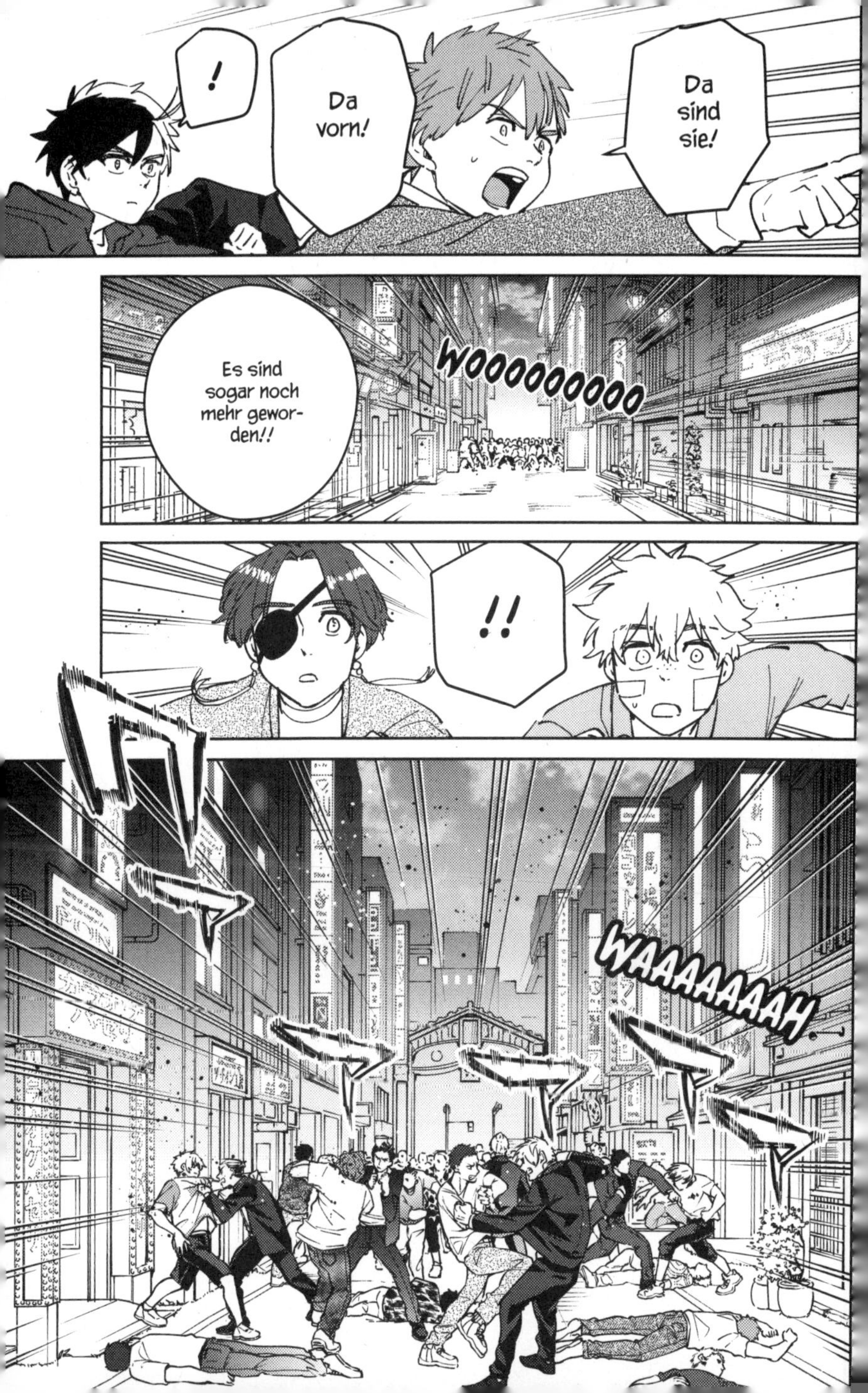
Da sind sie!
Da vorn!
!
Es sind sogar noch mehr geworden!!
WOOOOOOOOO
!!
WAAAAAAAH

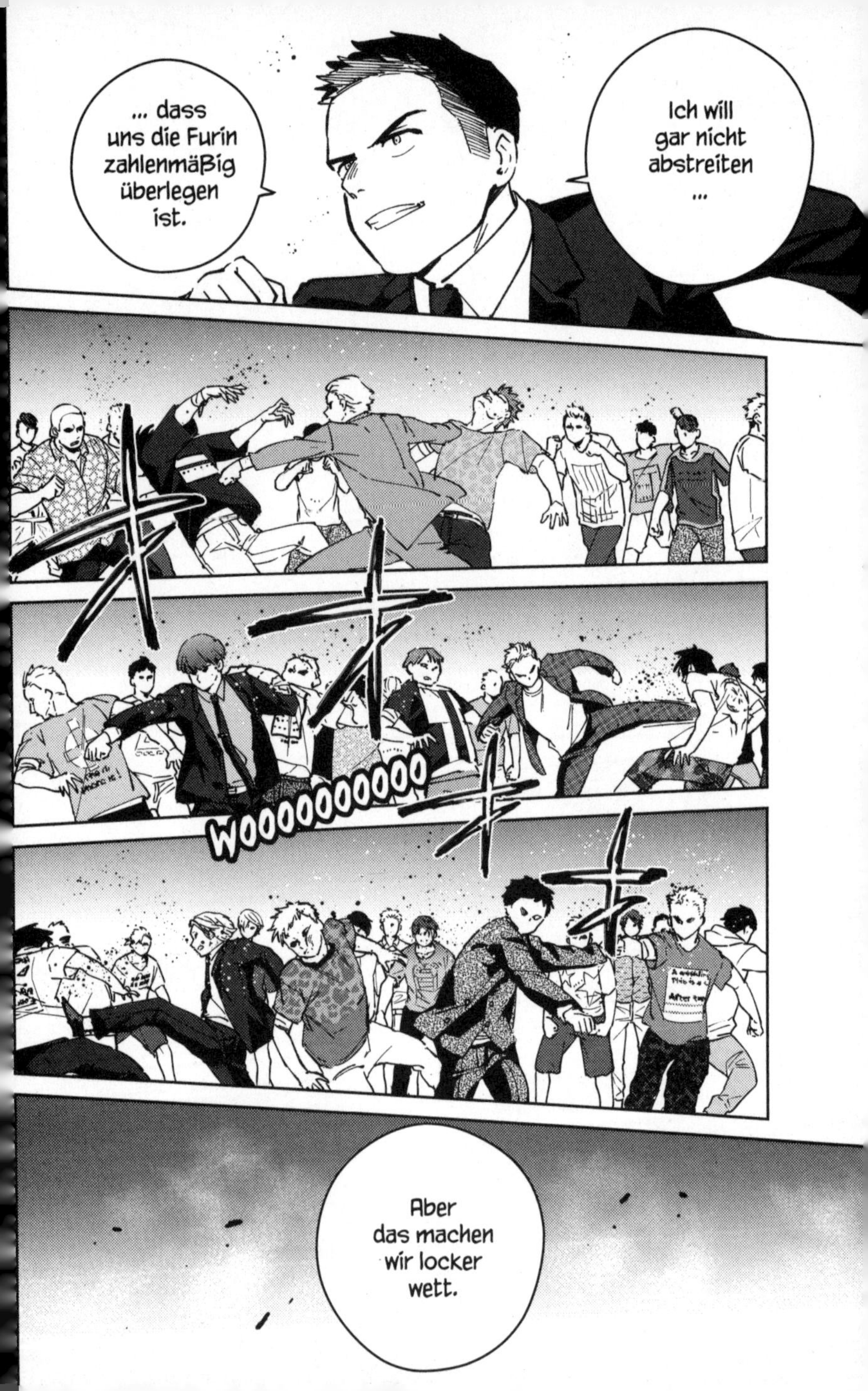
Ich will gar nicht abstreiten ...
... dass uns die Furin zahlenmäßig überlegen ist.
WOOOOOOOOOO
Aber das machen wir locker wett.

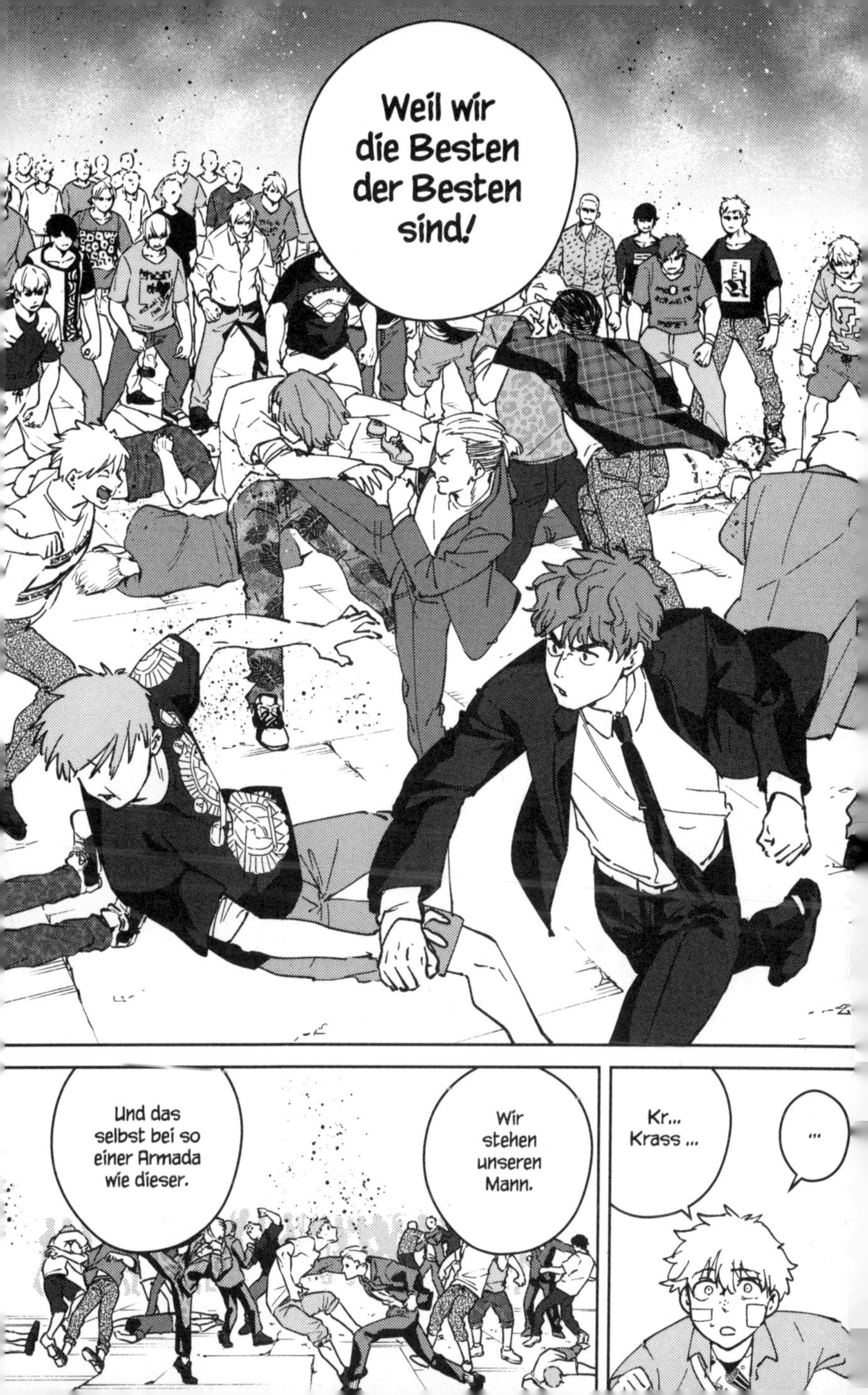
Weil wir die Besten der Besten sind!
Wir stehen unseren Mann.
Und das selbst bei so einer Armada wie dieser.
...
Kr... Krass ...

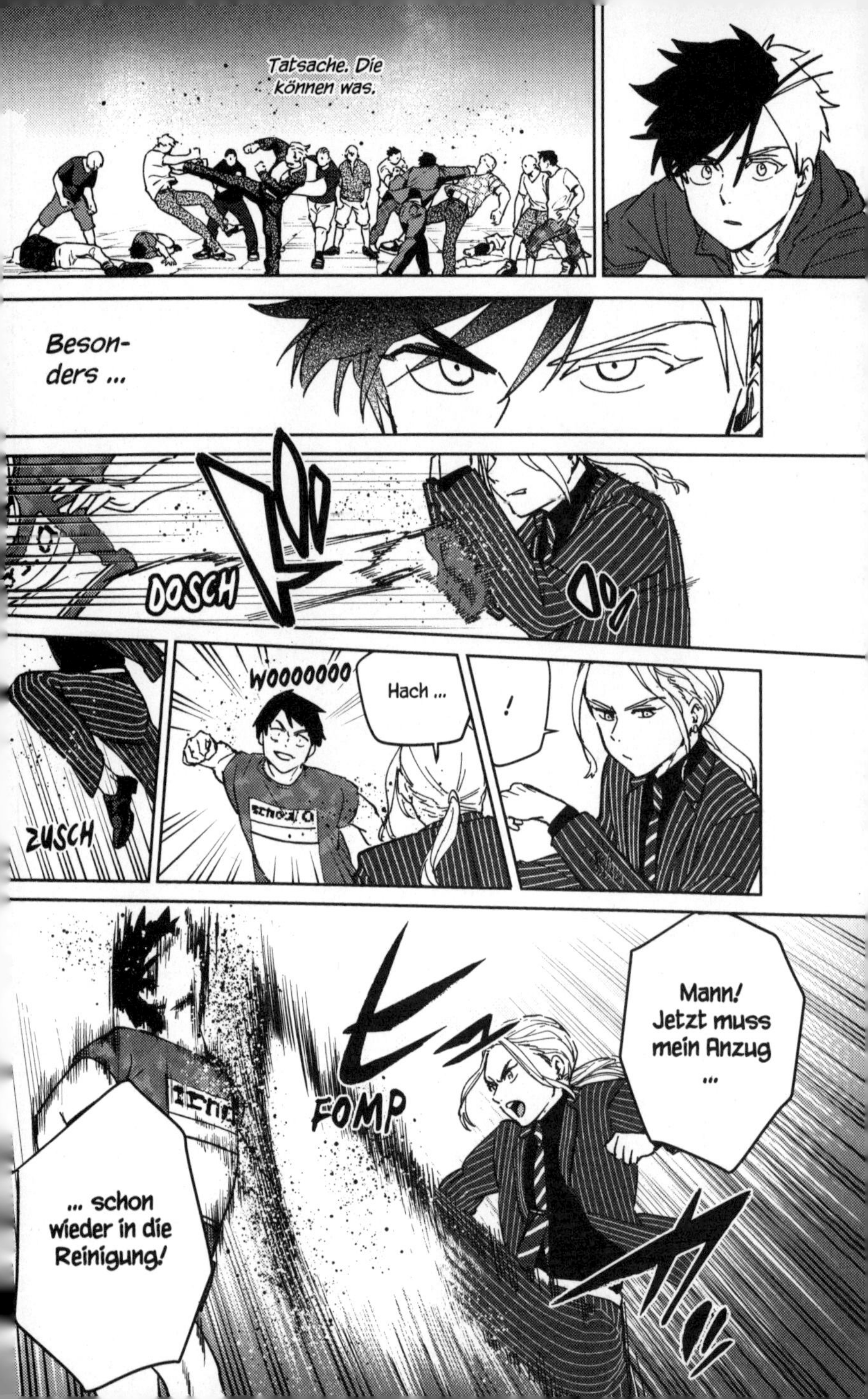
Tatsache. Die können was.
Beson-ders ...
DOSCH
ZUSCH
WOOOOOOO
Hach ...
!
Mann! Jetzt muss mein Anzug ...
FOMP
... schon wieder in die Reinigung!

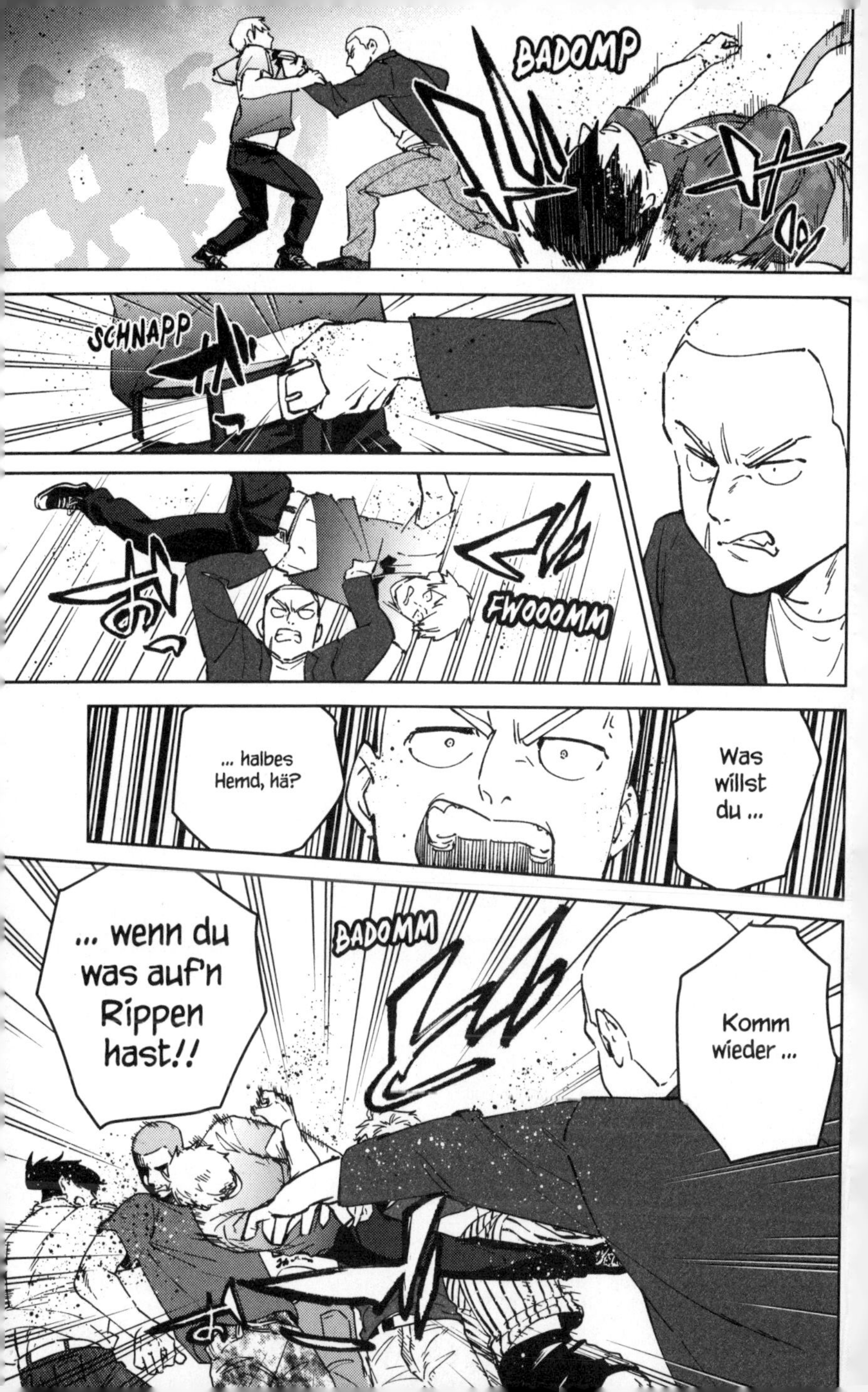

BADOMP
SCHNAPP
FWOOOMM
Was willst du ...
... halbes Hemd, hä?
BADOMM
Komm wieder ...
... wenn du was auf'n Rippen hast!!

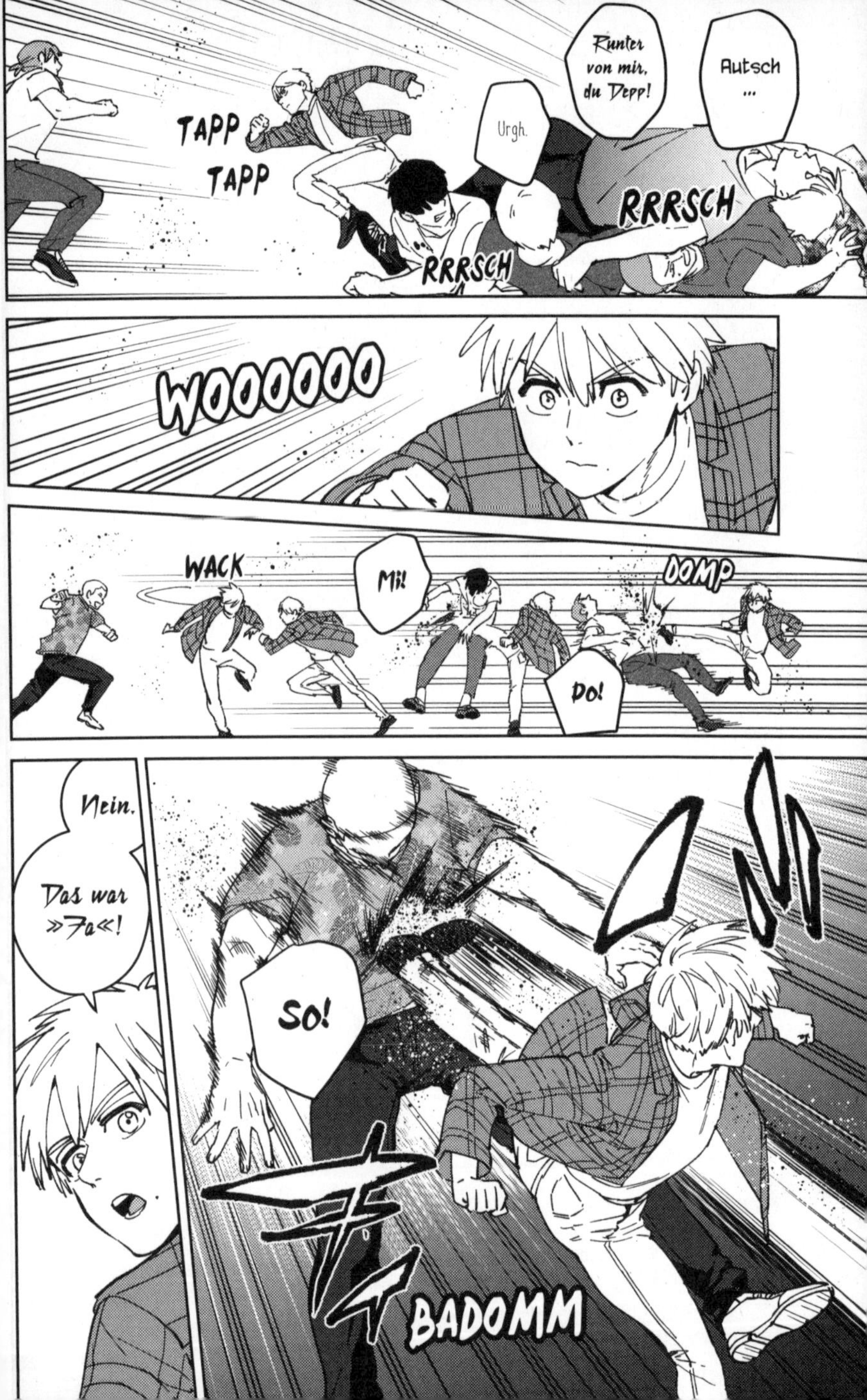

Autsch ...
Runter von mir, du Depp!
Urgh.
RRRSCH
RRRSCH
TAPP
TAPP
WOOOOOO
DOMP
Do!
Mi!
WACK
SO!
BADOMM
Nein.
Das war »Ja«!

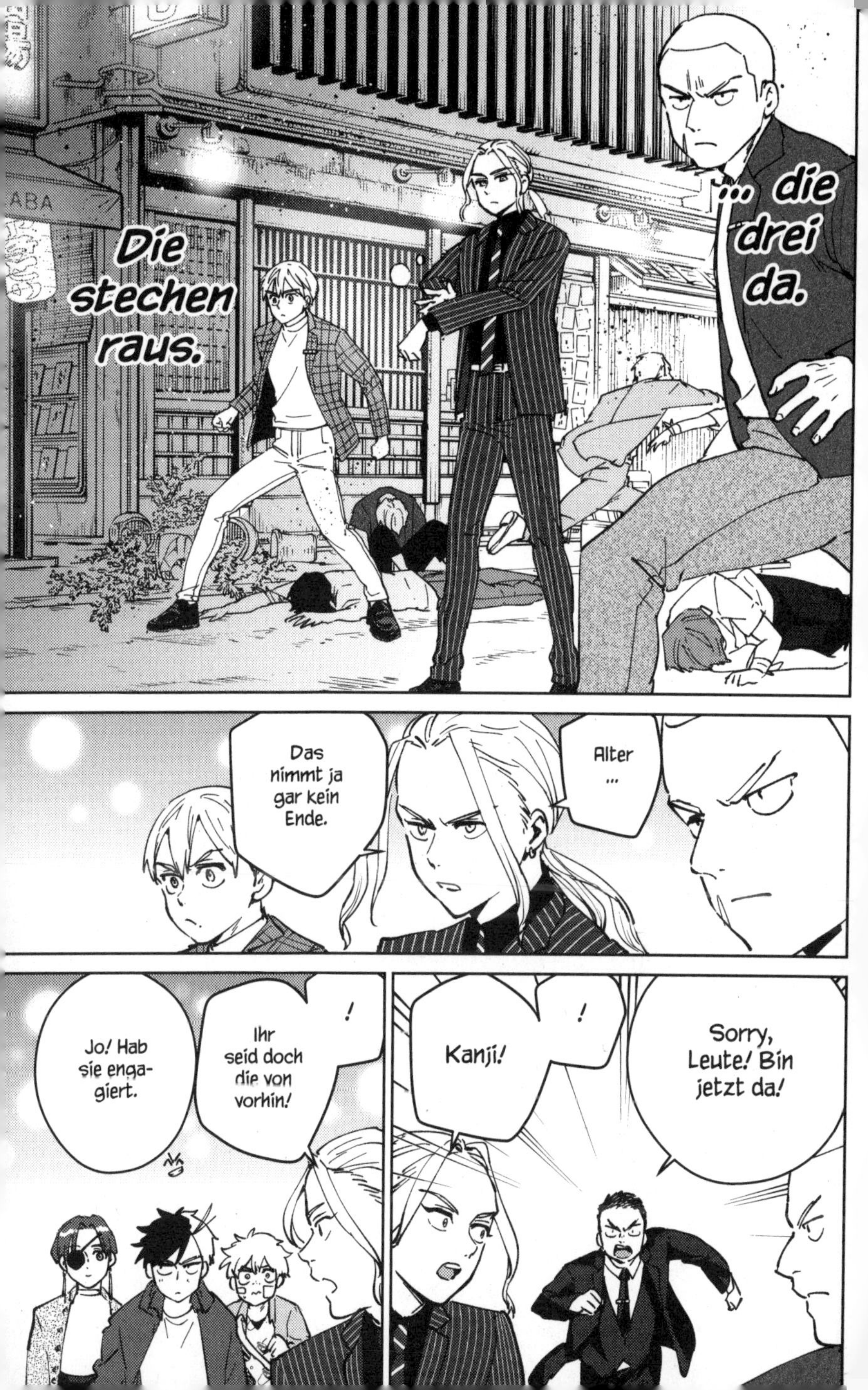
... die drei da.
Die stechen raus.
Alter ...
Das nimmt ja gar kein Ende.
Sorry, Leute! Bin jetzt da!
!
Kanji!
!
Ihr seid doch die von vorhin!
Jo! Hab sie enga- giert.

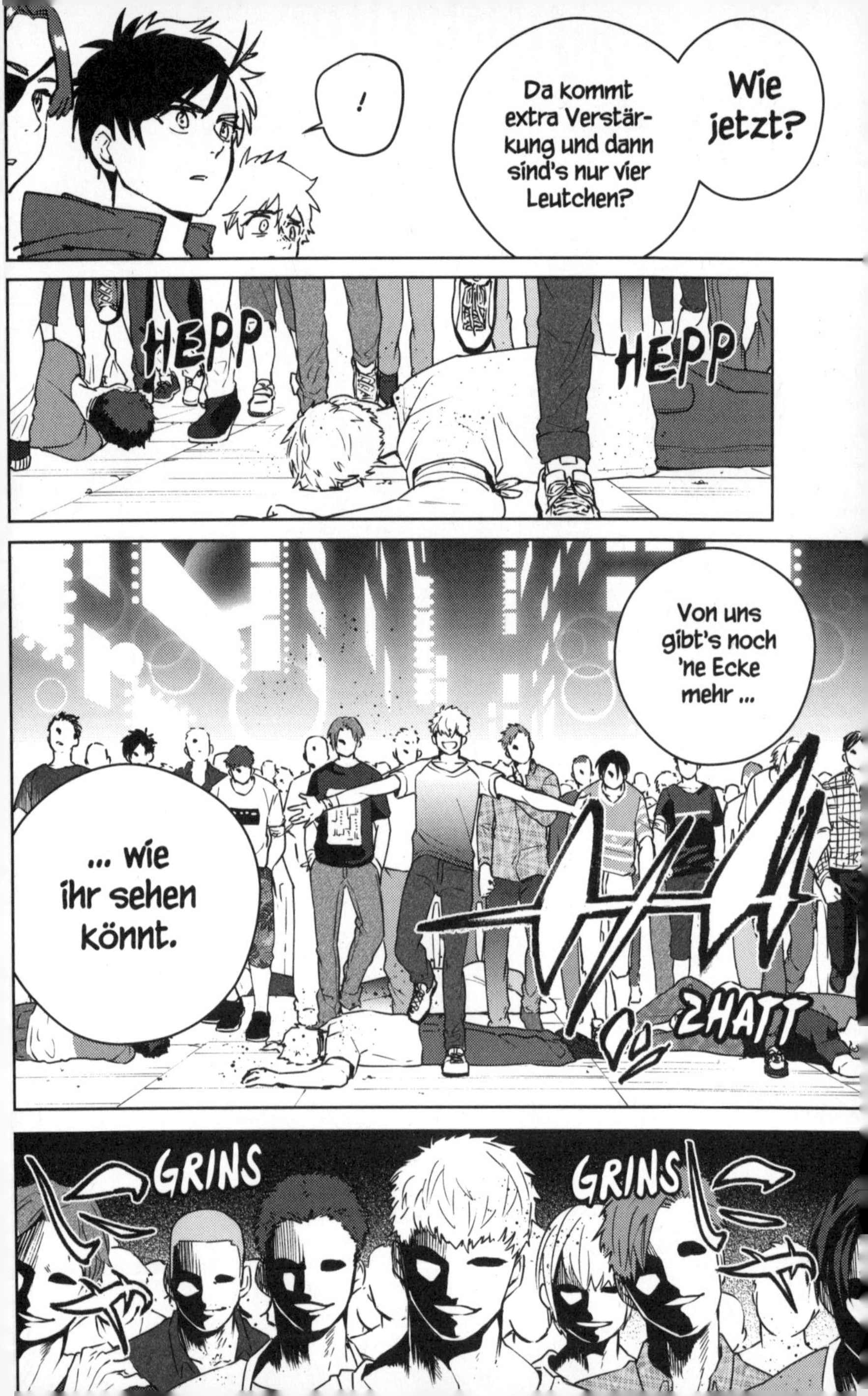
Wie jetzt?
Da kommt extra Verstärkung und dann sind's nur vier Leutchen?
!
HEPP
HEPP
Von uns gibt's noch 'ne Ecke mehr ...
... wie ihr sehen könnt.
ZHATT
GRINS
GRINS

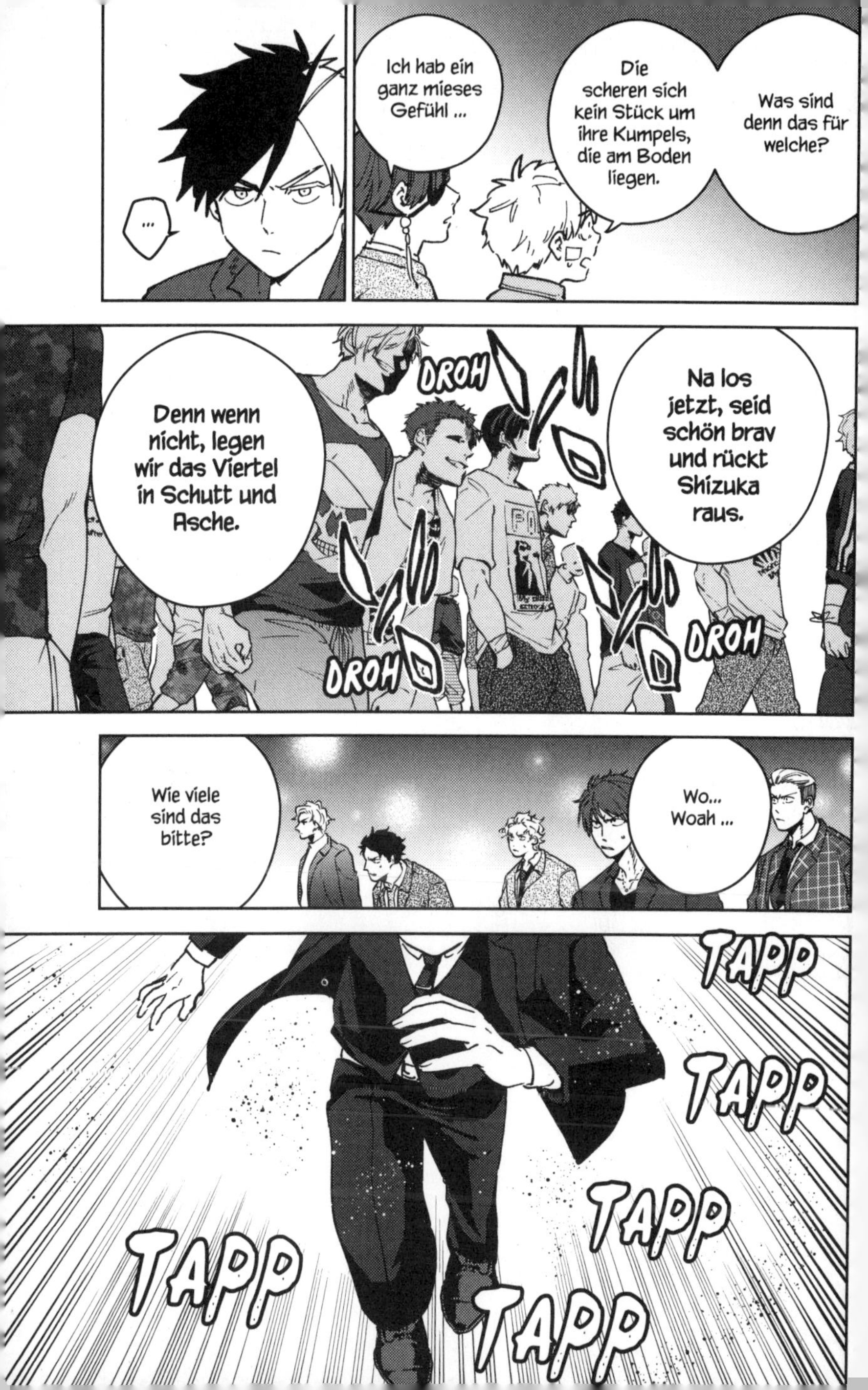
Was sind denn das für welche?
Die scheren sich kein Stück um ihre Kumpels, die am Boden liegen.
Ich hab ein ganz mieses Gefühl ...
...
Na los jetzt, seid schön brav und rückt Shizuka raus.
DROH
DROH
Denn wenn nicht, legen wir das Viertel in Schutt und Asche.
DROH
Wo... Woah ...
Wie viele sind das bitte?
TAPP
TAPP
TAPP
TAPP
TAPP

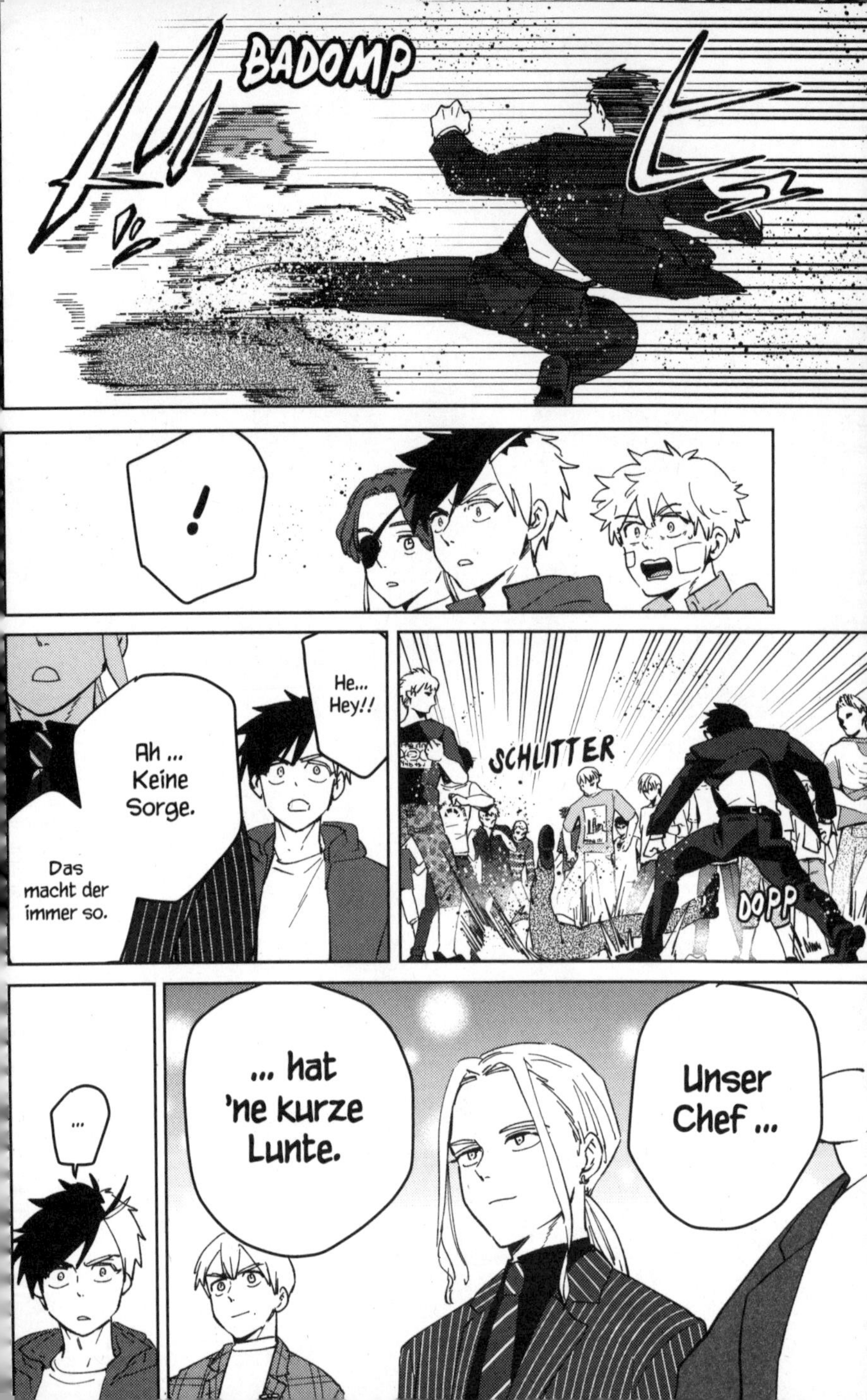
BADOMP
!
SCHLITTER
DOPP
He... Hey!!
Ah ... Keine Sorge.
Das macht der immer so.
Unser Chef ...
... hat 'ne kurze Lunte.
...

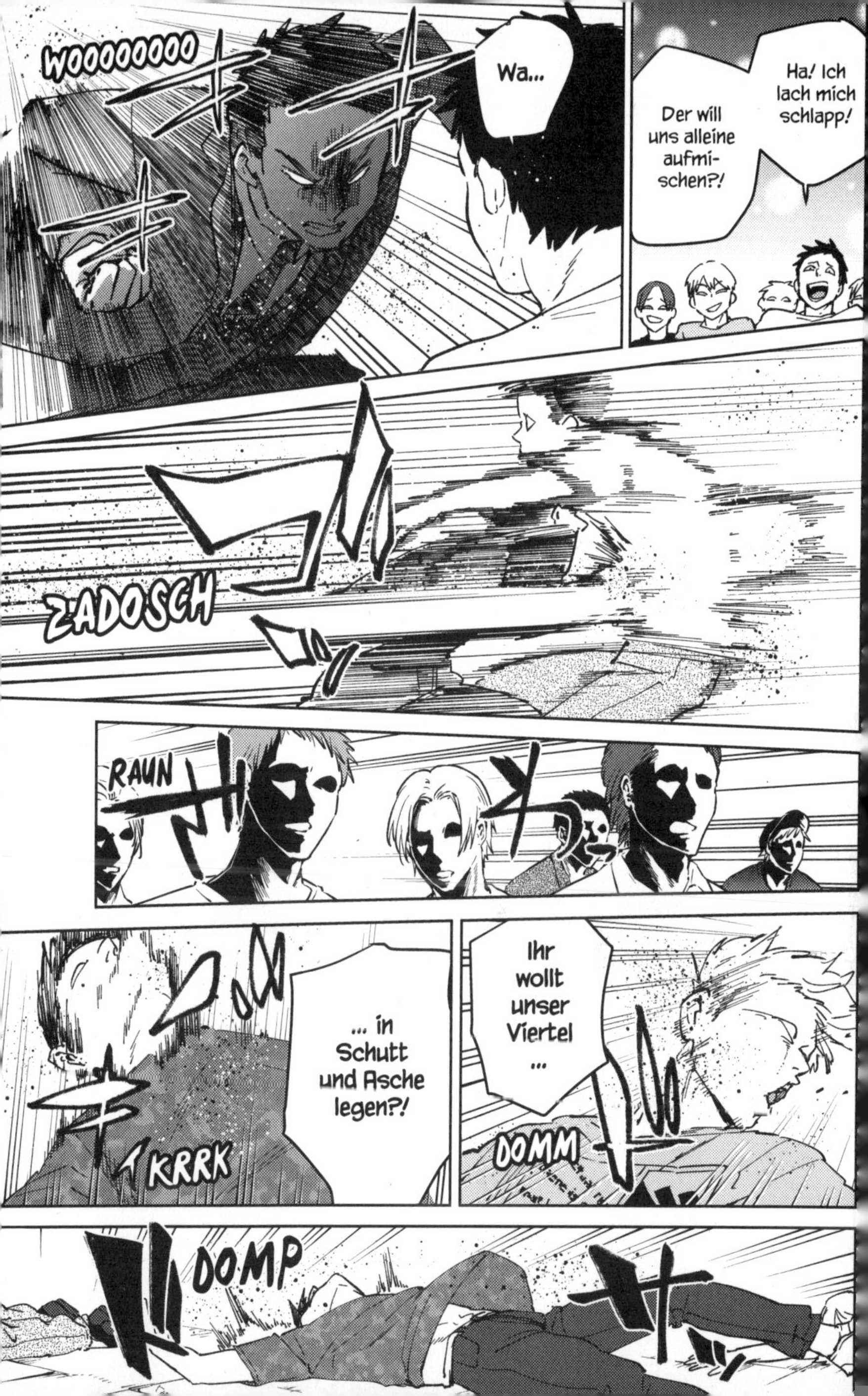
Ha! Ich lach mich schlapp!
Der will uns alleine aufmi-schen?!
Wa...
WOOOOOOOO
ZADOSCH
RAUN
Ihr wollt unser Viertel ...
DOMM
... in Schutt und Asche legen?!
KRRK
DOMP

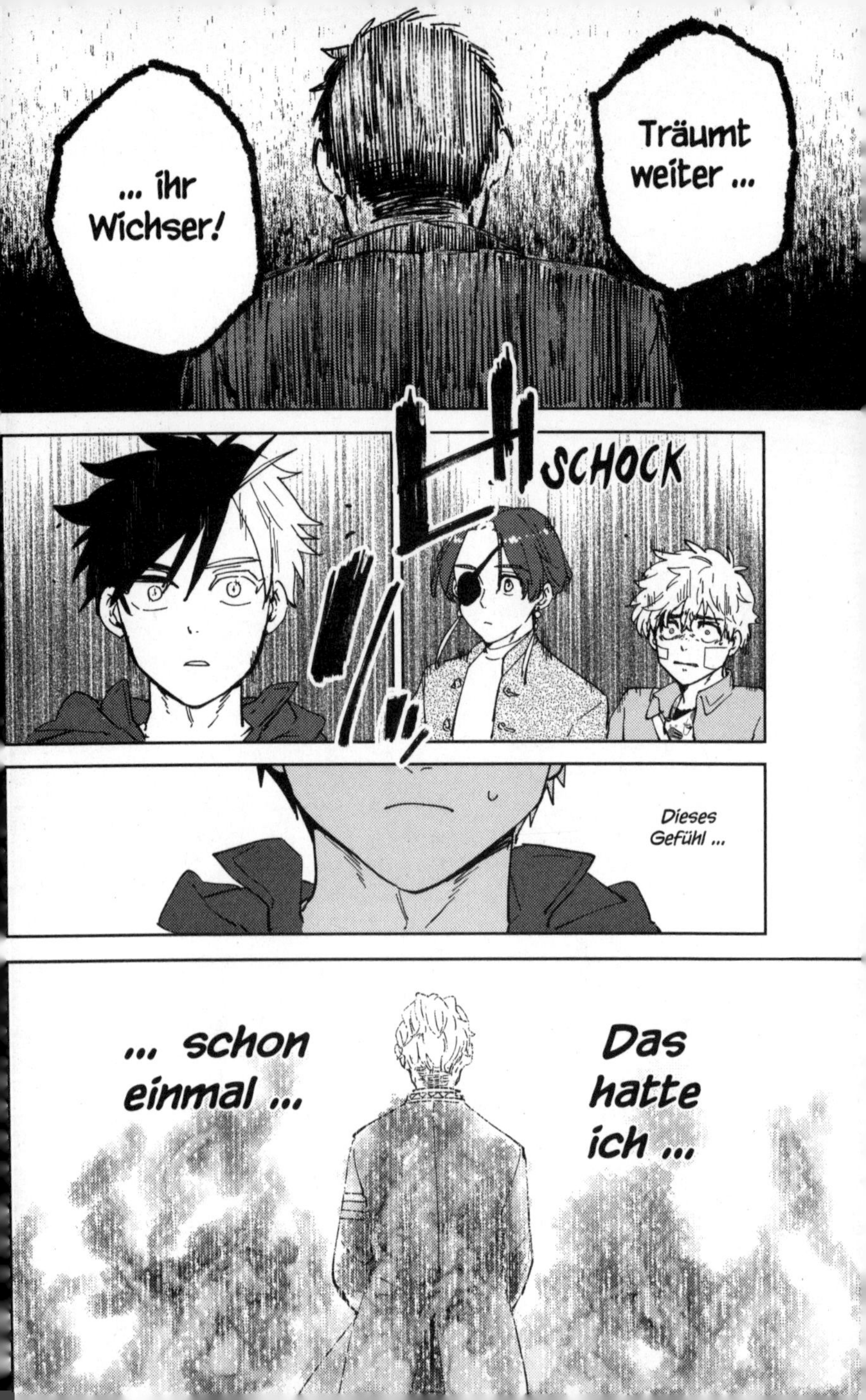
Träumt weiter ...
... ihr Wichser!
SCHOCK
Dieses Gefühl ...
Das hatte ich ...
... schon einmal ...

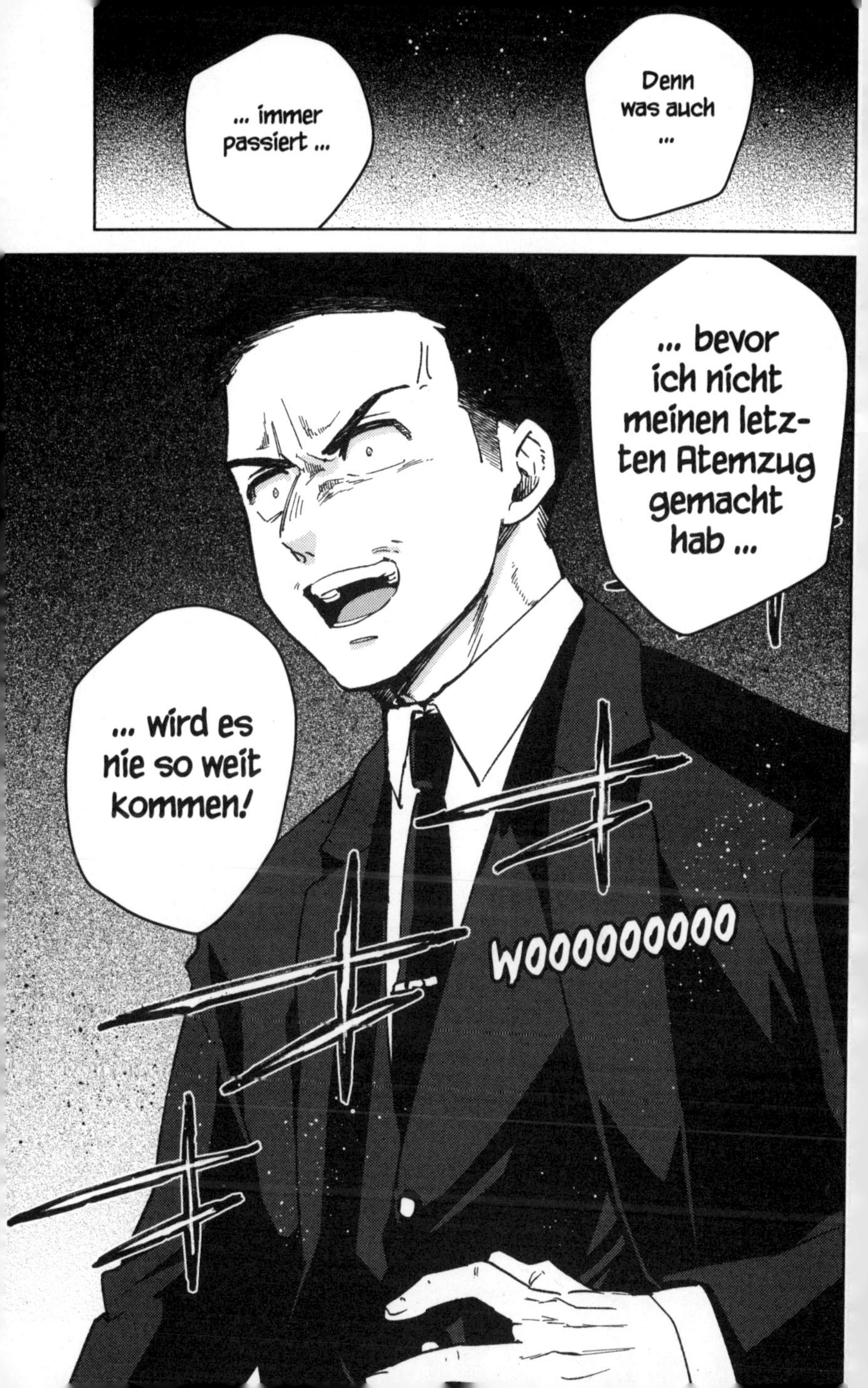
Denn was auch ...
... immer passiert ...
... bevor ich nicht meinen letz-ten Atemzug gemacht hab ...
... wird es nie so weit kommen!
WOOOOOOOOO

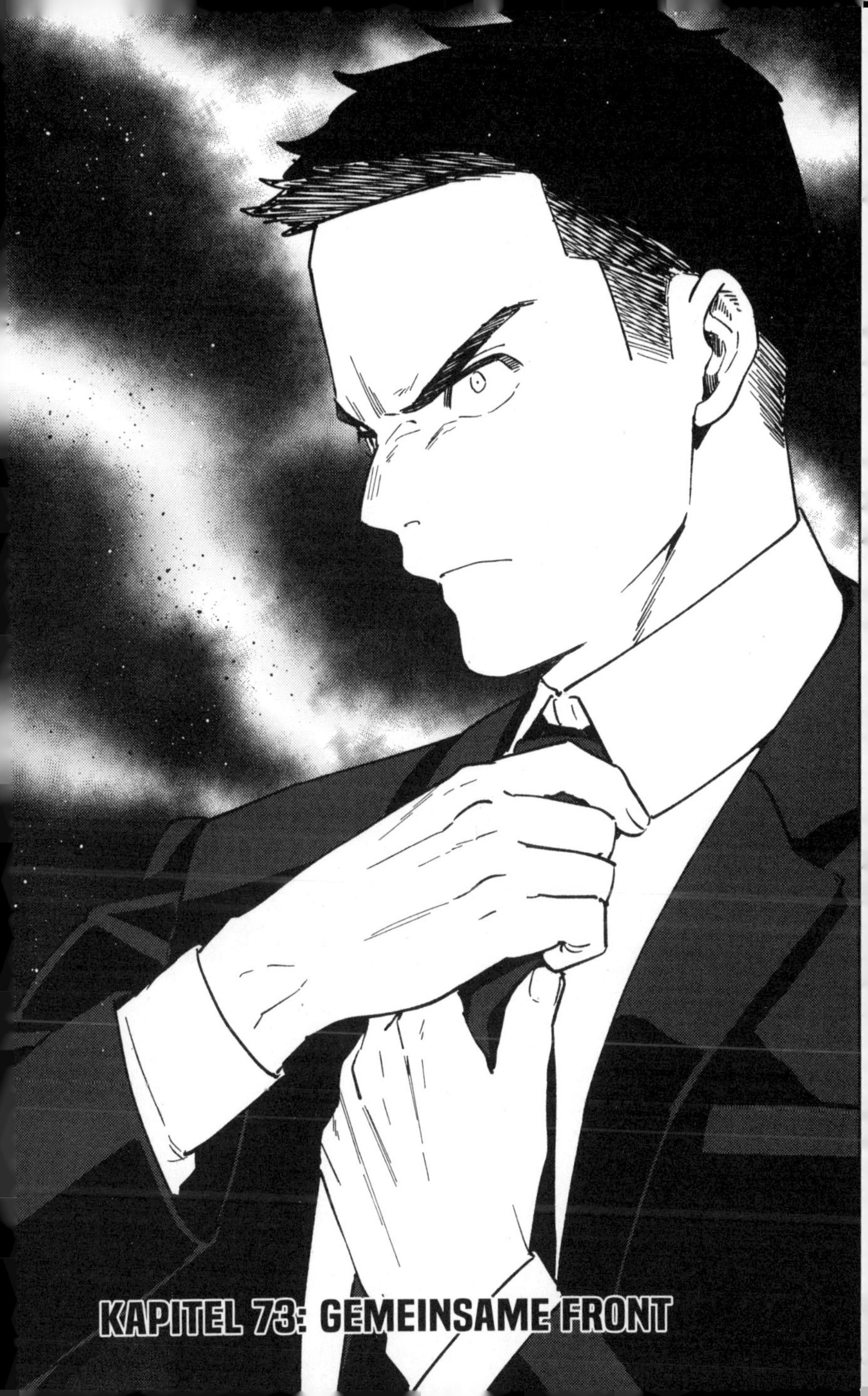
KAPITEL 73: GEMEINSAME FRONT

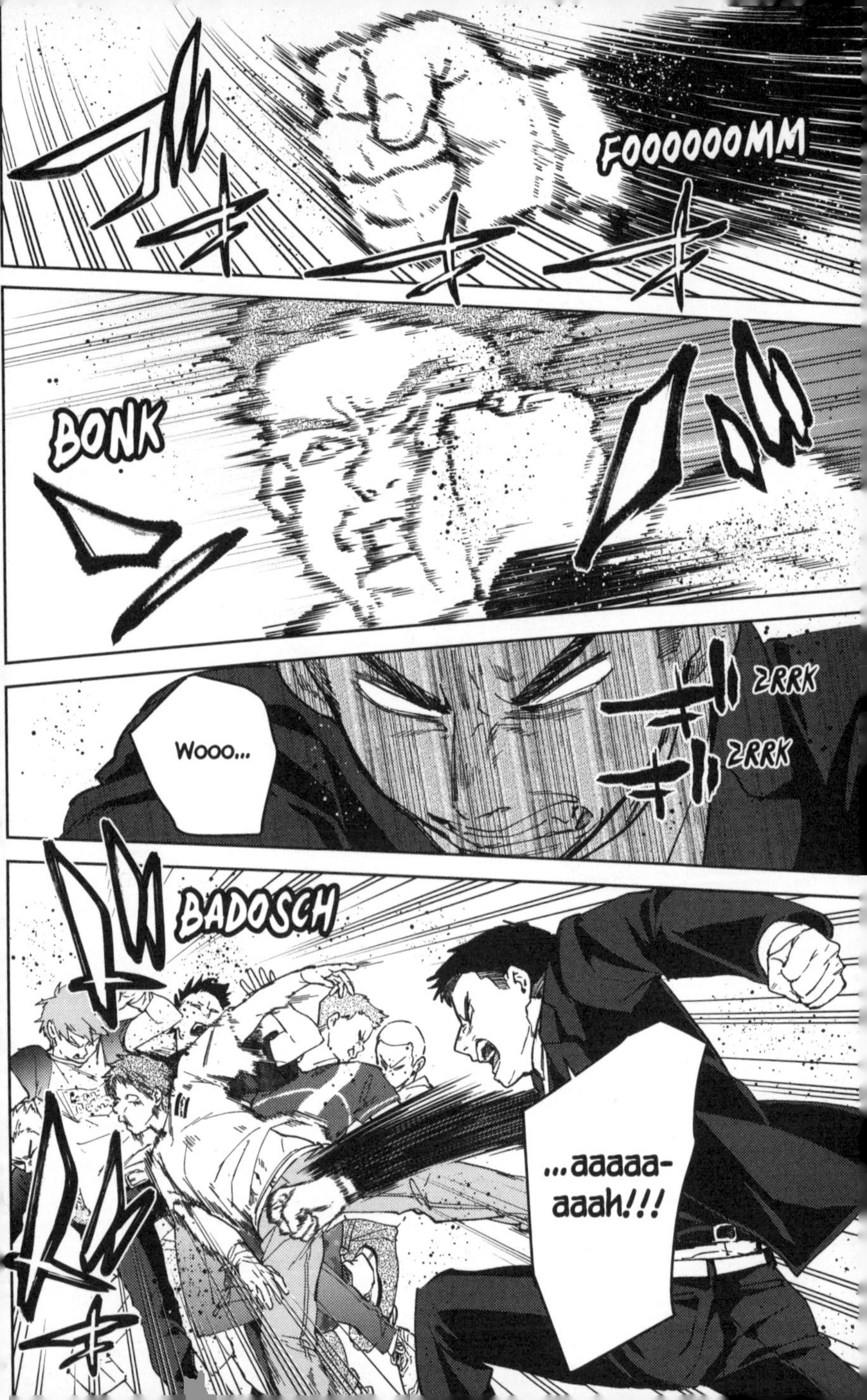
FOOOOOOMM
BONK
Wooo...
ZRRK
ZRRK
BADOSCH
...aaaaa-
aaah!!!

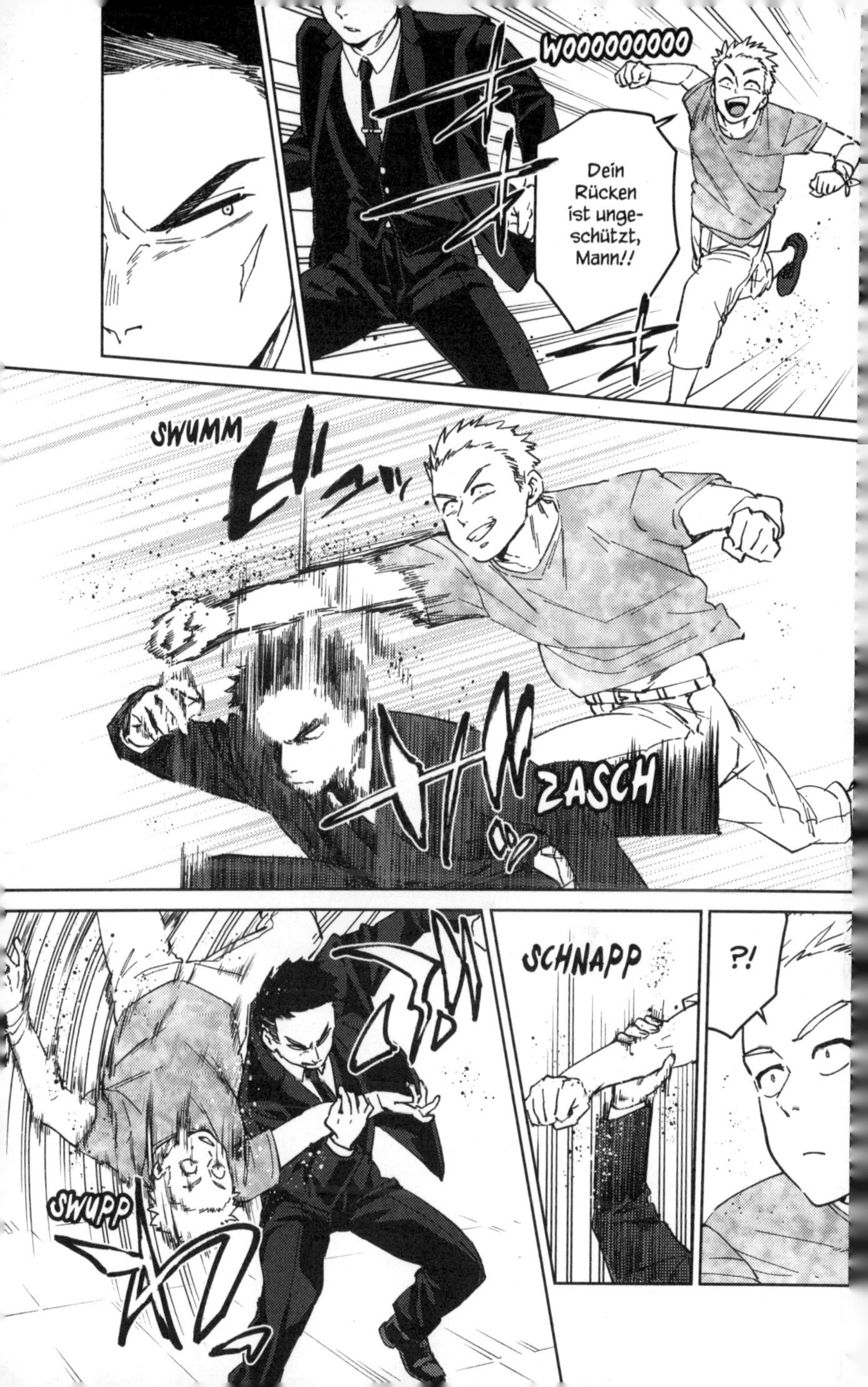
WOOOOOOOO
Dein Rücken ist ungeschützt, Mann!!
SWUMM
ZASCH
?!
SCHNAPP
SWUPP

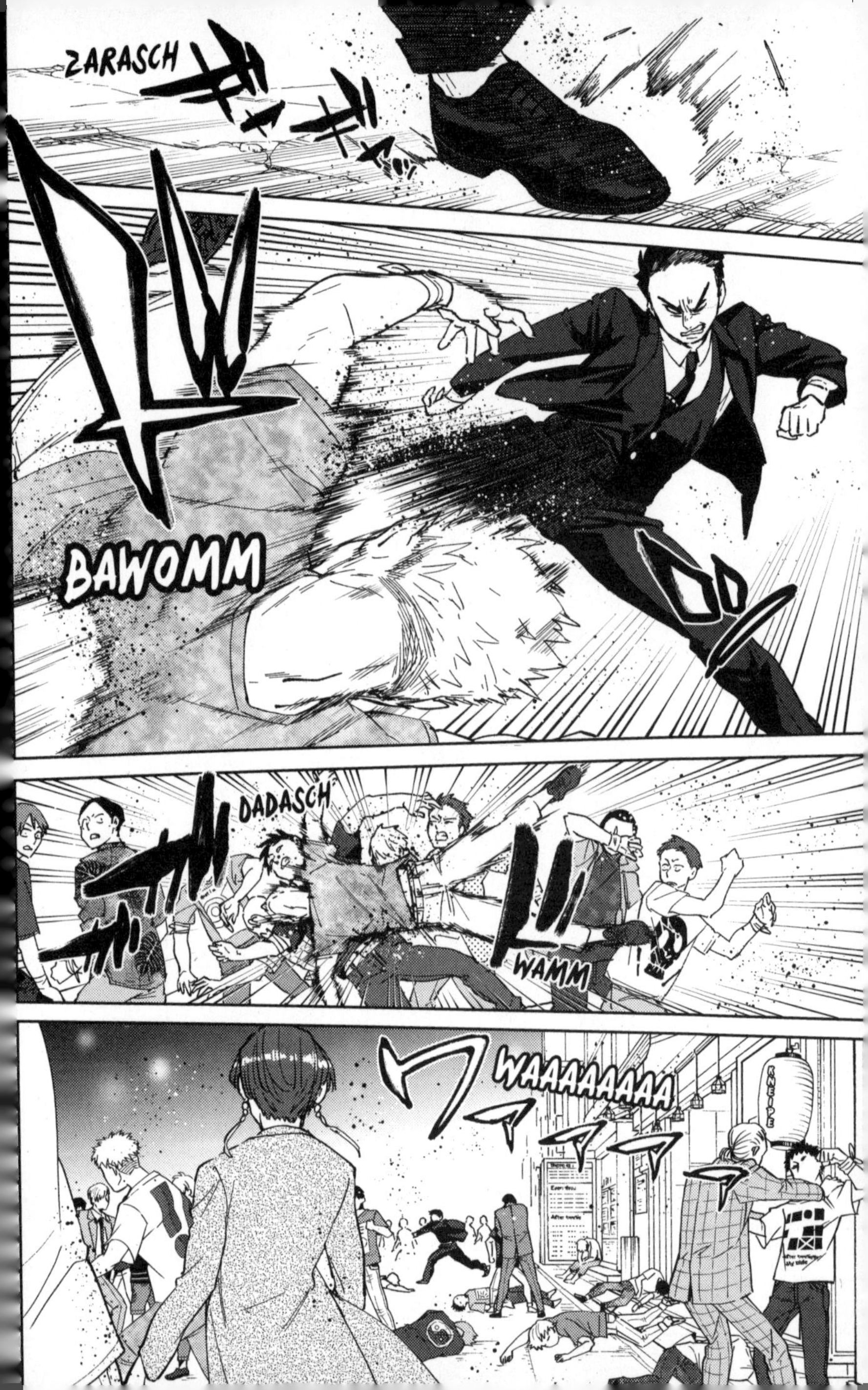
ZARASCH
BAWOMM
WAMM
DADASCH
KNEIPE
WAAAAAAAA

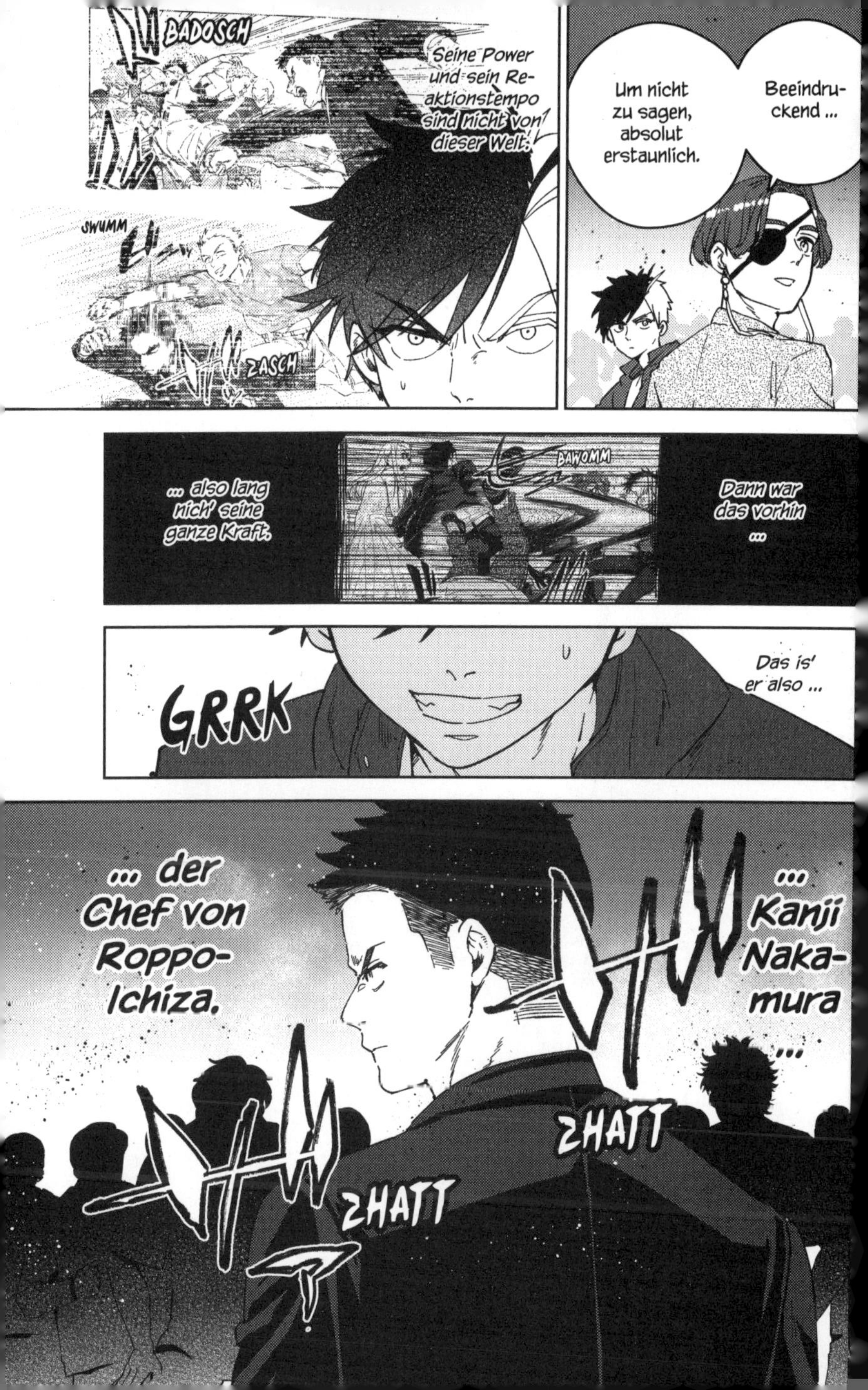
Beeindruckend ...
Um nicht zu sagen, absolut erstaunlich.
BADOSCH
Seine Power und sein Reaktionstempo sind nicht von dieser Welt.
SWUMM
ZASCH
Dann war das vorhin ...
BAWOMM
... also lang nich' seine ganze Kraft.
Das is' er also ...
GRRK
... Kanji Nakamura ...
... der Chef von Roppo-Ichiza.
ZHATT
ZHATT

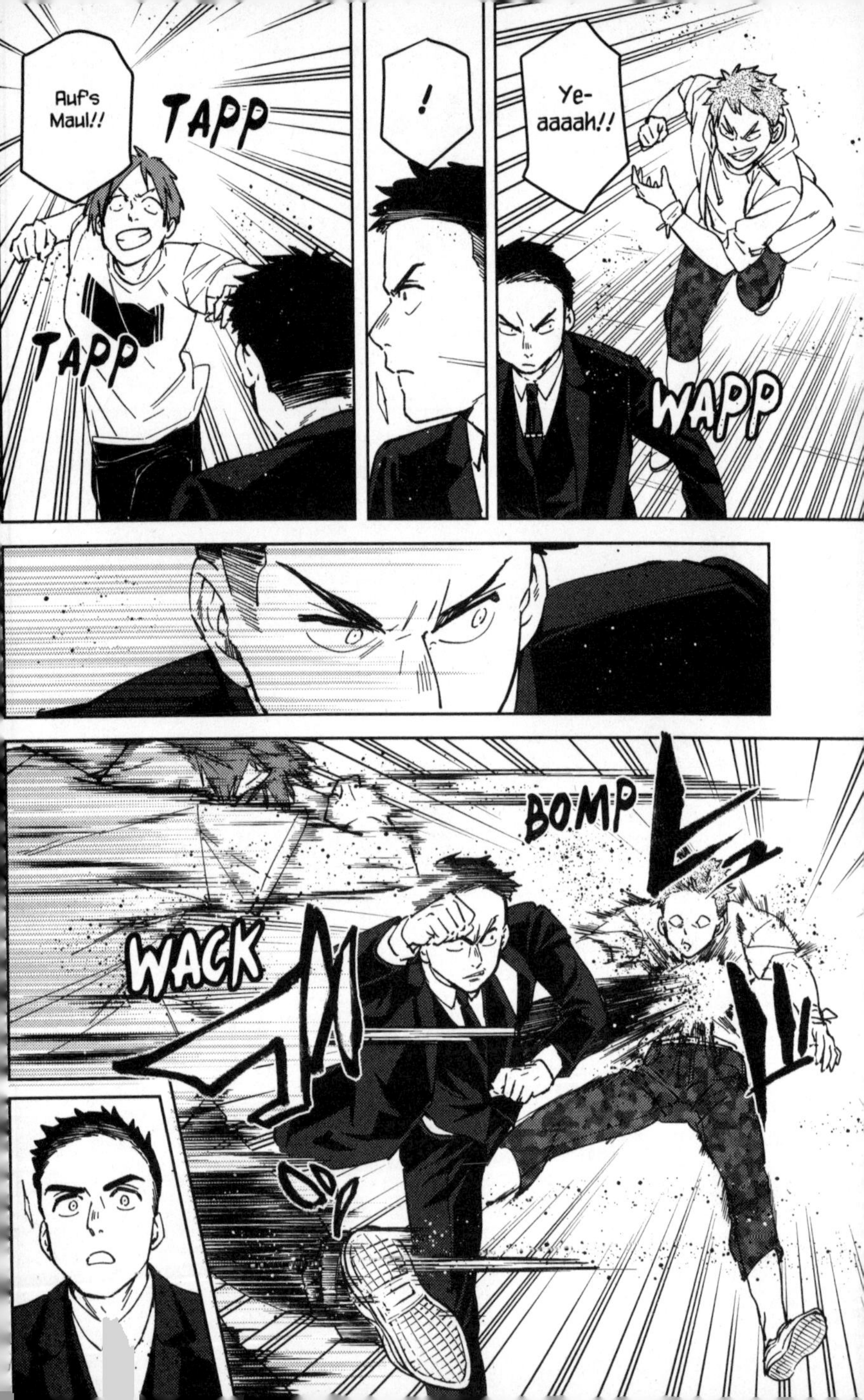
Ye-
aaaah!!
WAPP
!
Auf's
Maul!!
TAPP
TAPP
BOMP
WACK

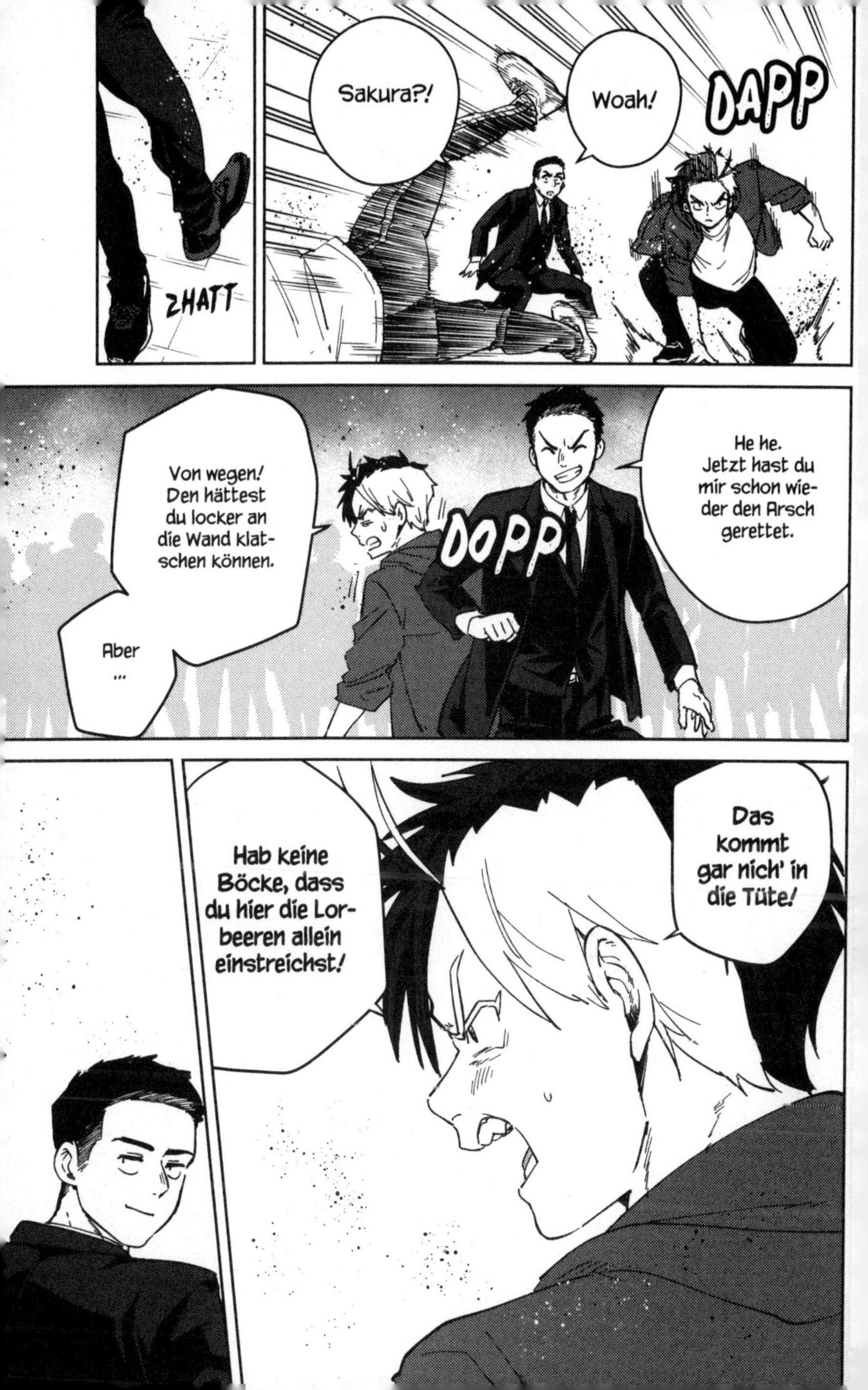
DAPP
Woah!
Sakura?!
ZHATT
He he. Jetzt hast du mir schon wieder den Arsch gerettet.
DOPP
Von wegen! Den hättest du locker an die Wand klatschen können.
Aber ...
Das kommt gar nich' in die Tüte!
Hab keine Böcke, dass du hier die Lorbeeren allein einstreichst!

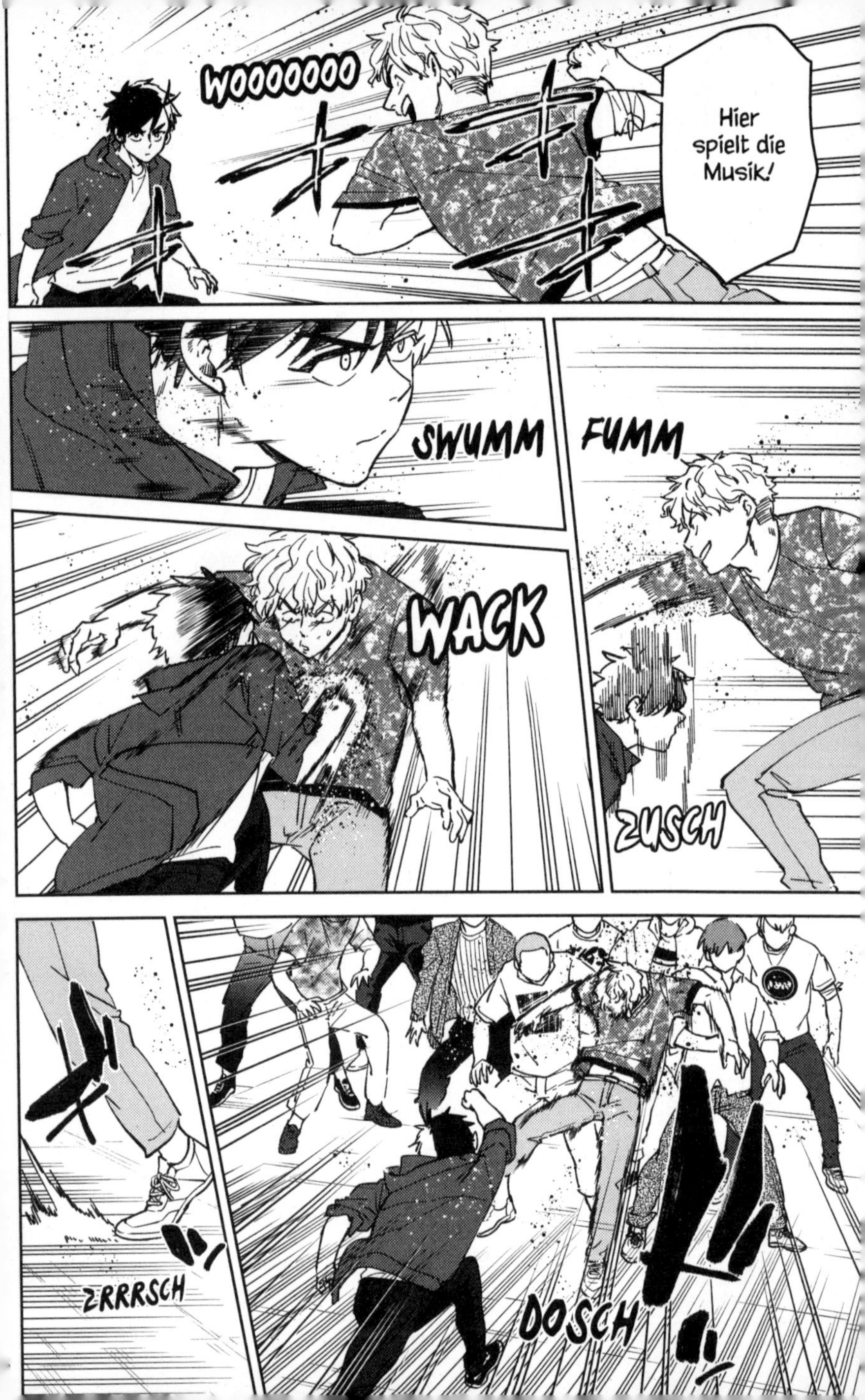
Hier spielt die Musik!
WOOOOOOO
FUMM
SWUMM
ZUSCH
WACK
DOSCH
ZRRRSCH

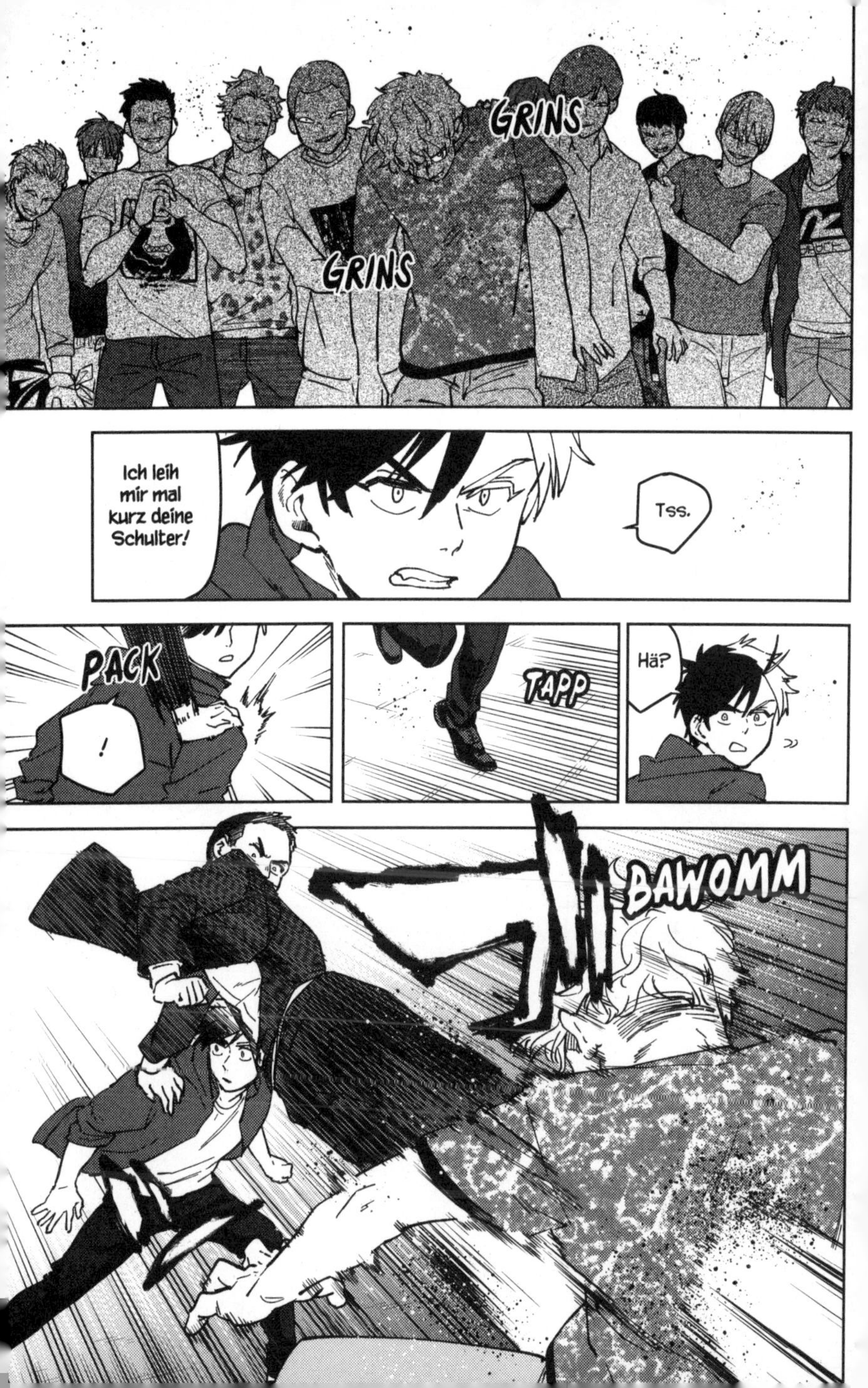
GRINS
GRINS
Ich leih mir mal kurz deine Schulter!
Tss.
Hä?
TAPP
PACK
!
BAWOMM

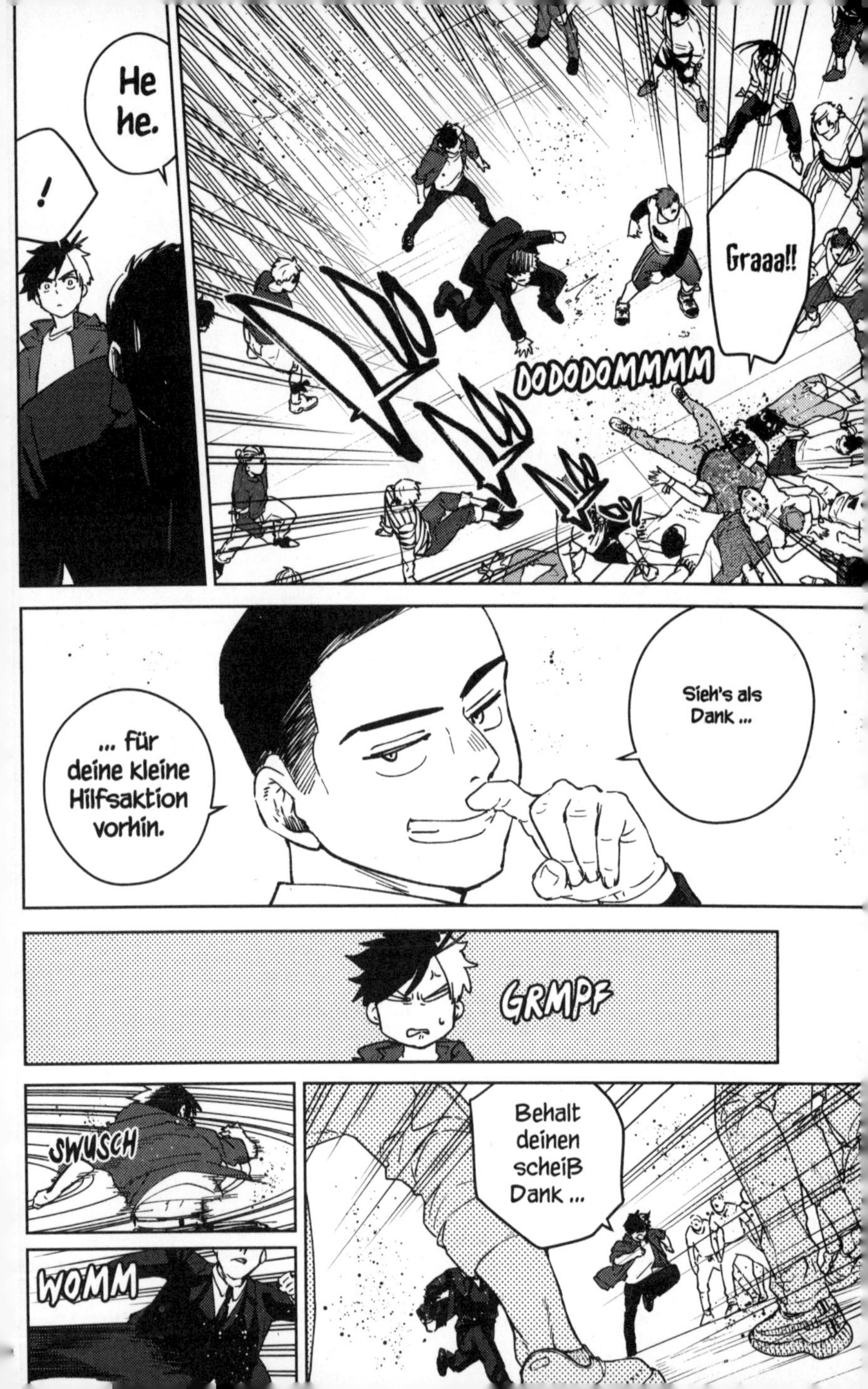
Graaa!!
DODODOMMMM
He he.
!
Sieh's als Dank ...
... für deine kleine Hilfsaktion vorhin.
GRMPF
Behalt deinen scheiß Dank ...
SWUSCH
WOMM

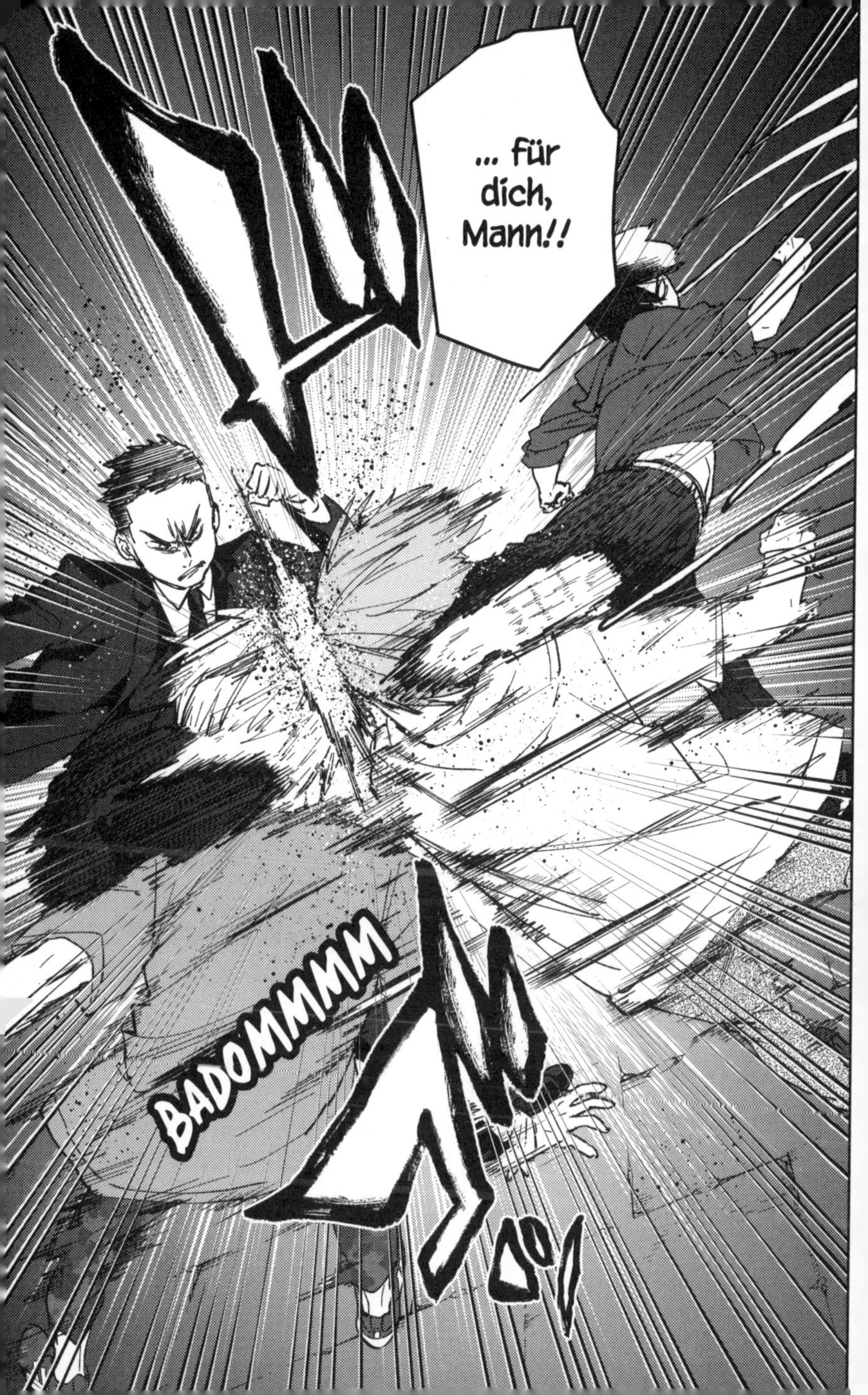
... für dich, Mann!!
BADOMMMMM

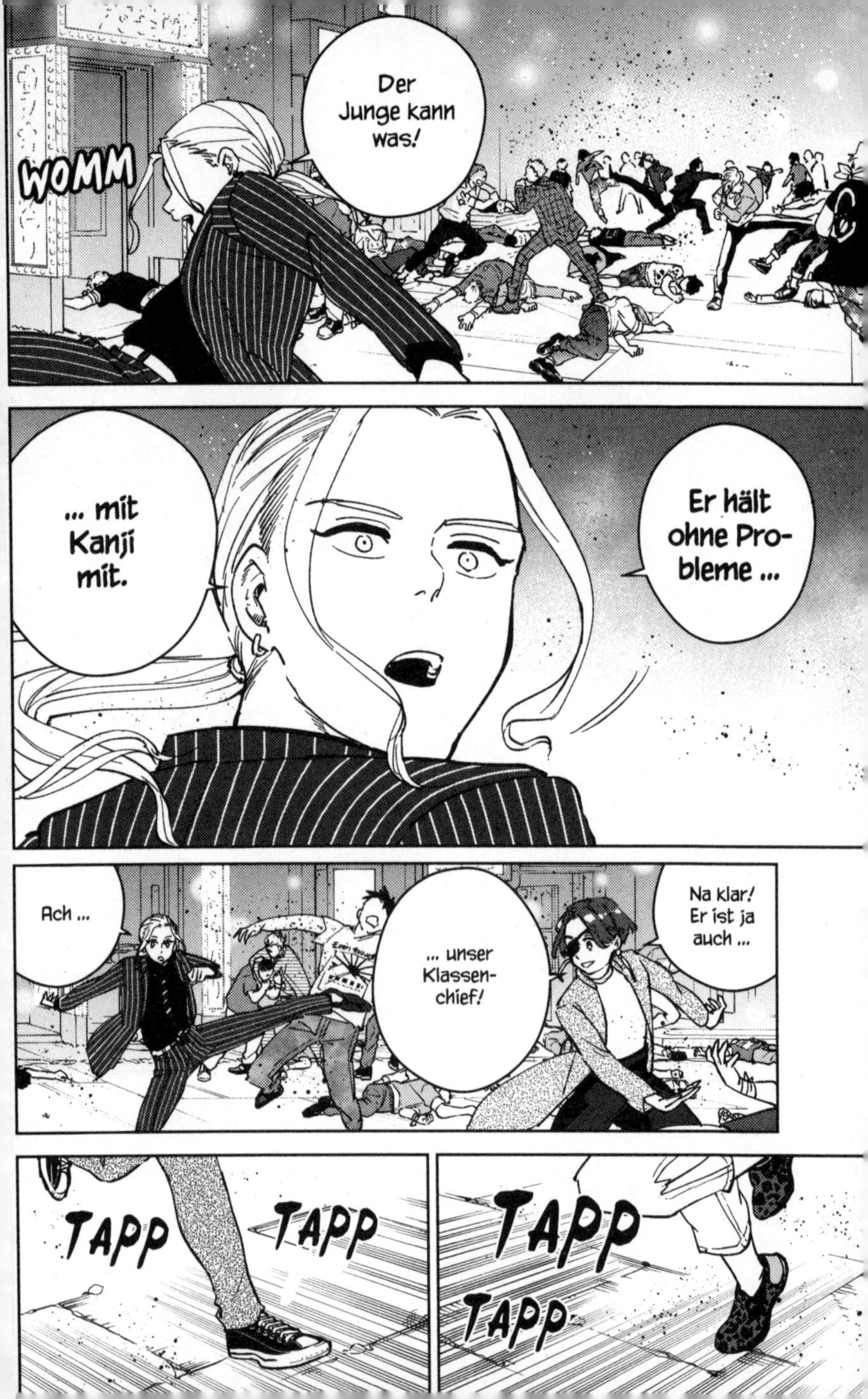
Der Junge kann was!
WOMM
Er hält ohne Probleme ...
... mit Kanji mit.
Na klar! Er ist ja auch ...
... unser Klassenchief!
Ach ...
TAPP
TAPP
TAPP
TAPP
TAPP

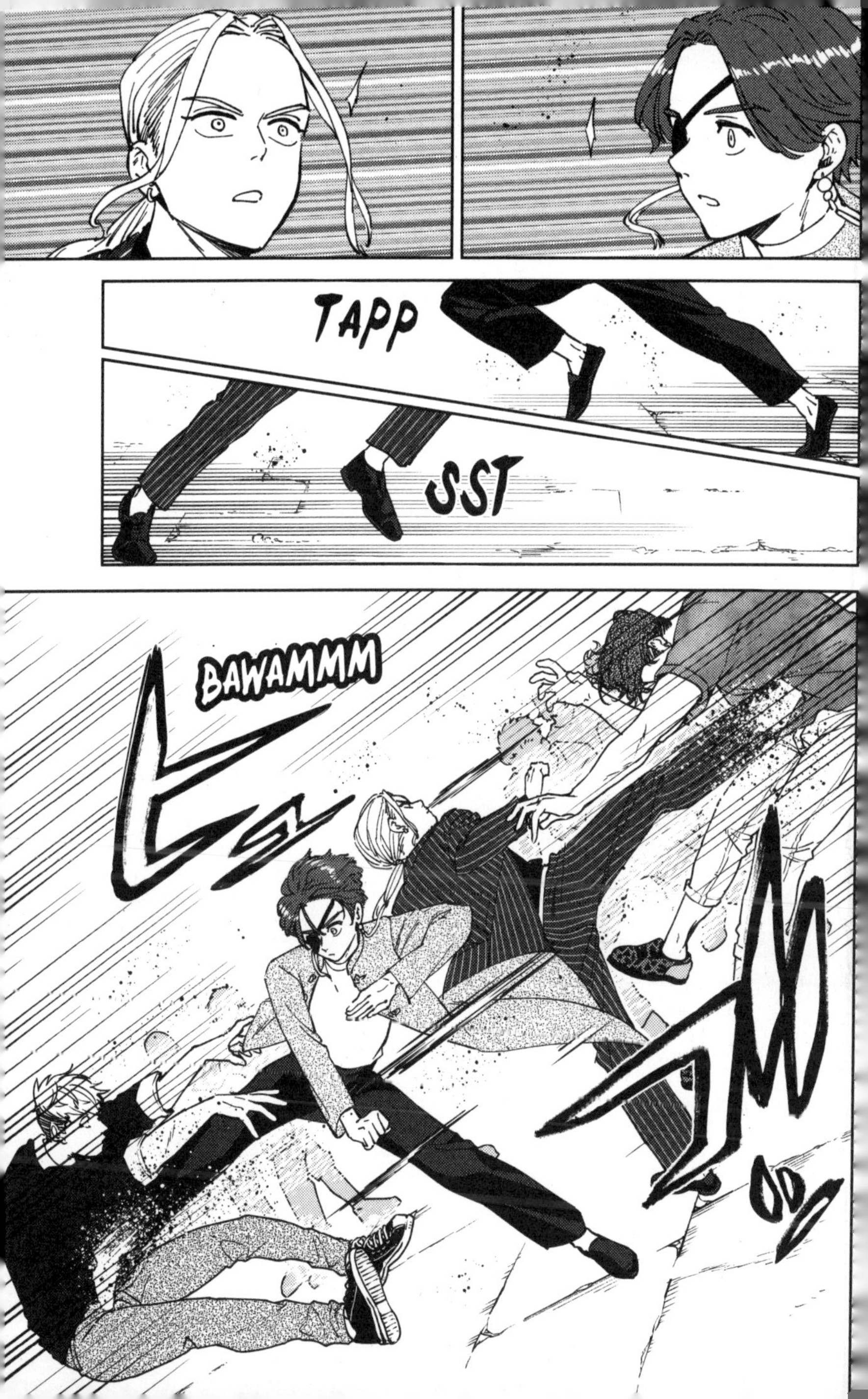
TAPP
SST
BAWAMMM

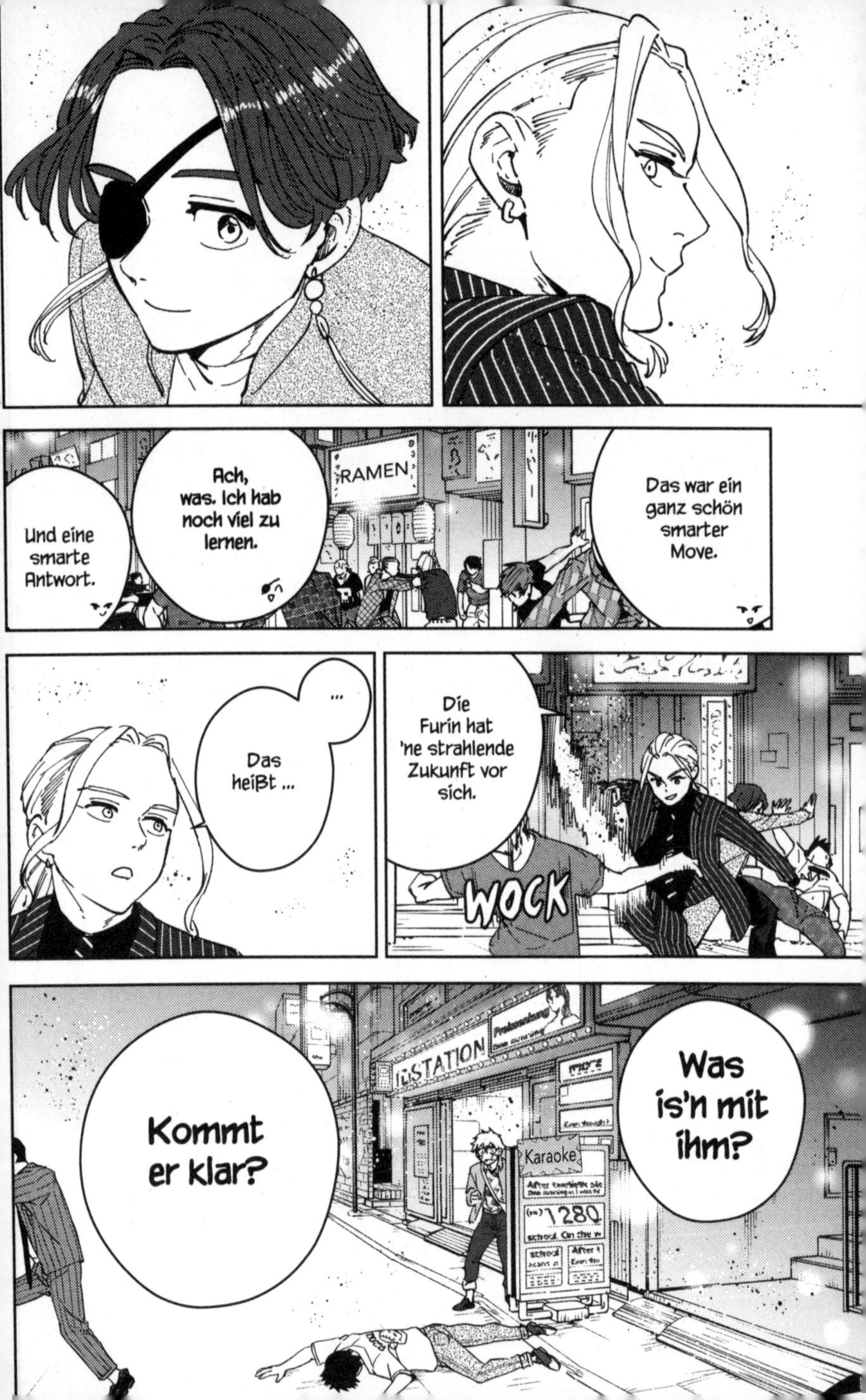
Das war ein ganz schön smarter Move.
RAMEN
Ach, was. Ich hab noch viel zu lernen.
Und eine smarte Antwort.
Die Furin hat 'ne strahlende Zukunft vor sich.
WOCK
...
Das heißt ...
Was is'n mit ihm?
STATION
Karaoke
1280
Kommt er klar?

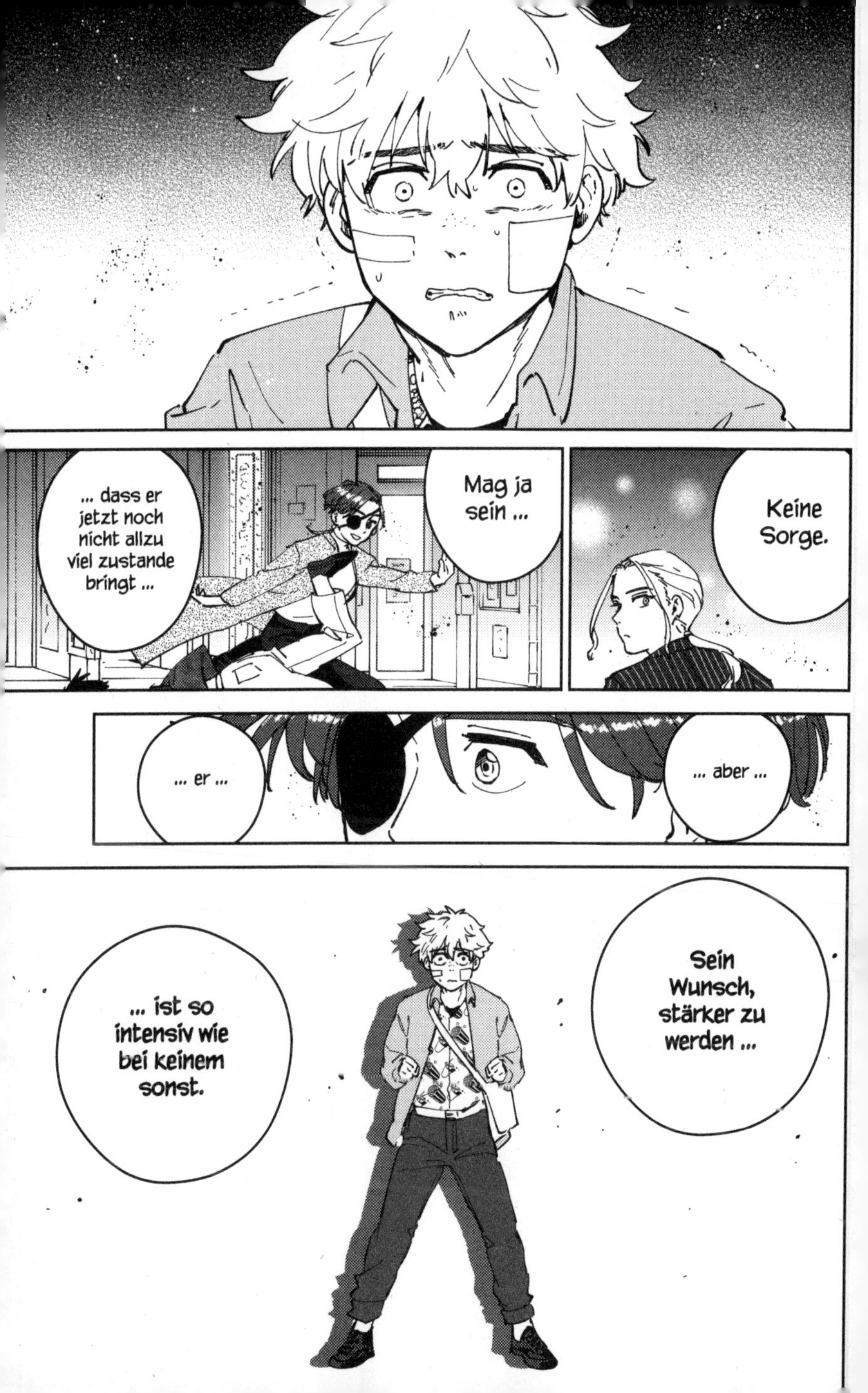
Keine Sorge.
Mag ja sein ...
... dass er jetzt noch nicht allzu viel zustande bringt ...
... aber ...
... er ...
Sein Wunsch, stärker zu werden ...
... ist so intensiv wie bei keinem sonst.

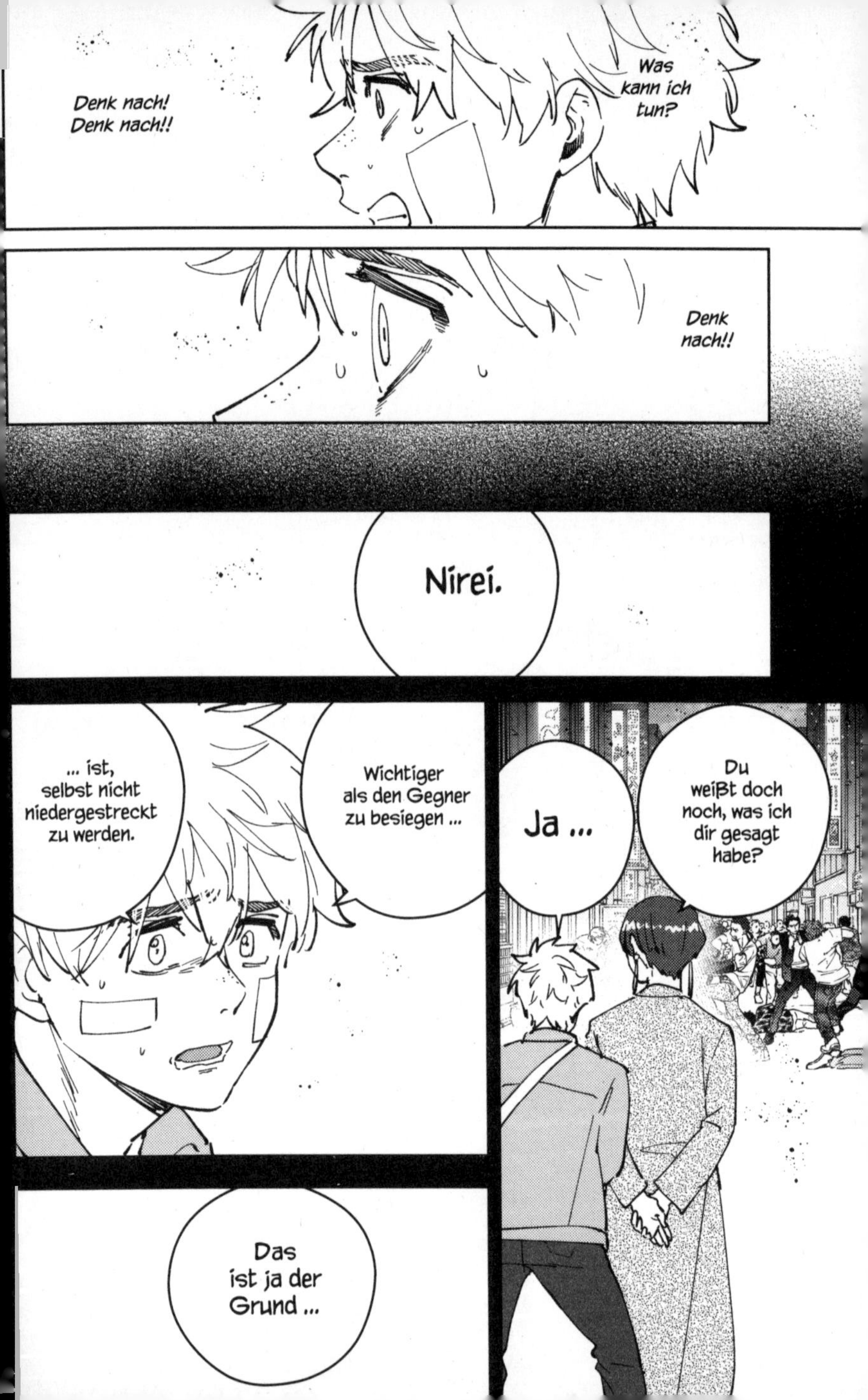
Was kann ich tun?
Denk nach! Denk nach!!
Denk nach!!
Nirei.
Du weißt doch noch, was ich dir gesagt habe?
Ja ...
Wichtiger als den Gegner zu besiegen ...
... ist, selbst nicht niedergestreckt zu werden.
Das ist ja der Grund ...

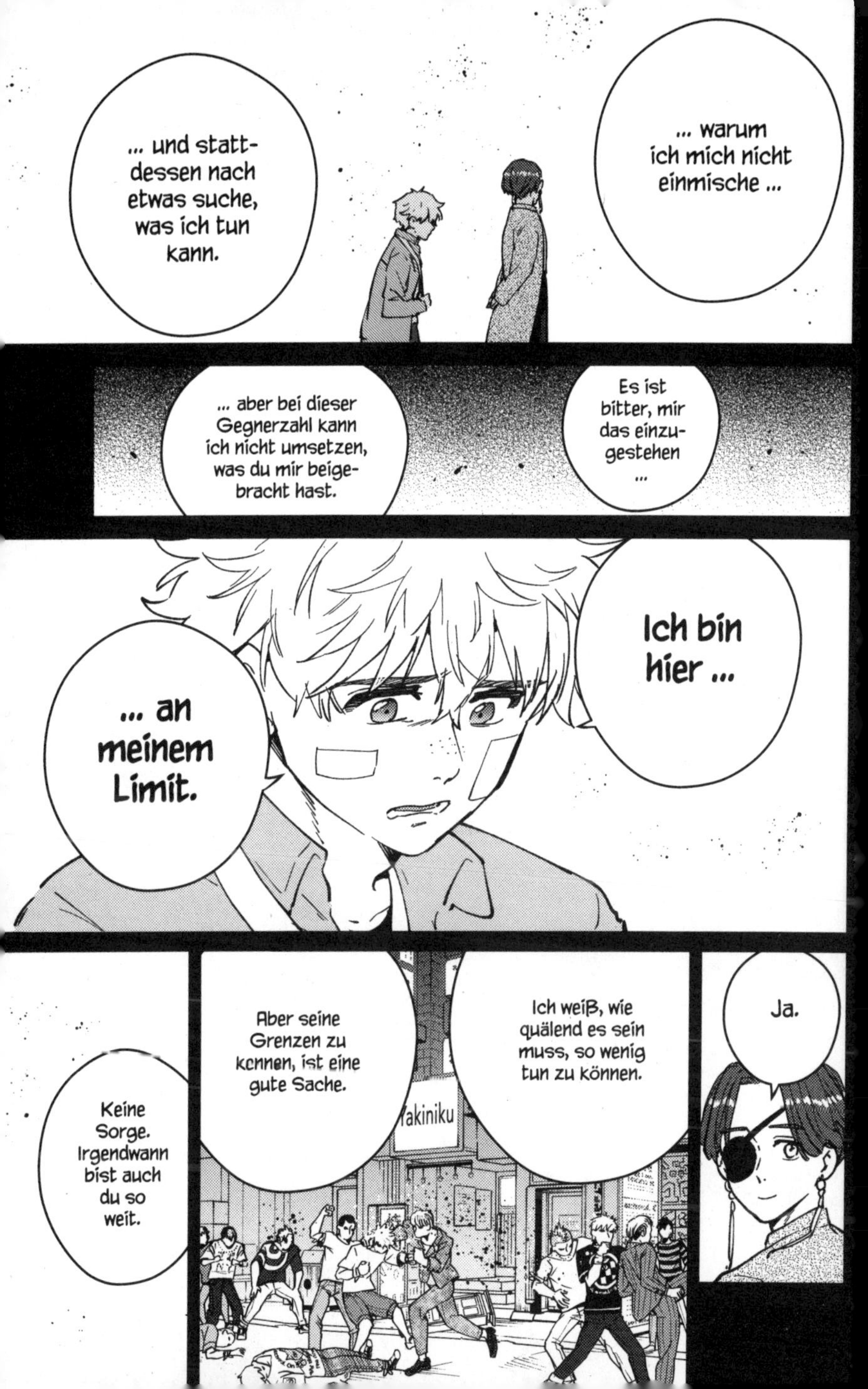
... warum ich mich nicht einmische ...
... und stattdessen nach etwas suche, was ich tun kann.
Es ist bitter, mir das einzugestehen ...
... aber bei dieser Gegnerzahl kann ich nicht umsetzen, was du mir beigebracht hast.
Ich bin hier ...
... an meinem Limit.
Ja.
Ich weiß, wie quälend es sein muss, so wenig tun zu können.
Aber seine Grenzen zu kennen, ist eine gute Sache.
Yakiniku
Keine Sorge. Irgendwann bist auch du so weit.

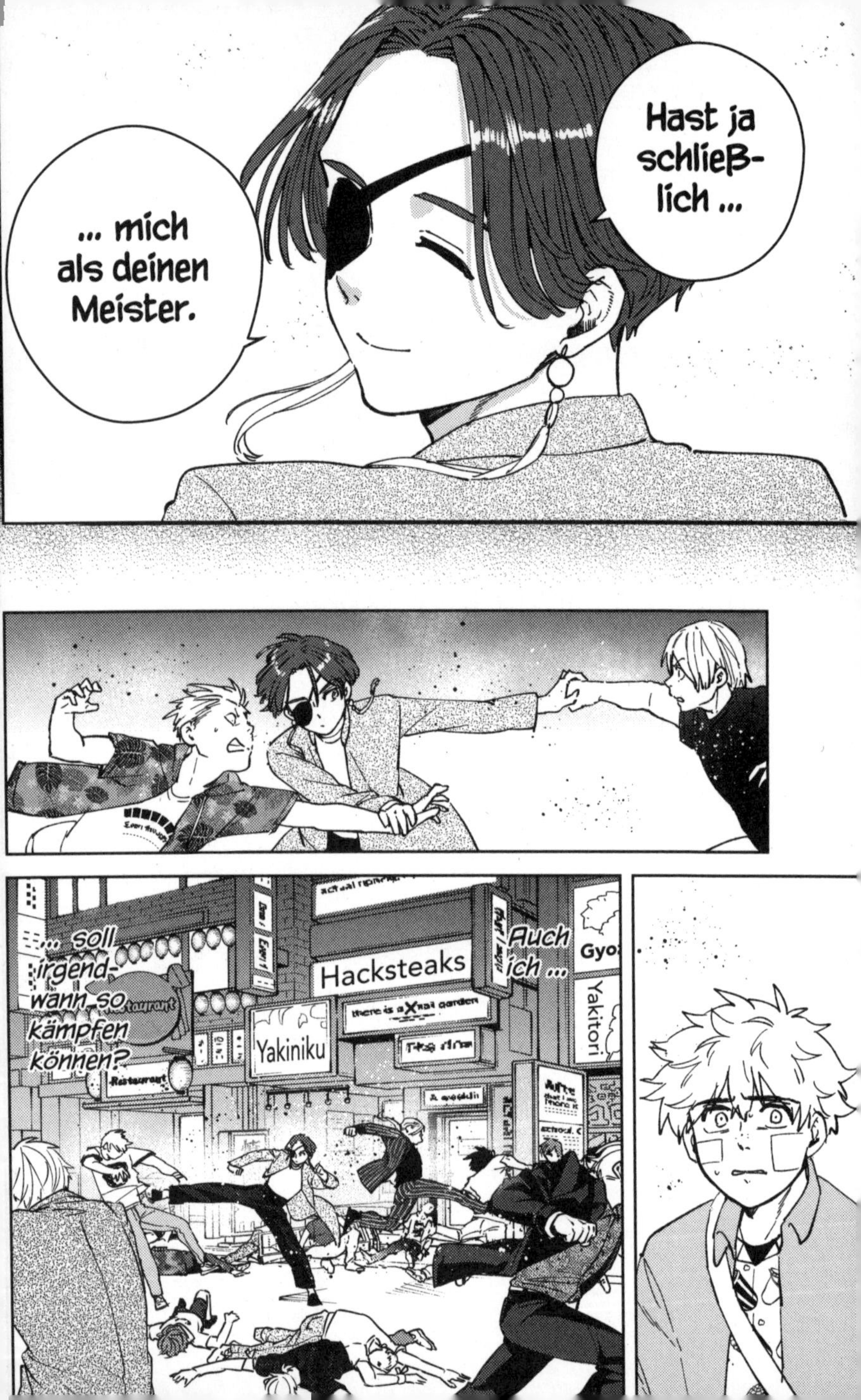
Hast ja schließ-lich ...
... mich als deinen Meister.
Auch ich ...
... soll irgend-wann so kämpfen können?
Hacksteaks
Yakiniku
Yakitori
Restaurant

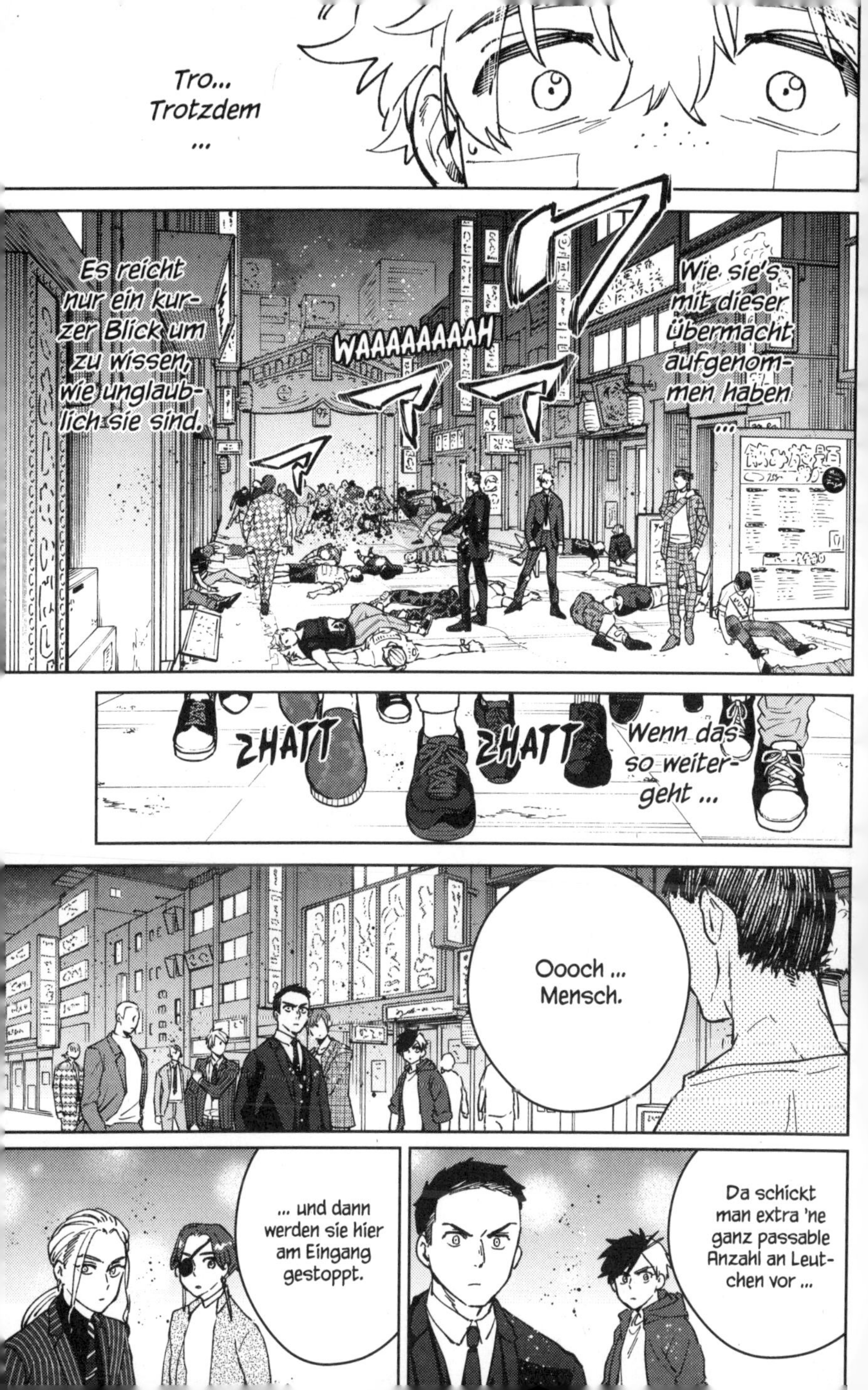
Tro... Trotzdem ...
Es reicht nur ein kurzer Blick um zu wissen, wie unglaublich sie sind.
WAAAAAAAAH
Wie sie's mit dieser Übermacht aufgenommen haben ...
ZHATT
ZHATT
Wenn das so weitergeht ...
Oooch ... Mensch.
Da schickt man extra 'ne ganz passable Anzahl an Leutchen vor ...
... und dann werden sie hier am Eingang gestoppt.

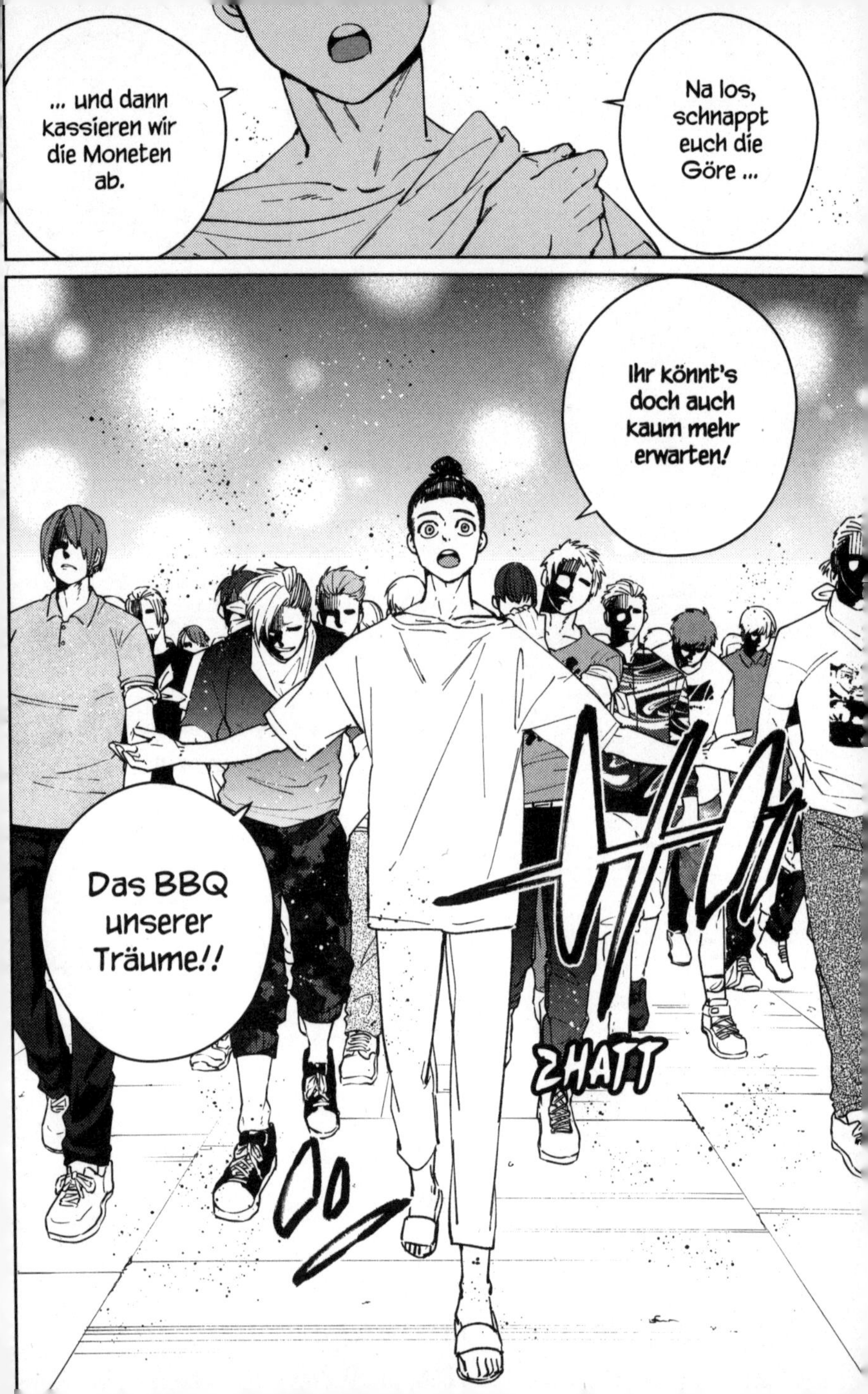
Na los, schnappt euch die Göre ...
... und dann kassieren wir die Moneten ab.
Ihr könnt's doch auch kaum mehr erwarten!
Das BBQ unserer Träume!!
ZHATT

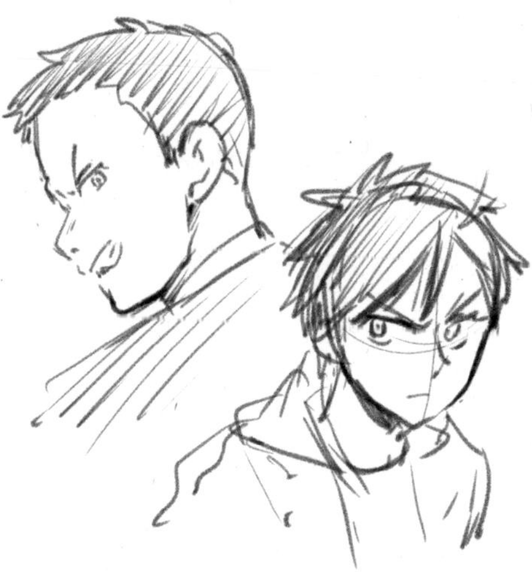

MIND BREAKER

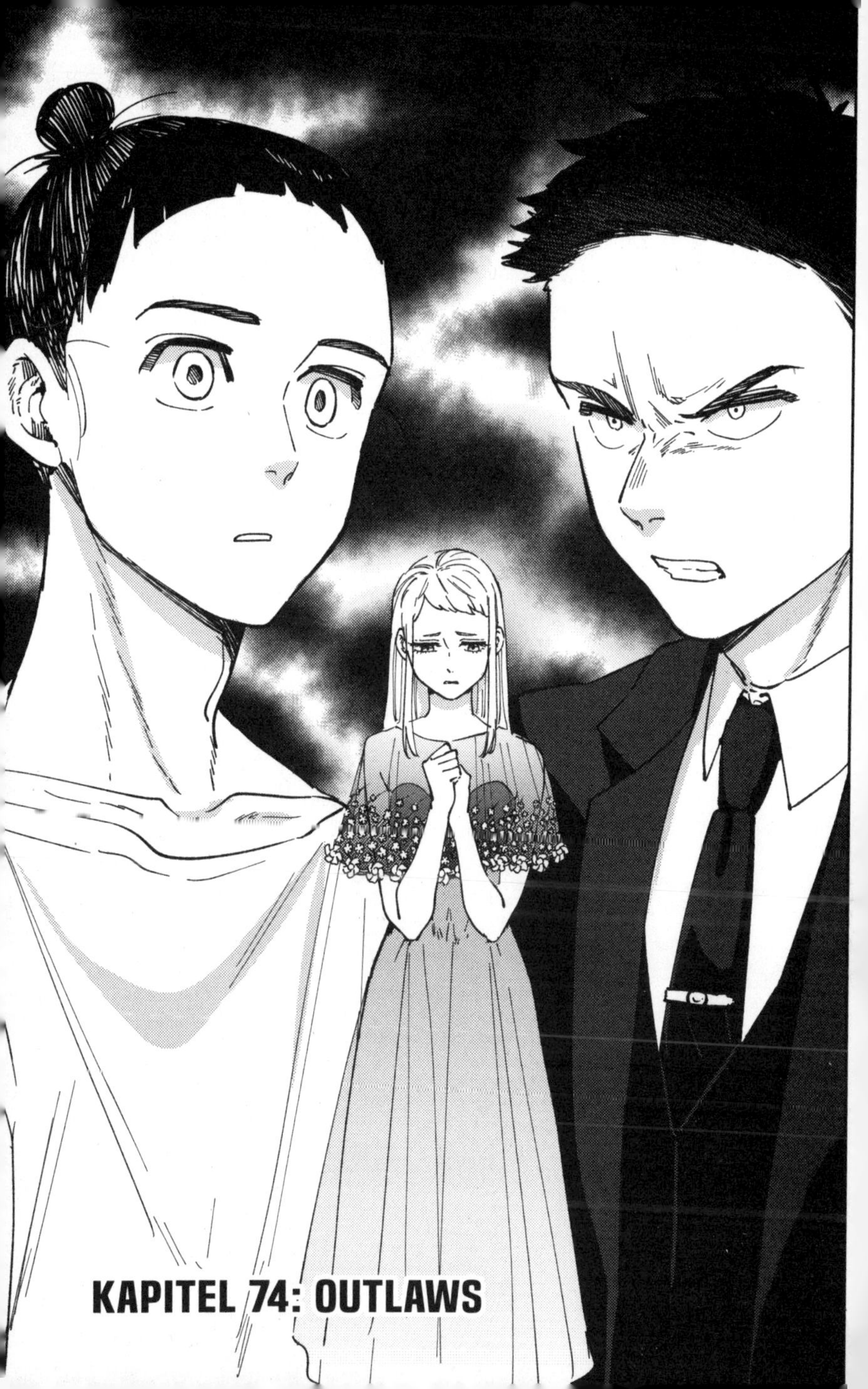
KAPITEL 74: OUTLAWS

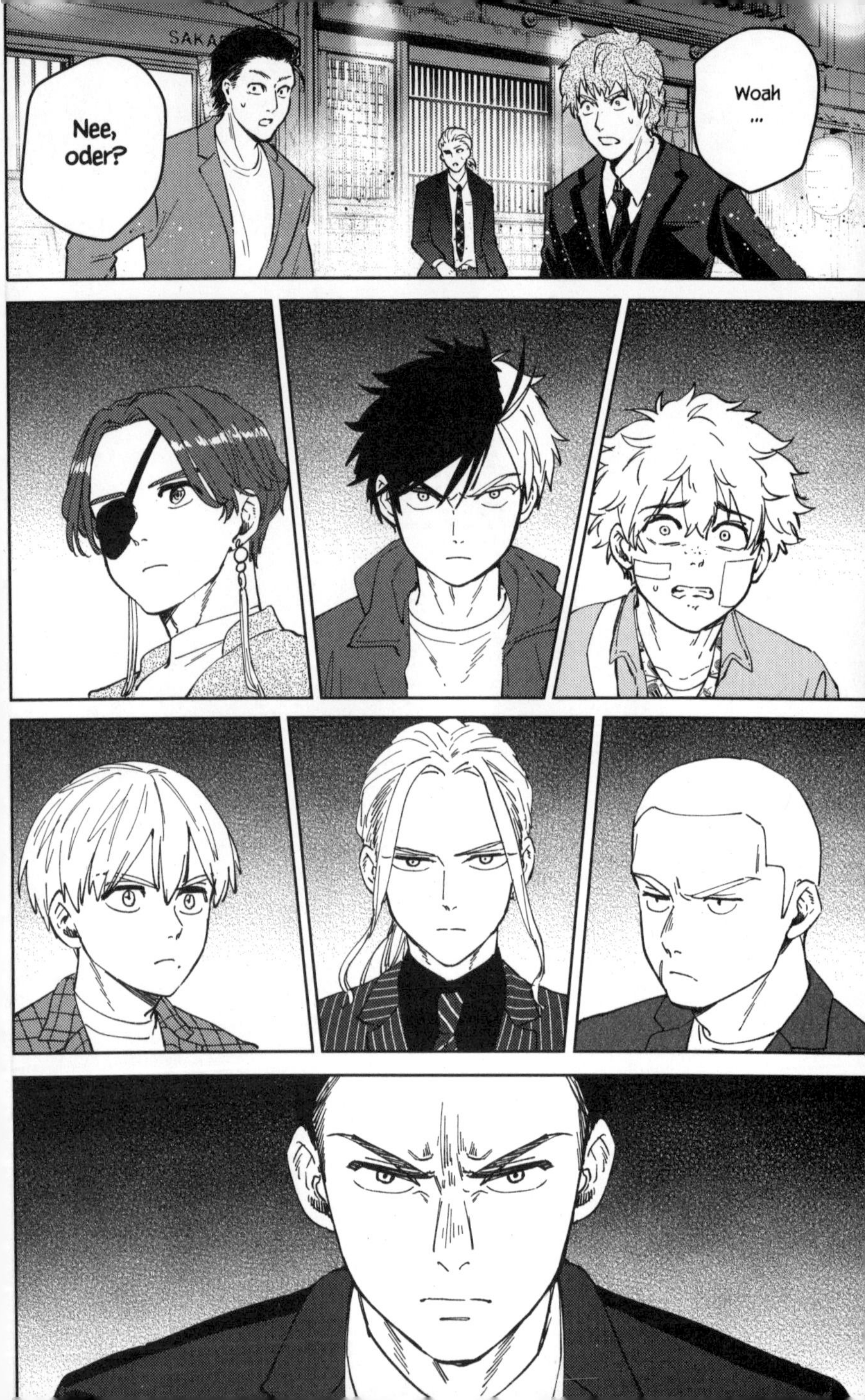
Woah
...
Nee, oder?

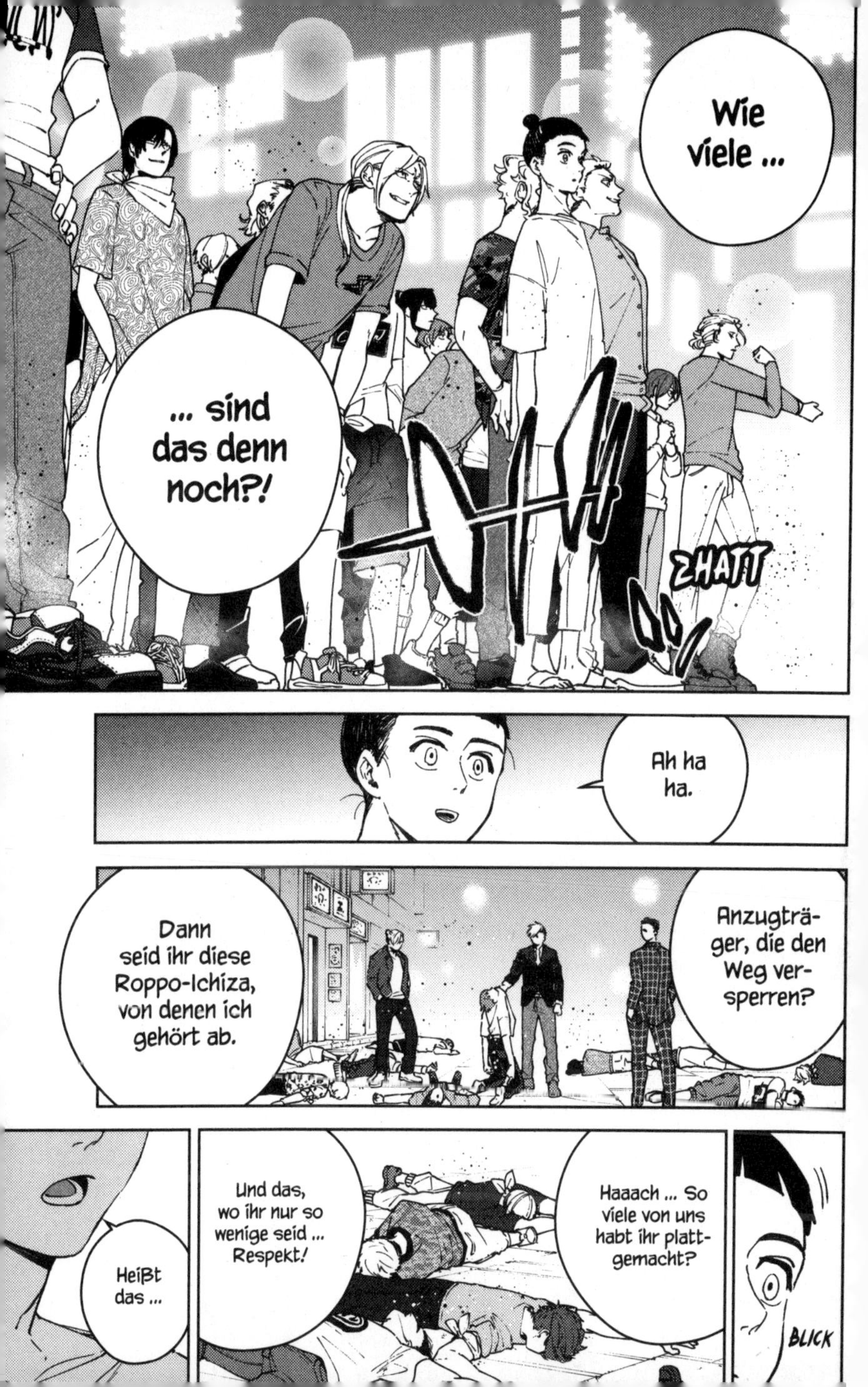
Wie viele ...
... sind das denn noch?!
ZHATT
Ah ha ha.
Anzugträger, die den Weg versperren?
Dann seid ihr diese Roppo-Ichiza, von denen ich gehört ab.
BLICK
Haaach ... So viele von uns habt ihr plattgemacht?
Und das, wo ihr nur so wenige seid ... Respekt!
Heißt das ...

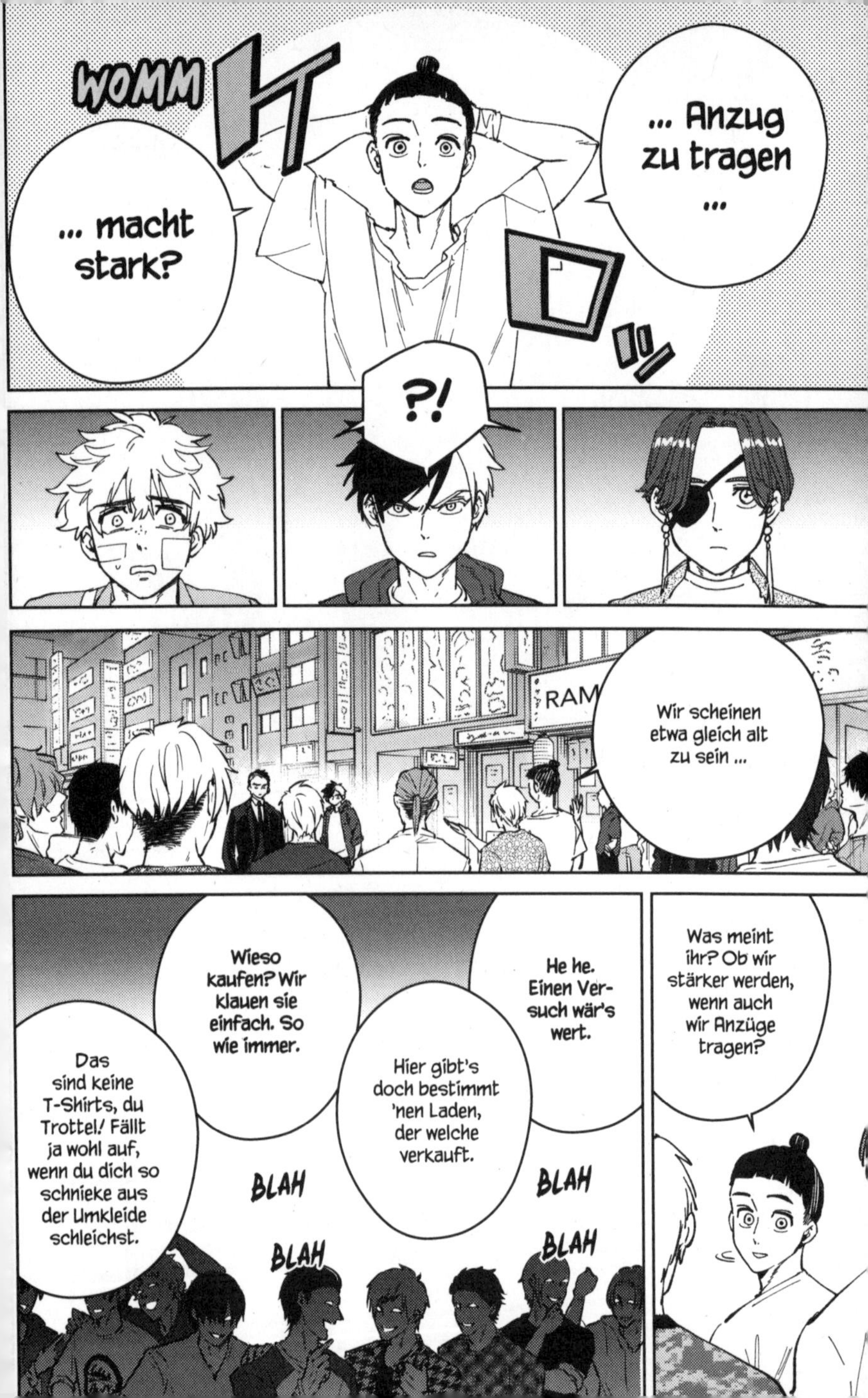
... Anzug zu tragen ...
WOMM
... macht stark?
?!
RAM
Wir scheinen etwa gleich alt zu sein ...
Was meint ihr? Ob wir stärker werden, wenn auch wir Anzüge tragen?
He he. Einen Versuch wär's wert.
Wieso kaufen? Wir klauen sie einfach. So wie immer.
Hier gibt's doch bestimmt 'nen Laden, der welche verkauft.
Das sind keine T-Shirts, du Trottel! Fällt ja wohl auf, wenn du dich so schnieke aus der Umkleide schleichst.
BLAH
BLAH
BLAH
BLAH

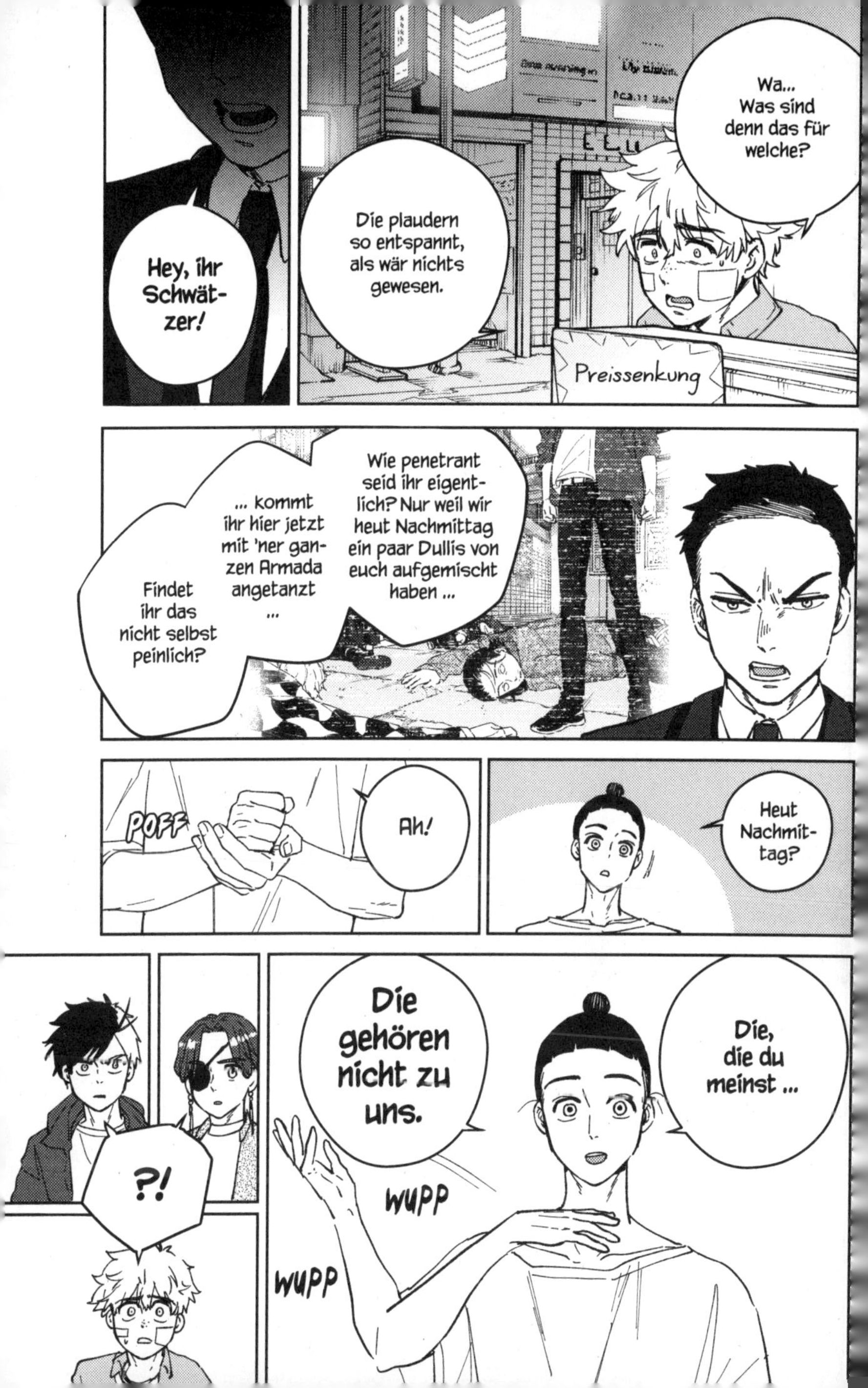
Wa... Was sind denn das für welche?
Die plaudern so entspannt, als wär nichts gewesen.
Preissenkung
Hey, ihr Schwät-zer!
Wie penetrant seid ihr eigent-lich? Nur weil wir heut Nachmittag ein paar Dullis von euch aufgemischt haben ...
... kommt ihr hier jetzt mit 'ner gan-zen Armada angetanzt ...
Findet ihr das nicht selbst peinlich?
Heut Nachmit-tag?
POFF
Ah!
Die, die du meinst ...
Die gehören nicht zu uns.
WUPP
WUPP
?!

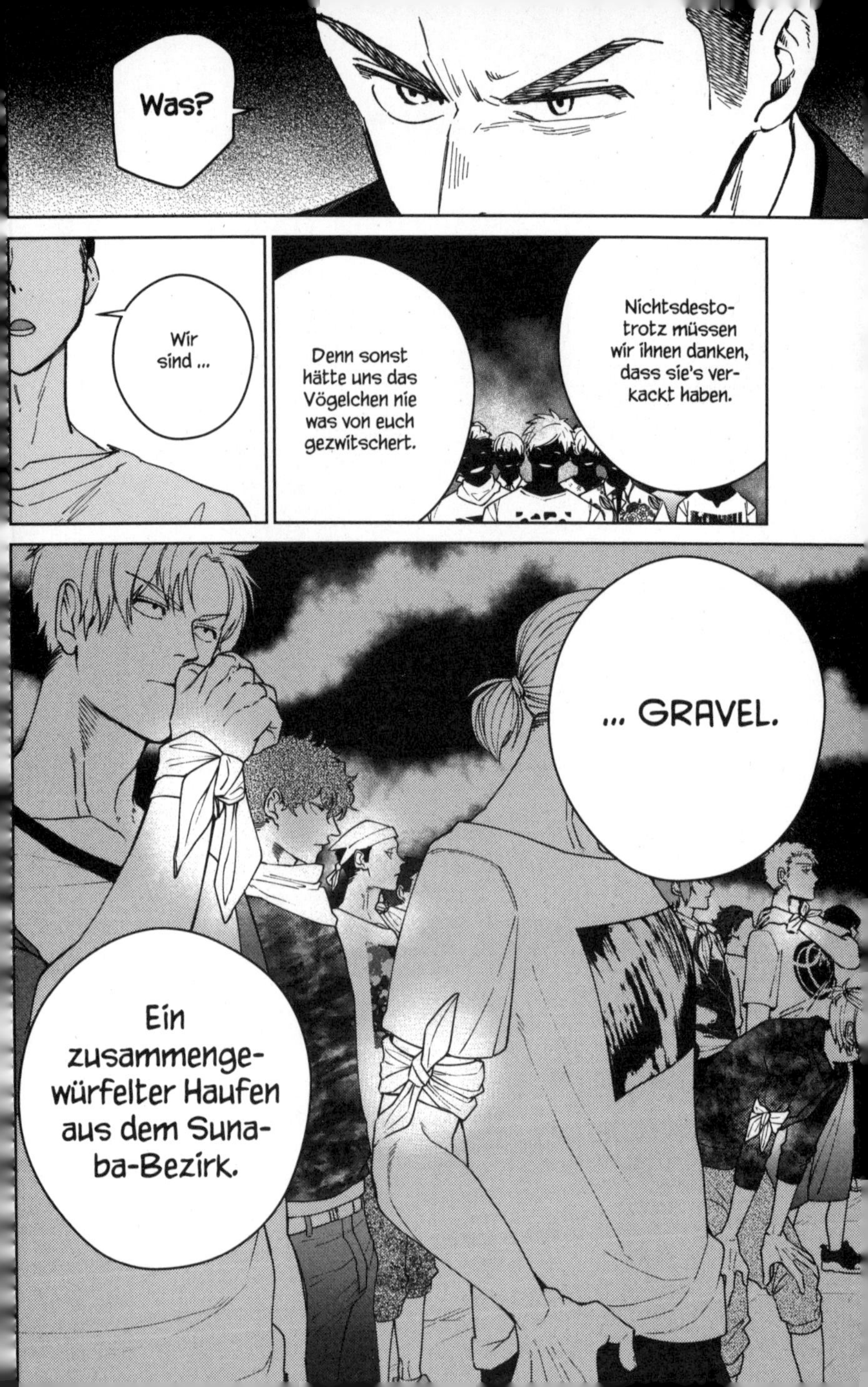

Was?
Nichtsdestotrotz müssen wir ihnen danken, dass sie's verkackt haben.
Denn sonst hätte uns das Vögelchen nie was von euch gezwitschert.
Wir sind ...
... GRAVEL.
Ein zusammengewürfelter Haufen aus dem Sunaba-Bezirk.

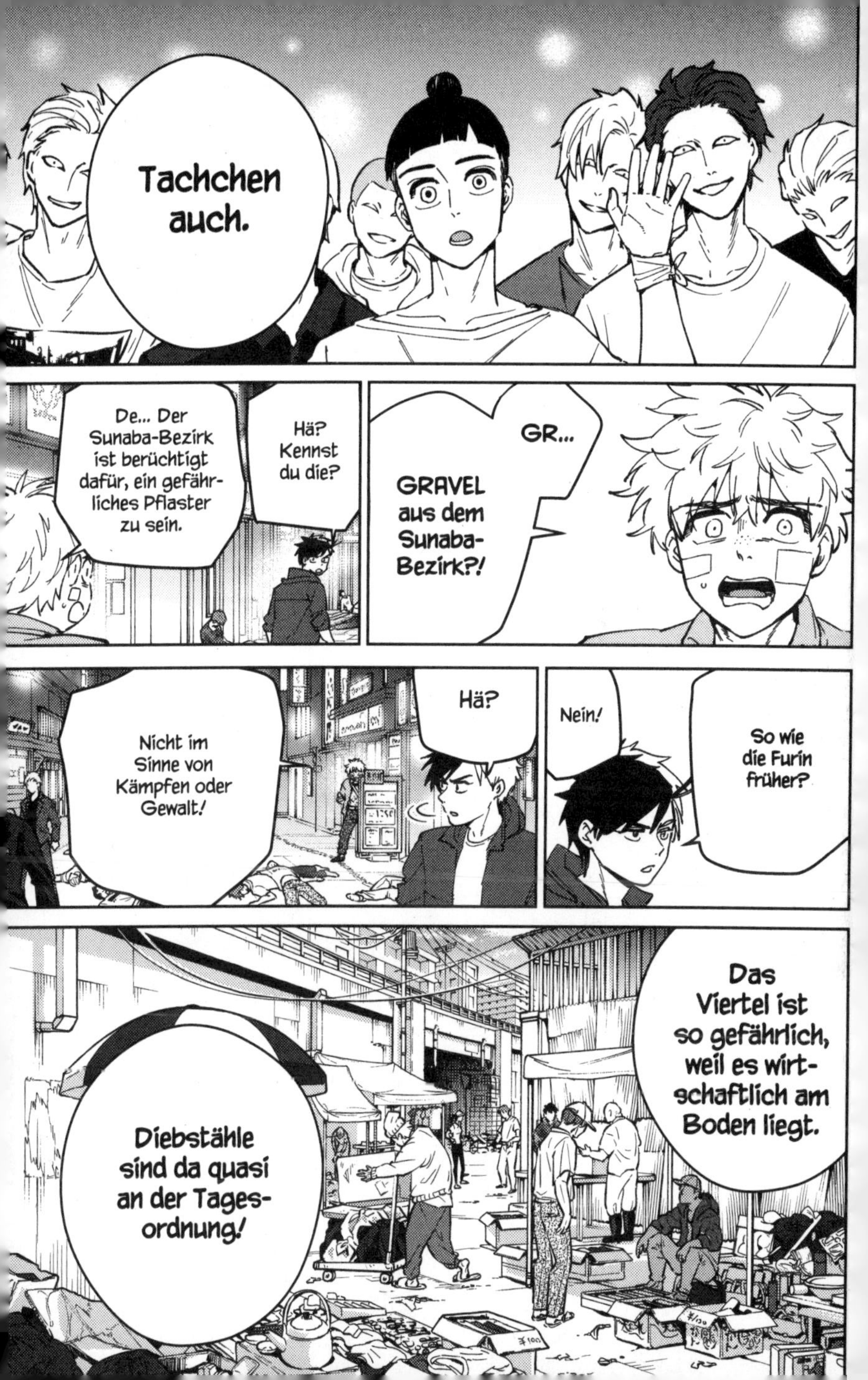

Tachchen auch.
GR...
GRAVEL aus dem Sunaba-Bezirk?!
Hä? Kennst du die?
De... Der Sunaba-Bezirk ist berüchtigt dafür, ein gefährliches Pflaster zu sein.
So wie die Furin früher?
Nein!
Hä?
Nicht im Sinne von Kämpfen oder Gewalt!
Das Viertel ist so gefährlich, weil es wirtschaftlich am Boden liegt.
Diebstähle sind da quasi an der Tagesordnung!

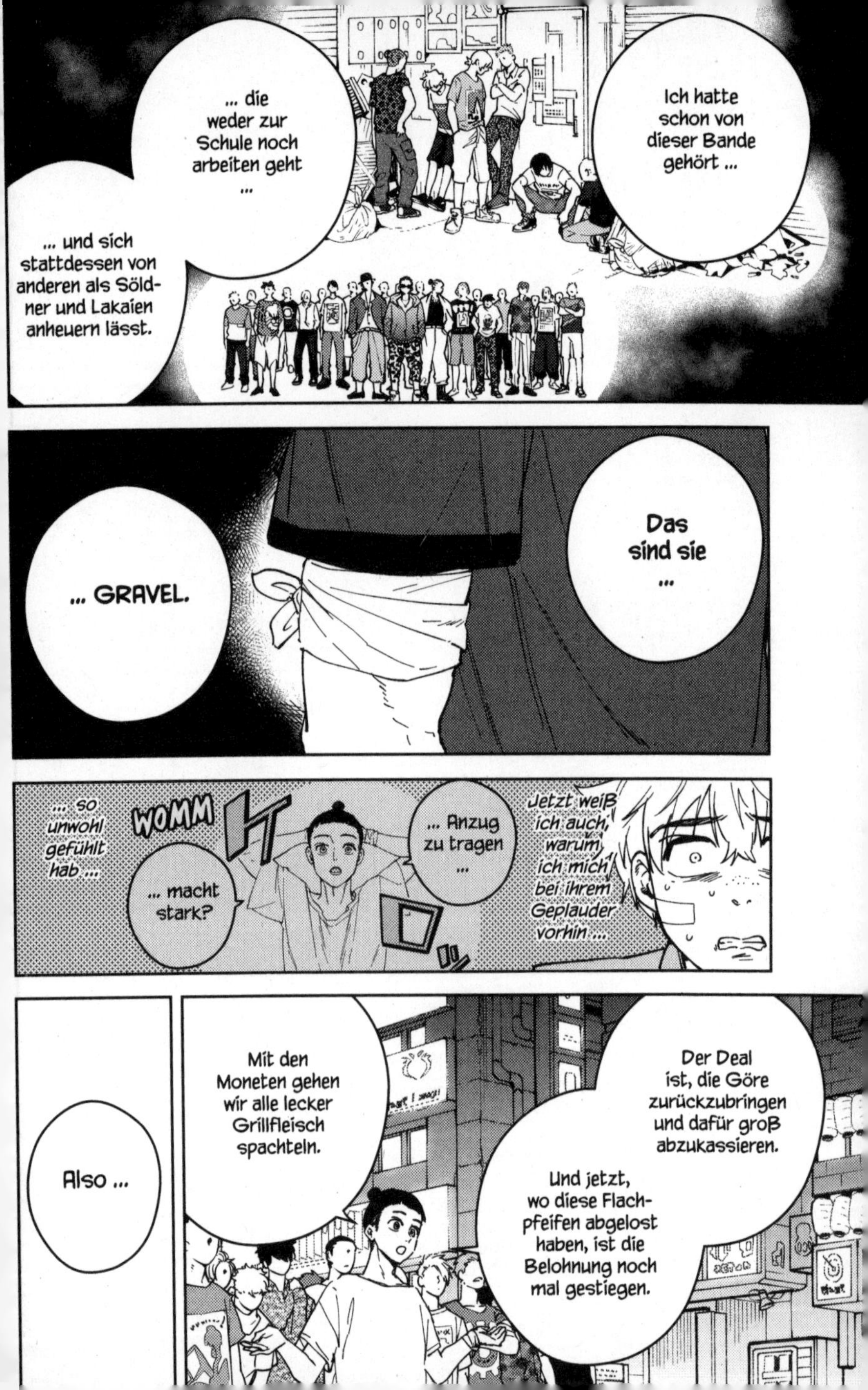
Ich hatte schon von dieser Bande gehört ...
... die weder zur Schule noch arbeiten geht ...
... und sich stattdessen von anderen als Söldner und Lakaien anheuern lässt.
Das sind sie ...
... GRAVEL.
Jetzt weiß ich auch, warum ich mich bei ihrem Geplauder vorhin ...
... Anzug zu tragen ...
... macht stark?
WOMM
... so unwohl gefühlt hab ...
Der Deal ist, die Göre zurückzubringen und dafür groß abzukassieren.
Und jetzt, wo diese Flachpfeifen abgelost haben, ist die Belohnung noch mal gestiegen.
Mit den Moneten gehen wir alle lecker Grillfleisch spachteln.
Also ...

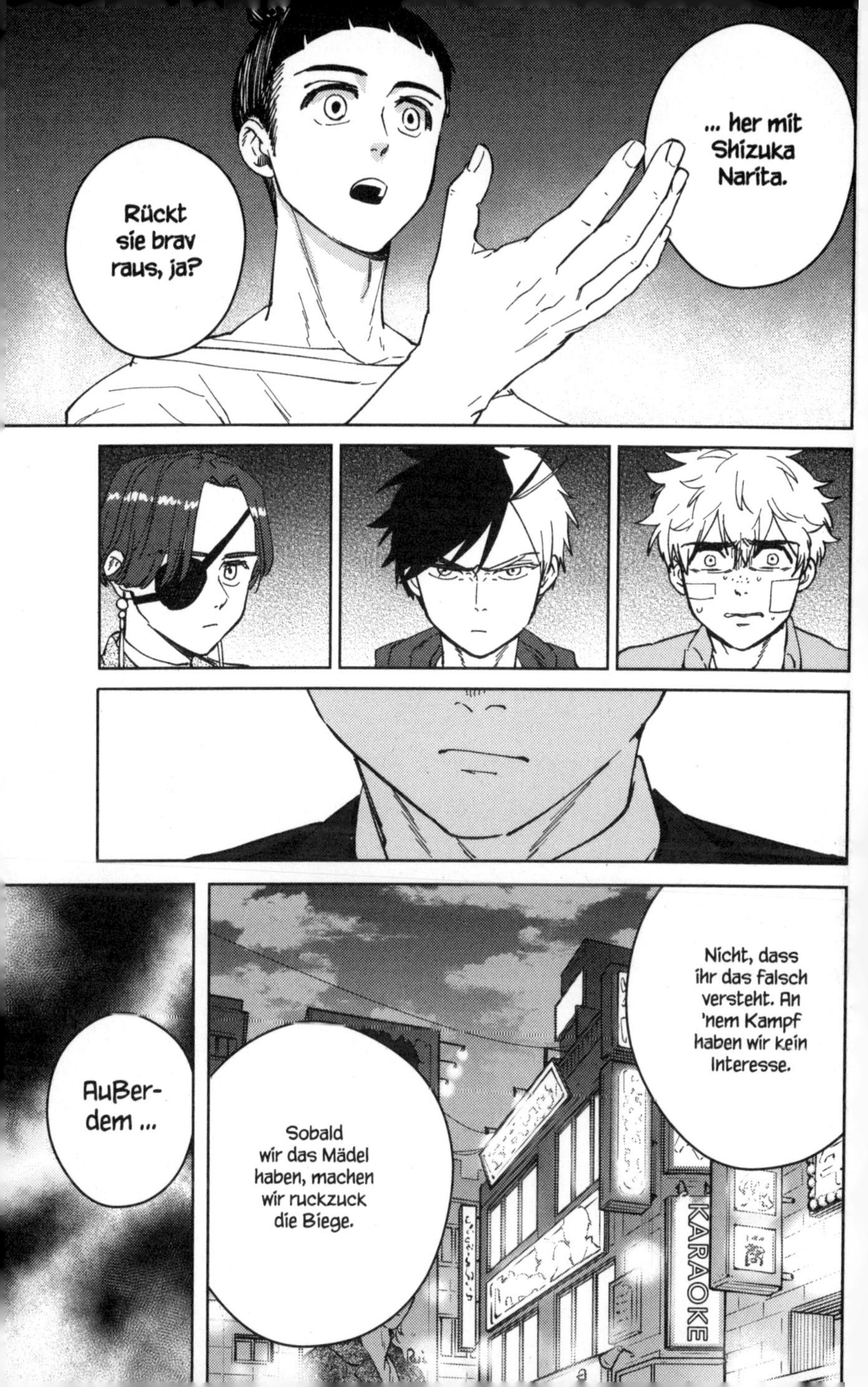
... her mit Shizuka Narita.
Rückt sie brav raus, ja?
Nicht, dass ihr das falsch versteht. An 'nem Kampf haben wir kein Interesse.
Sobald wir das Mädel haben, machen wir ruckzuck die Biege.
Außerdem ...
KARAOKE

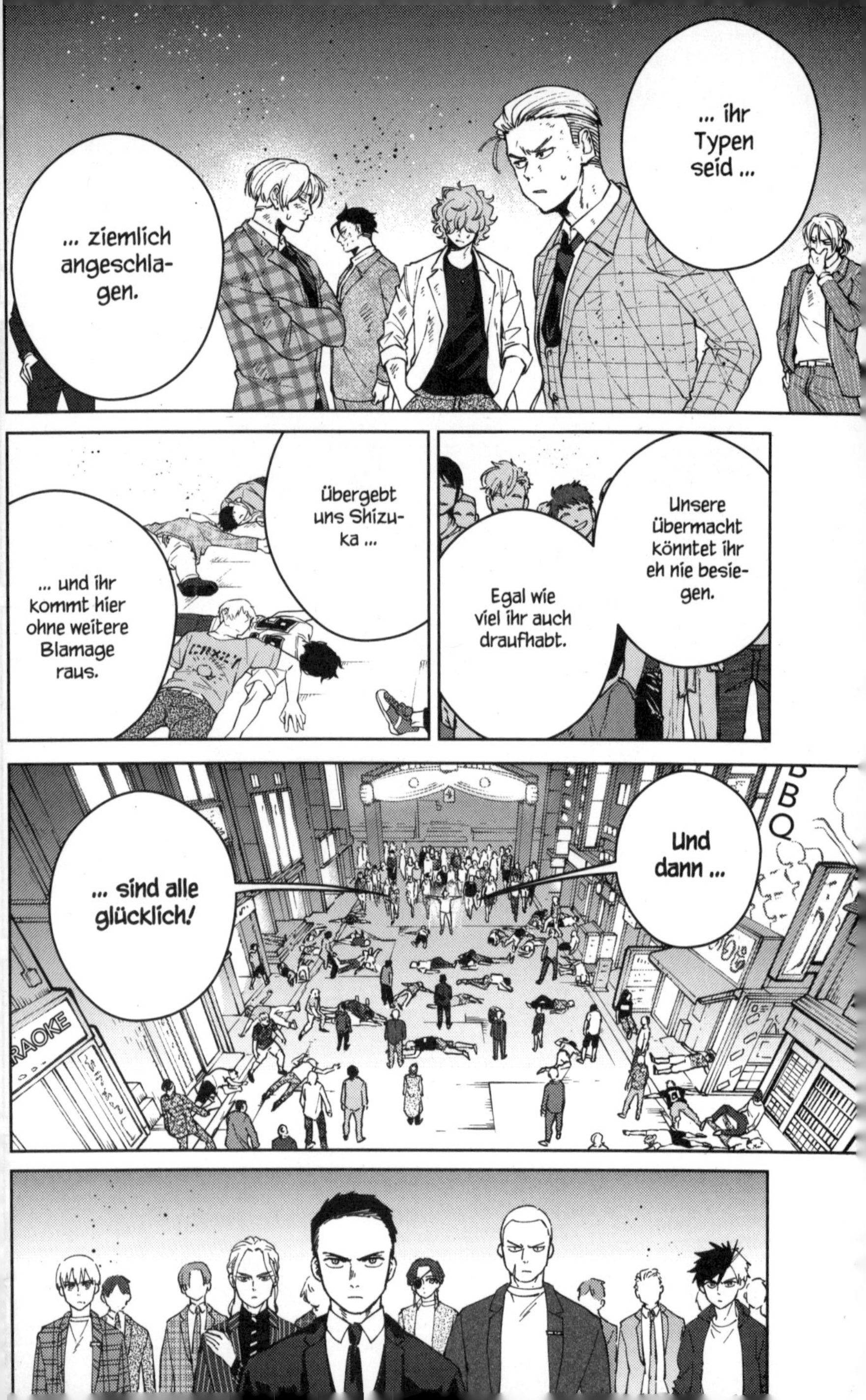
... ihr Typen seid ...
... ziemlich angeschla-gen.
Unsere Übermacht könntet ihr eh nie besie-gen.
Egal wie viel ihr auch draufhabt.
Übergebt uns Shizu-ka ...
... und ihr kommt hier ohne weitere Blamage raus.
Und dann ...
... sind alle glücklich!
BBQ
RAOKE

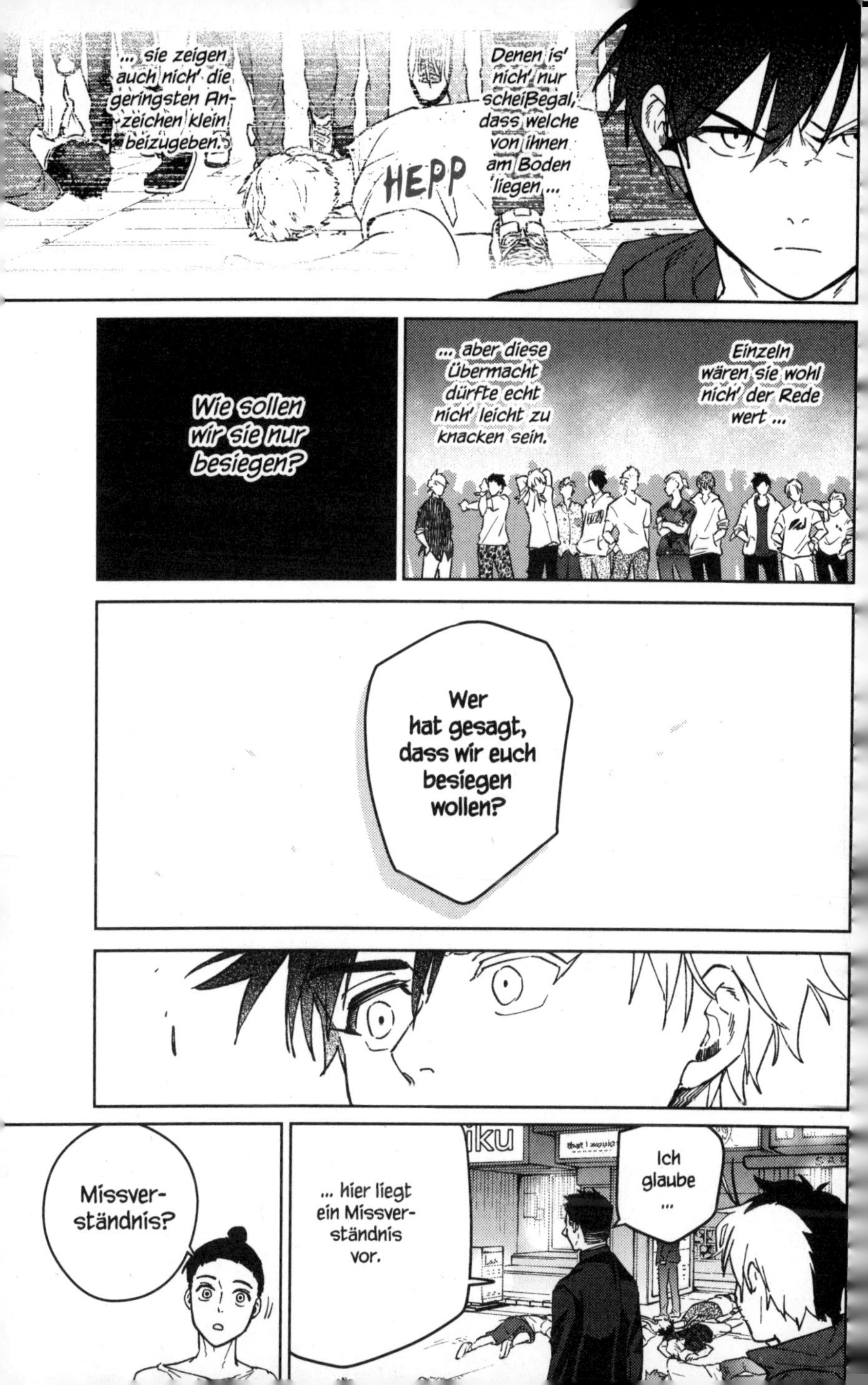
Denen is' nich' nur scheißegal, dass welche von ihnen am Boden liegen ...
HEPP
... sie zeigen auch nich' die geringsten Anzeichen klein beizugeben.
Einzeln wären sie wohl nich' der Rede wert ...
... aber diese Übermacht dürfte echt nich' leicht zu knacken sein.
Wie sollen wir sie nur besiegen?
Wer hat gesagt, dass wir euch besiegen wollen?
Ich glaube ...
... hier liegt ein Missverständnis vor.
Missverständnis?

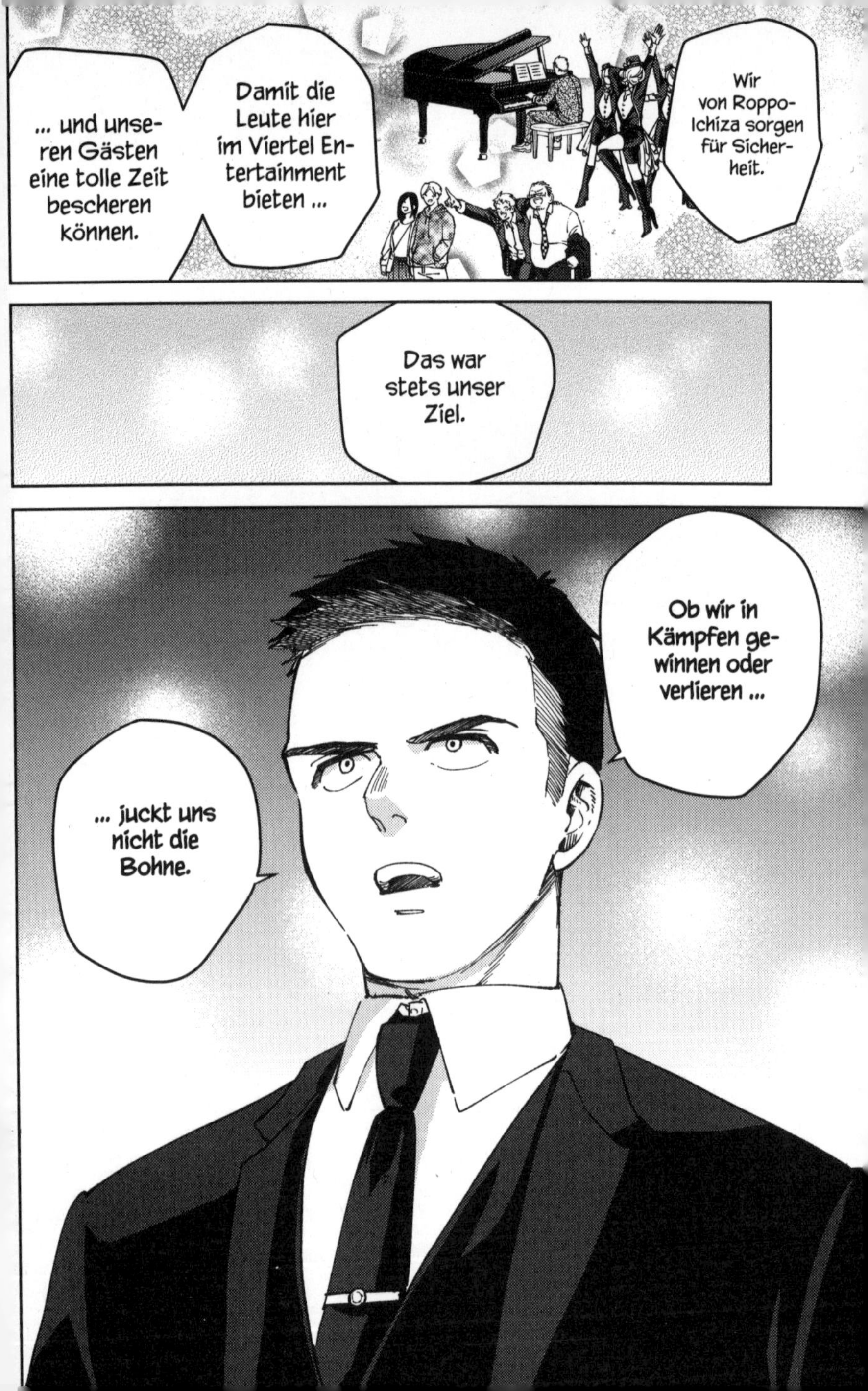
Wir von Roppo-Ichiza sorgen für Sicherheit.
Damit die Leute hier im Viertel Entertainment bieten ...
... und unseren Gästen eine tolle Zeit bescheren können.
Das war stets unser Ziel.
Ob wir in Kämpfen gewinnen oder verlieren ...
... juckt uns nicht die Bohne.

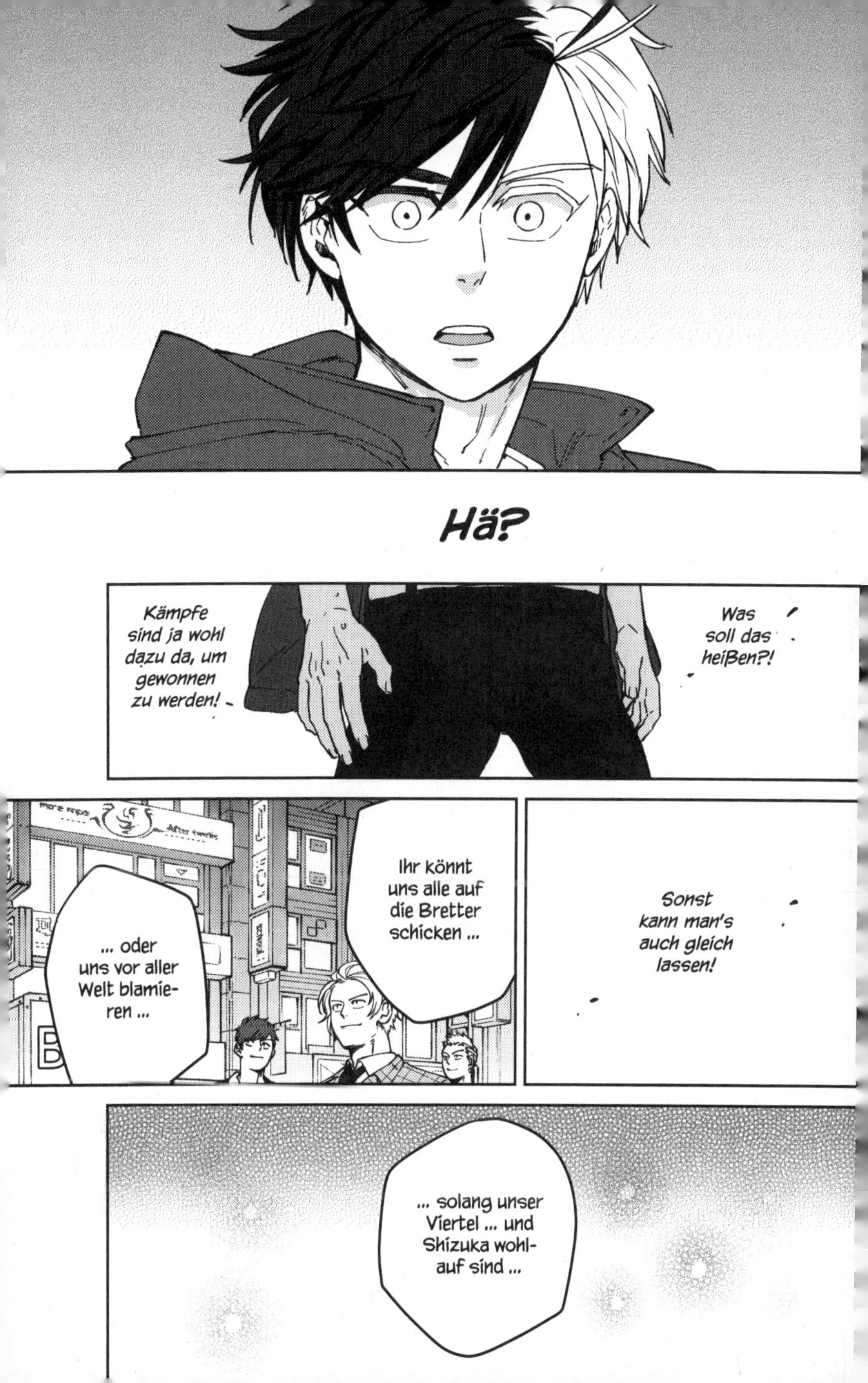
Hä?
Was soll das heißen?!
Kämpfe sind ja wohl dazu da, um gewonnen zu werden!
Sonst kann man's auch gleich lassen!
Ihr könnt uns alle auf die Bretter schicken ...
... oder uns vor aller Welt blamieren ...
... solang unser Viertel ... und Shizuka wohlauf sind ...

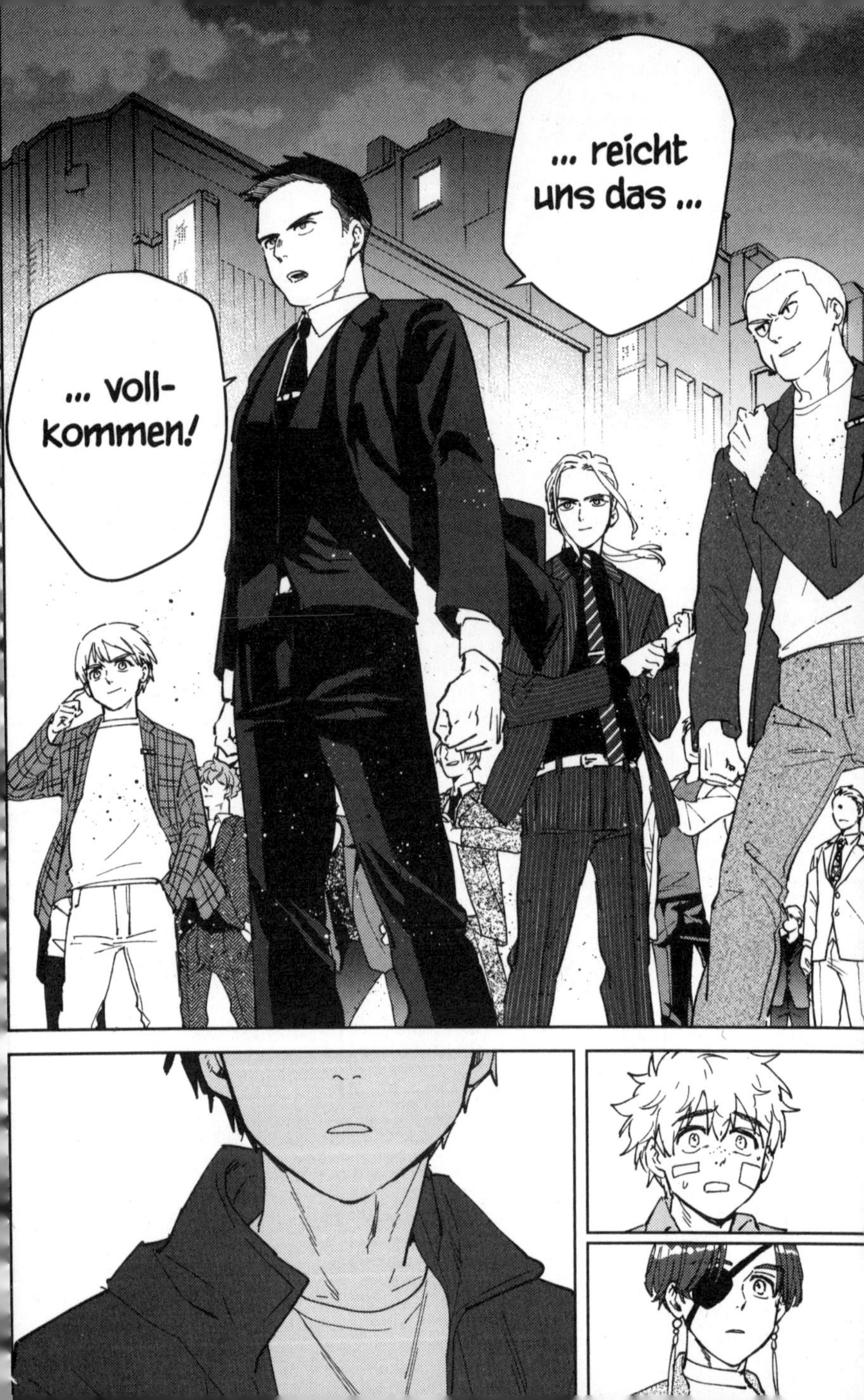
... reicht uns das ...
... voll-kommen!

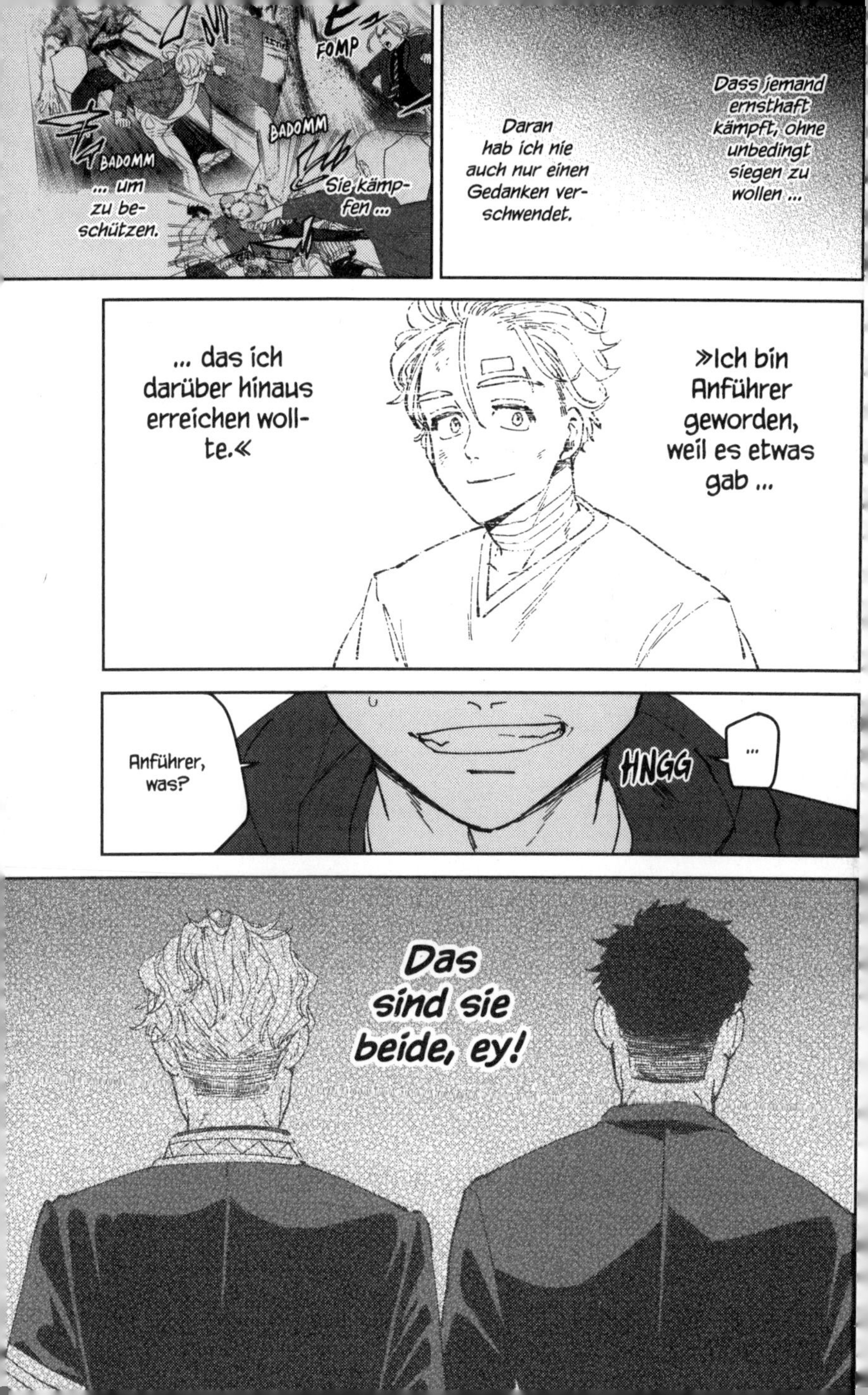
Dass jemand ernsthaft kämpft, ohne unbedingt siegen zu wollen ...
Daran hab ich nie auch nur einen Gedanken verschwendet.
FOMP
BADOMM
Sie kämpfen ...
BADOMM
... um zu beschützen.
»Ich bin Anführer geworden, weil es etwas gab ...
... das ich darüber hinaus erreichen wollte.«
...
HNGG
Anführer, was?
Das sind sie beide, ey!

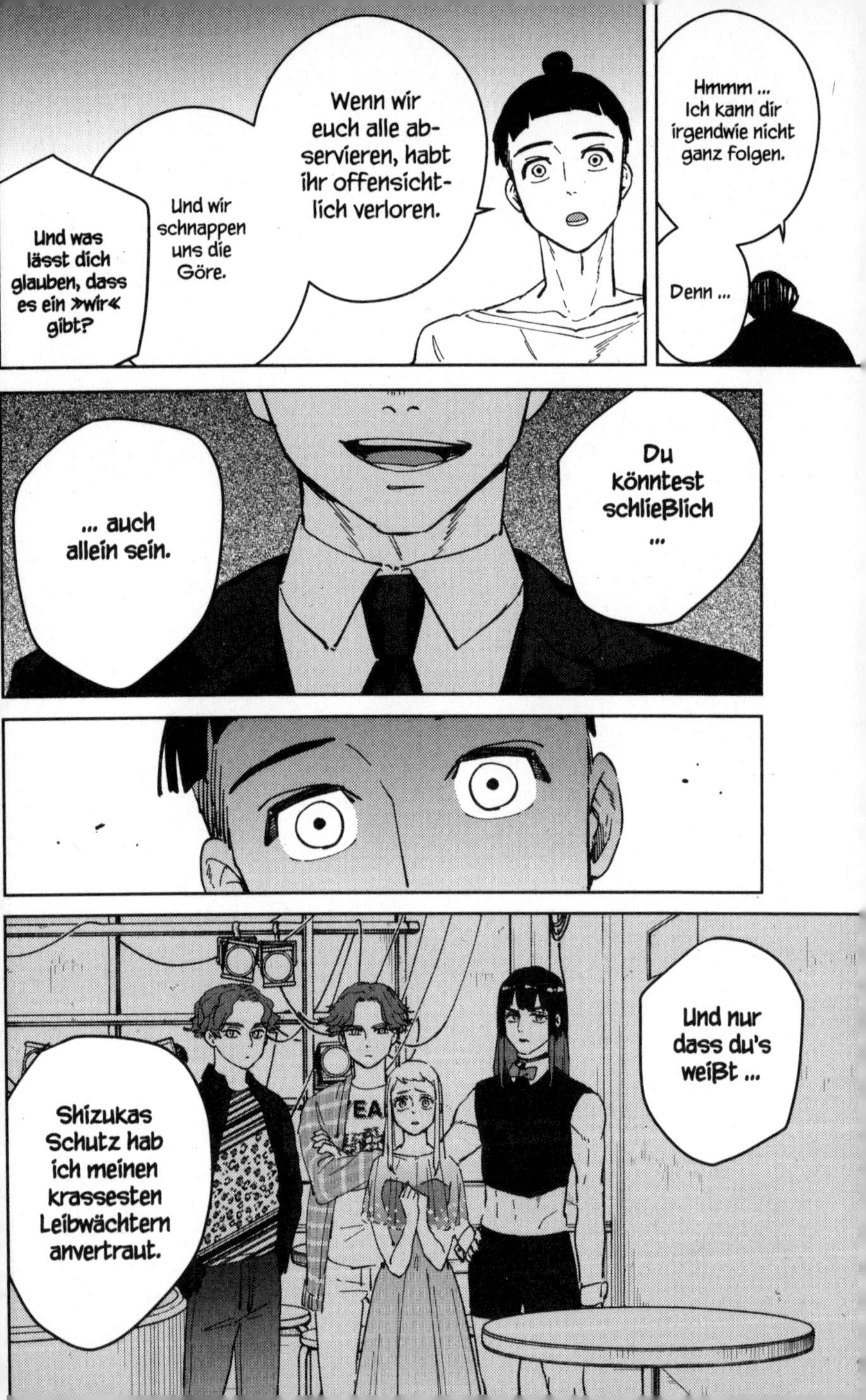
Wenn wir euch alle abservieren, habt ihr offensichtlich verloren.
Und wir schnappen uns die Göre.
Und was lässt dich glauben, dass es ein »wir« gibt?
Hmmm ... Ich kann dir irgendwie nicht ganz folgen.
Denn ...
Du könntest schließlich ...
... auch allein sein.
Und nur dass du's weißt ...
Shizukas Schutz hab ich meinen krassesten Leibwächtern anvertraut.

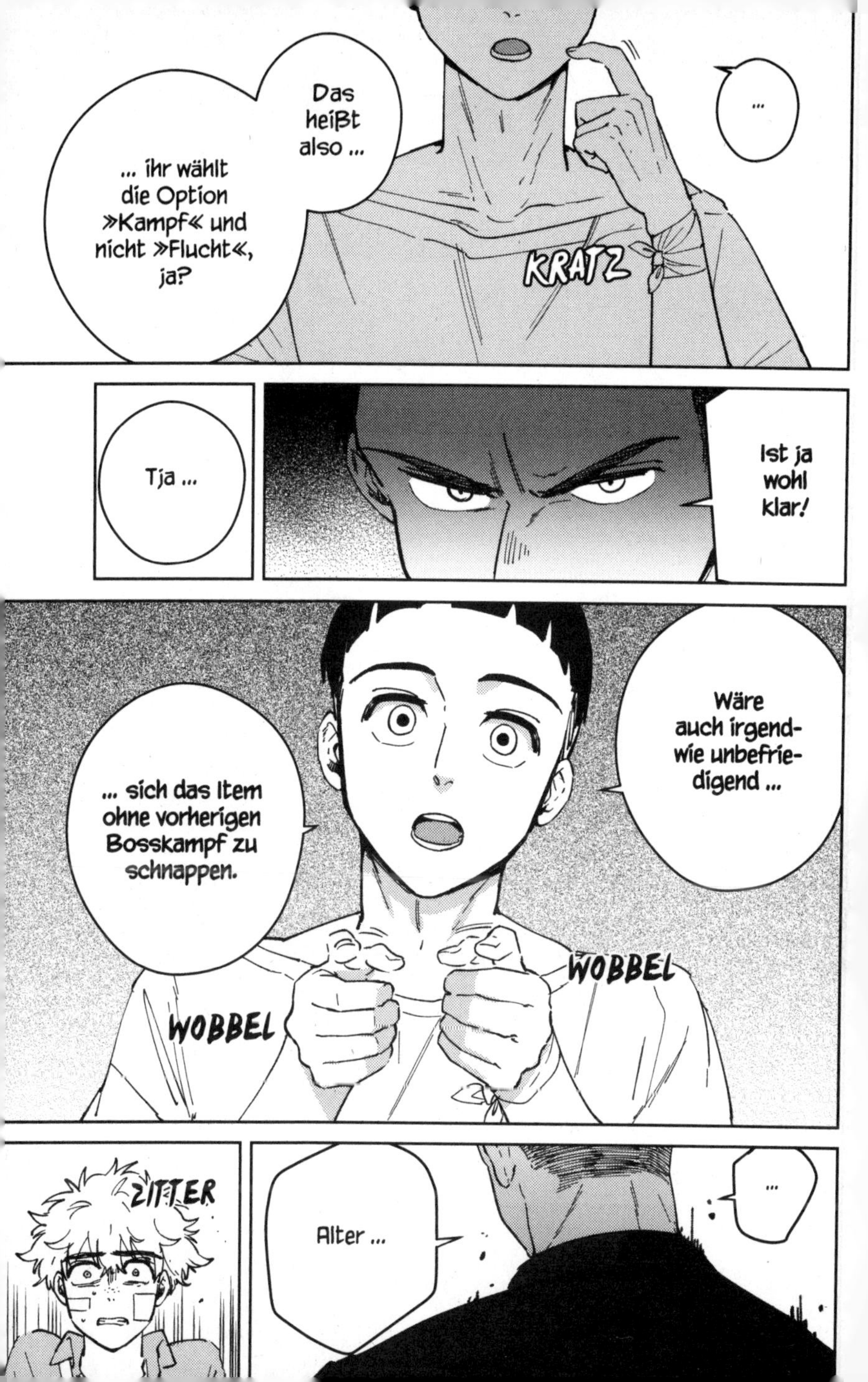
...
Das heißt also ...
... ihr wählt die Option »Kampf« und nicht »Flucht«, ja?
KRATZ
Ist ja wohl klar!
Tja ...
Wäre auch irgendwie unbefriedigend ...
... sich das Item ohne vorherigen Bosskampf zu schnappen.
WOBBEL
WOBBEL
...
Alter ...
ZITTER

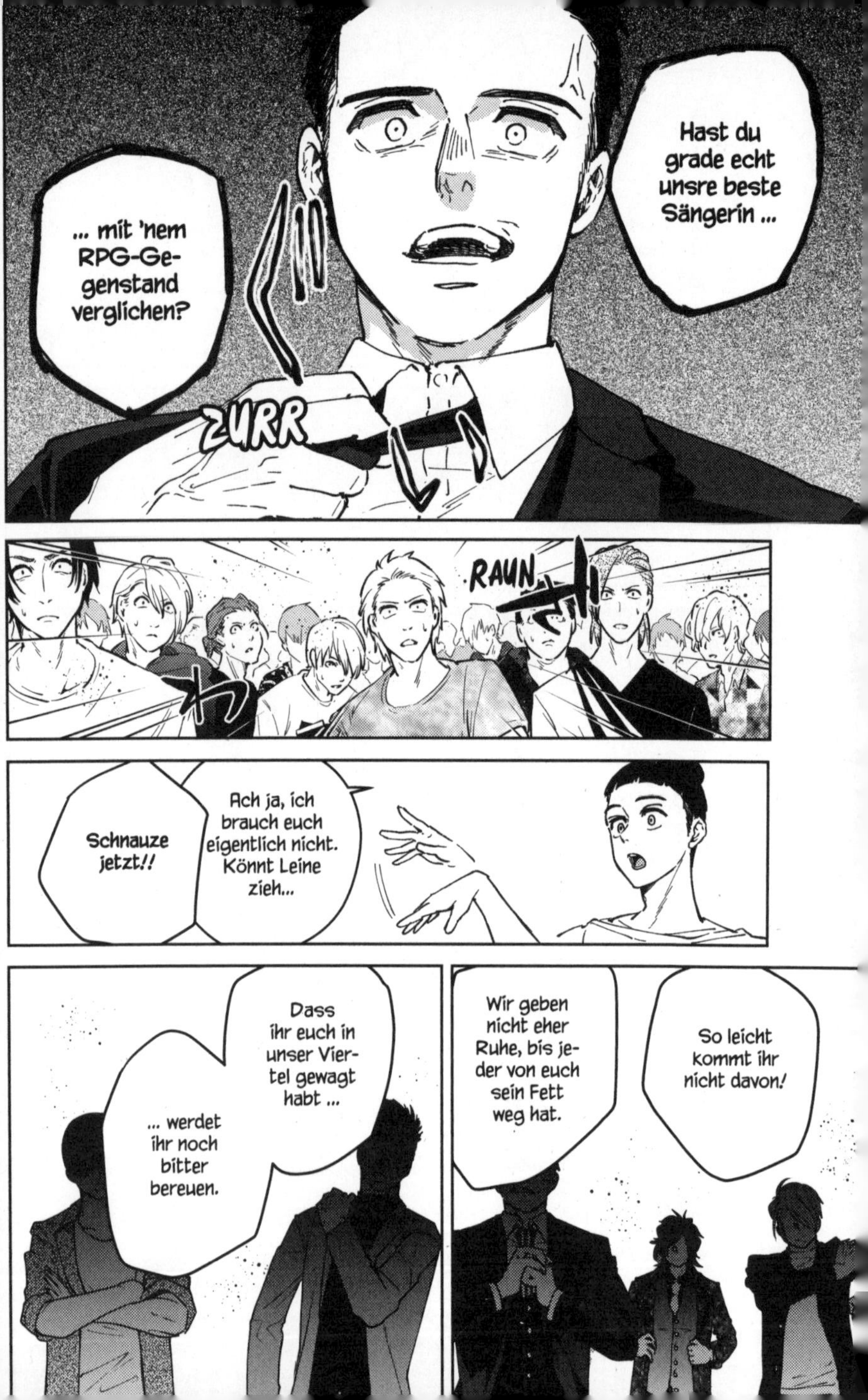
Hast du grade echt unsre beste Sängerin ...
... mit 'nem RPG-Gegenstand verglichen?
ZURR
RAUN
Ach ja, ich brauch euch eigentlich nicht. Könnt Leine zieh...
Schnauze jetzt!!
So leicht kommt ihr nicht davon!
Wir geben nicht eher Ruhe, bis jeder von euch sein Fett weg hat.
Dass ihr euch in unser Viertel gewagt habt ...
... werdet ihr noch bitter bereuen.

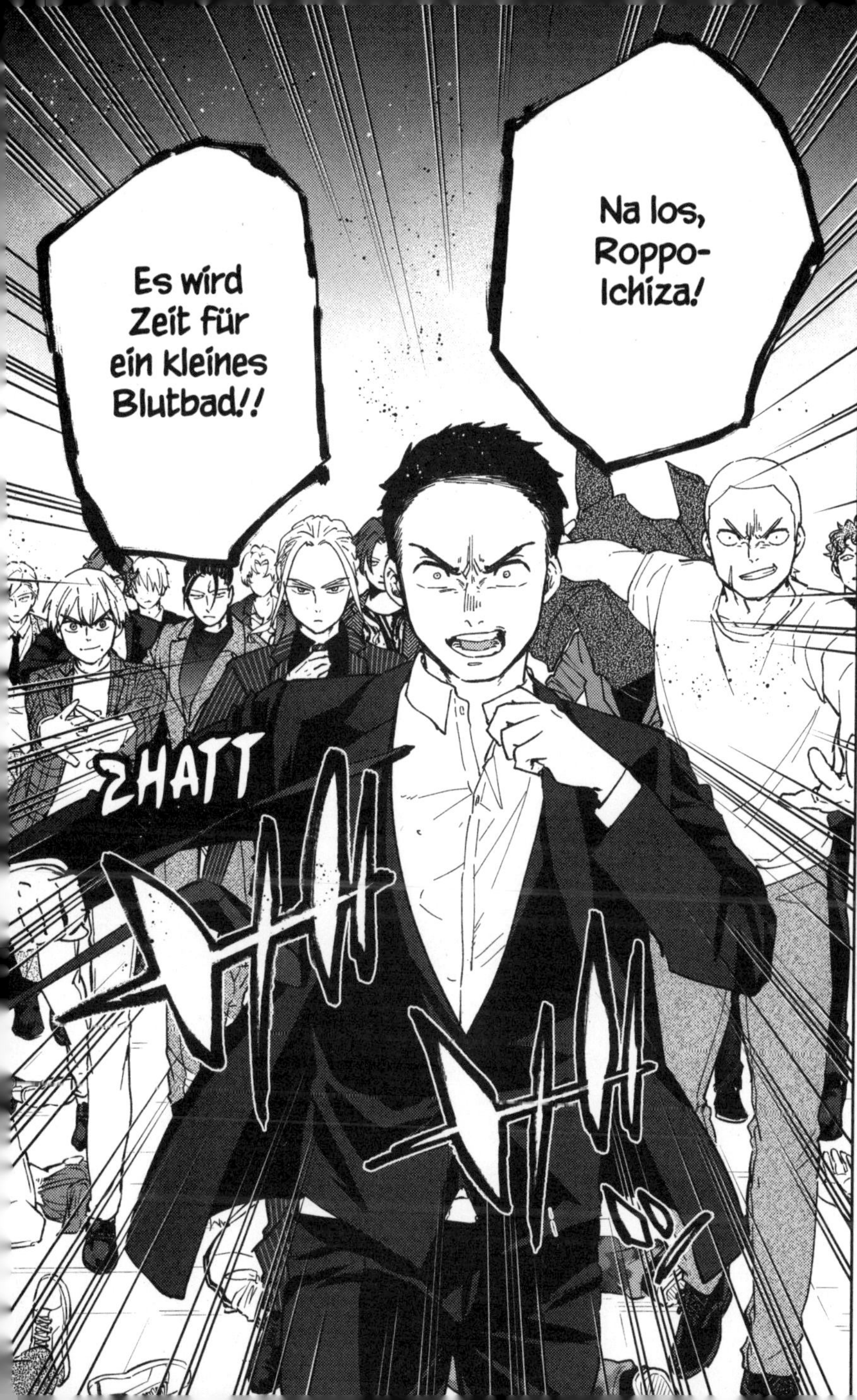
Na los, Roppo-Ichiza!
Es wird Zeit für ein kleines Blutbad!!
ZHATT

FORTSETZUNG FOLGT IN BAND 10!

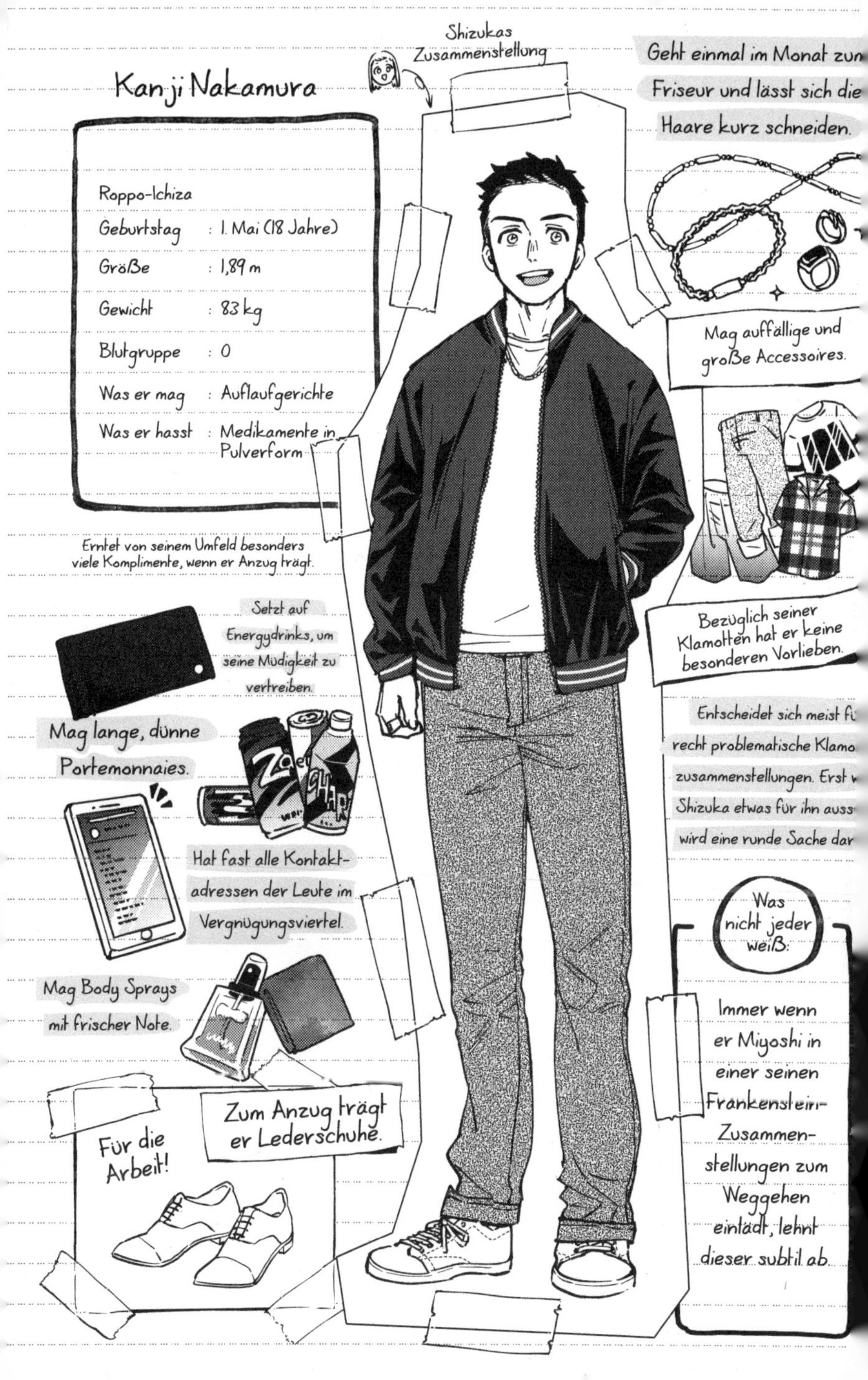

Kanji Nakamura
Shizukas Zusammenstellung
Roppo-Ichiza
Geburtstag : 1. Mai (18 Jahre)
Größe : 1,89 m
Gewicht : 83 kg
Blutgruppe : 0
Was er mag : Auflaufgerichte
Was er hasst : Medikamente in Pulverform
Erntet von seinem Umfeld besonders viele Komplimente, wenn er Anzug trägt.
Setzt auf Energydrinks, um seine Müdigkeit zu vertreiben.
Mag lange, dünne Portemonnaies.
Hat fast alle Kontaktadressen der Leute im Vergnügungsviertel.
Mag Body Sprays mit frischer Note.
Zum Anzug trägt er Lederschuhe.
Für die Arbeit!
Geht einmal im Monat zum Friseur und lässt sich die Haare kurz schneiden.
Mag auffällige und große Accessoires.
Bezüglich seiner Klamotten hat er keine besonderen Vorlieben.
Entscheidet sich meist fü recht problematische Klamo zusammenstellungen. Erst w Shizuka etwas für ihn auss wird eine runde Sache dar
Was nicht jeder weiß:
Immer wenn er Miyoshi in einer seinen Frankenstein-Zusammenstellungen zum Weggehen einlädt, lehnt dieser subtil ab.

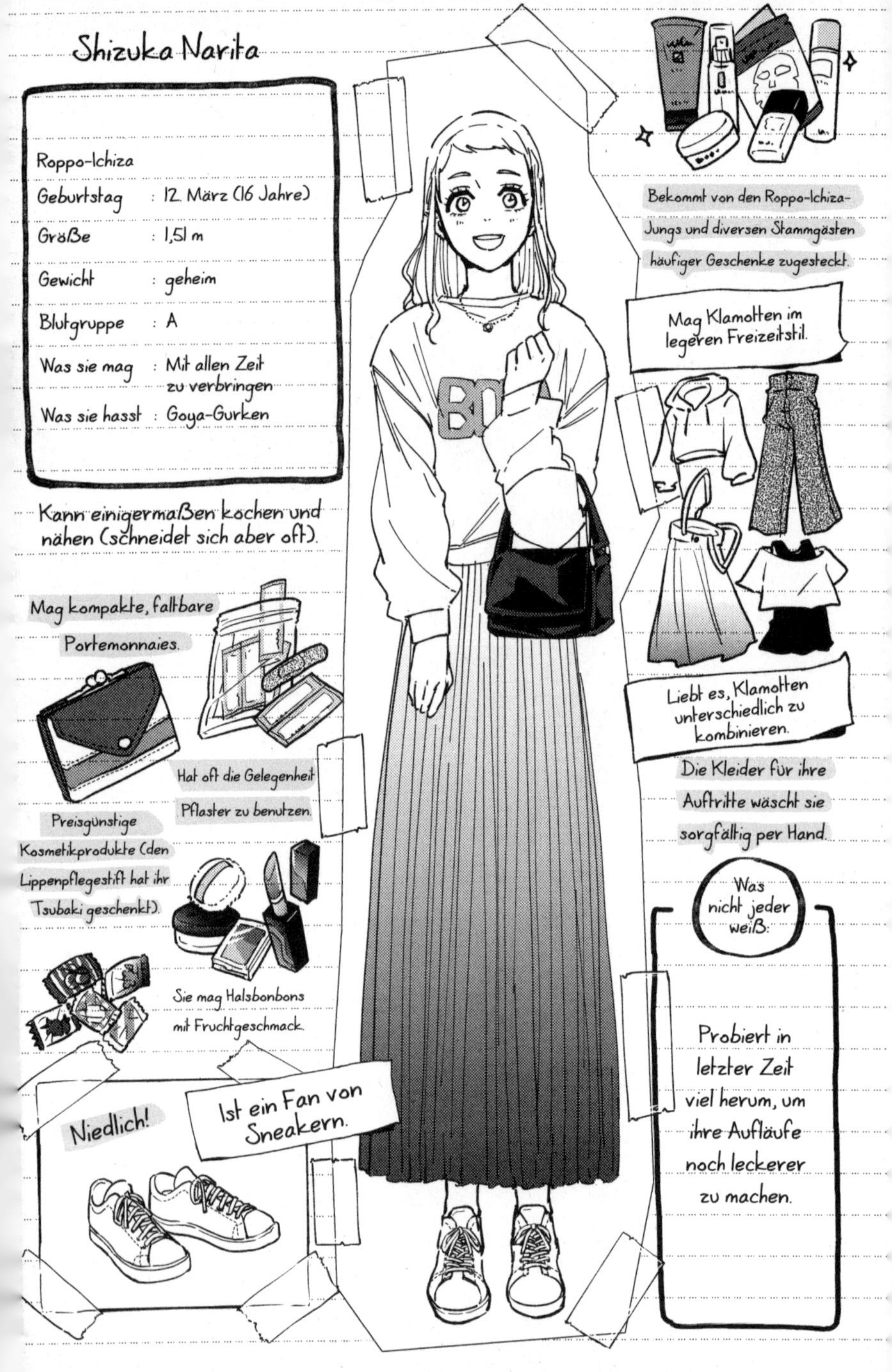
Shizuka Narita
Roppo-Ichiza
Geburtstag : 12. März (16 Jahre)
Größe : 1,51 m
Gewicht : geheim
Blutgruppe : A
Was sie mag : Mit allen Zeit zu verbringen
Was sie hasst : Goya-Gurken
Kann einigermaßen kochen und nähen (schneidet sich aber oft).
Mag kompakte, faltbare Portemonnaies.
Hat oft die Gelegenheit Pflaster zu benutzen.
Preisgünstige Kosmetikprodukte (den Lippenpflegestift hat ihr Tsubaki geschenkt).
Sie mag Halsbonbons mit Fruchtgeschmack.
Niedlich!
Ist ein Fan von Sneakern.
Bekommt von den Roppo-Ichiza-Jungs und diversen Stammgästen häufiger Geschenke zugesteckt.
Mag Klamotten im legeren Freizeitstil.
Liebt es, Klamotten unterschiedlich zu kombinieren.
Die Kleider für ihre Auftritte wäscht sie sorgfältig per Hand.
Was nicht jeder weiß.
Probiert in letzter Zeit viel herum, um ihre Aufläufe noch leckerer zu machen.

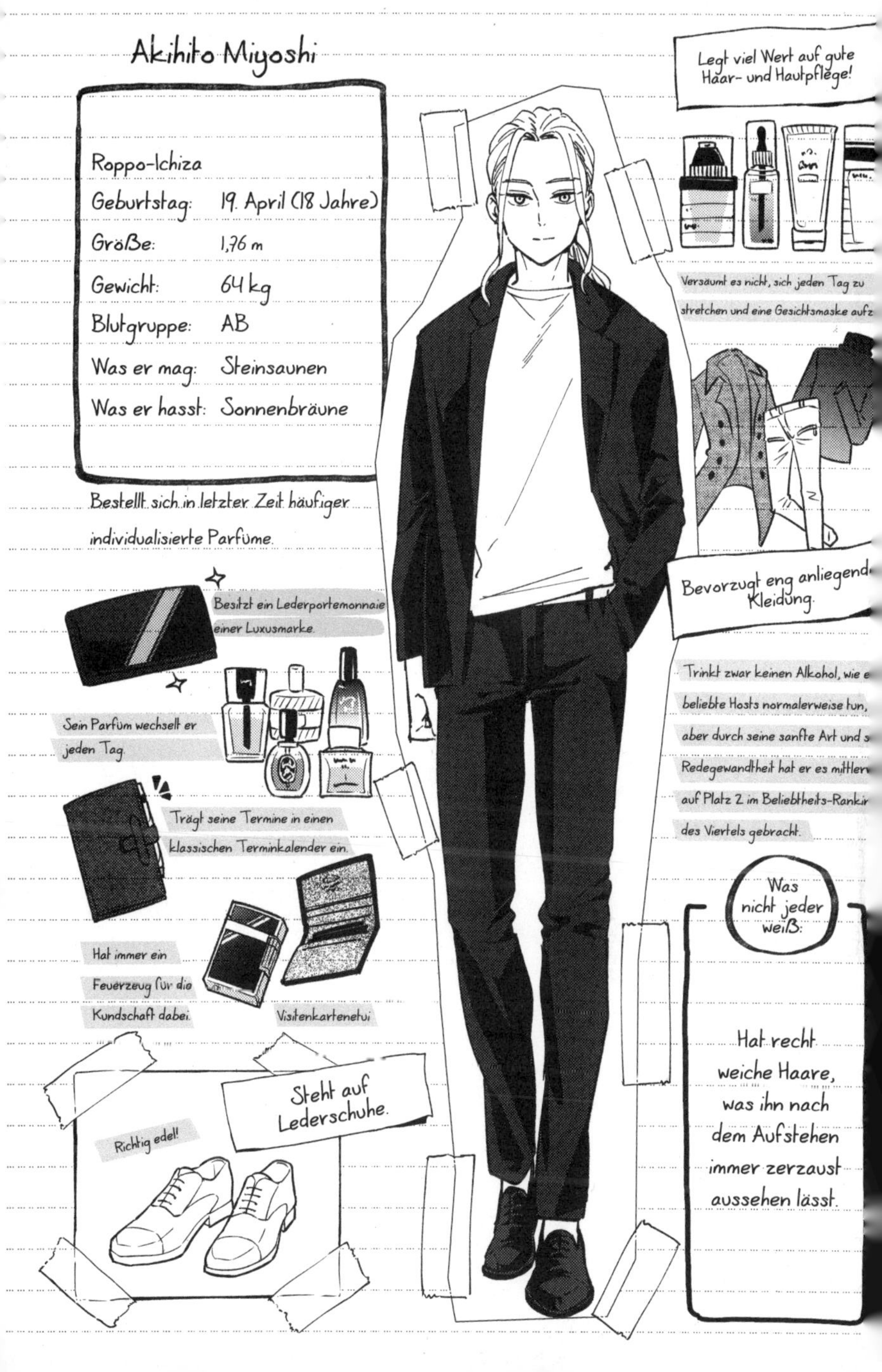
Akihito Miyoshi
Roppo-Ichiza
Geburtstag: 19. April (18 Jahre)
Größe: 1,76 m
Gewicht: 64 kg
Blutgruppe: AB
Was er mag: Steinsaunen
Was er hasst: Sonnenbräune
Bestellt sich in letzter Zeit häufiger individualisierte Parfüme.
Besitzt ein Lederportemonnaie einer Luxusmarke.
Sein Parfüm wechselt er jeden Tag.
Trägt seine Termine in einen klassischen Terminkalender ein.
Hat immer ein Feuerzeug für die Kundschaft dabei.
Visitenkartenetui
Steht auf Lederschuhe.
Richtig edel!
Legt viel Wert auf gute Haar- und Hautpflege!
Versäumt es nicht, sich jeden Tag zu stretchen und eine Gesichtsmaske aufz
Bevorzugt eng anliegend Kleidung.
Trinkt zwar keinen Alkohol, wie e beliebte Hosts normalerweise tun, aber durch seine sanfte Art und s Redegewandtheit hat er es mittler auf Platz 2 im Beliebtheits-Rankir des Viertels gebracht.
Was nicht jeder weiß:
Hat recht weiche Haare, was ihn nach dem Aufstehen immer zerzaust aussehen lässt.

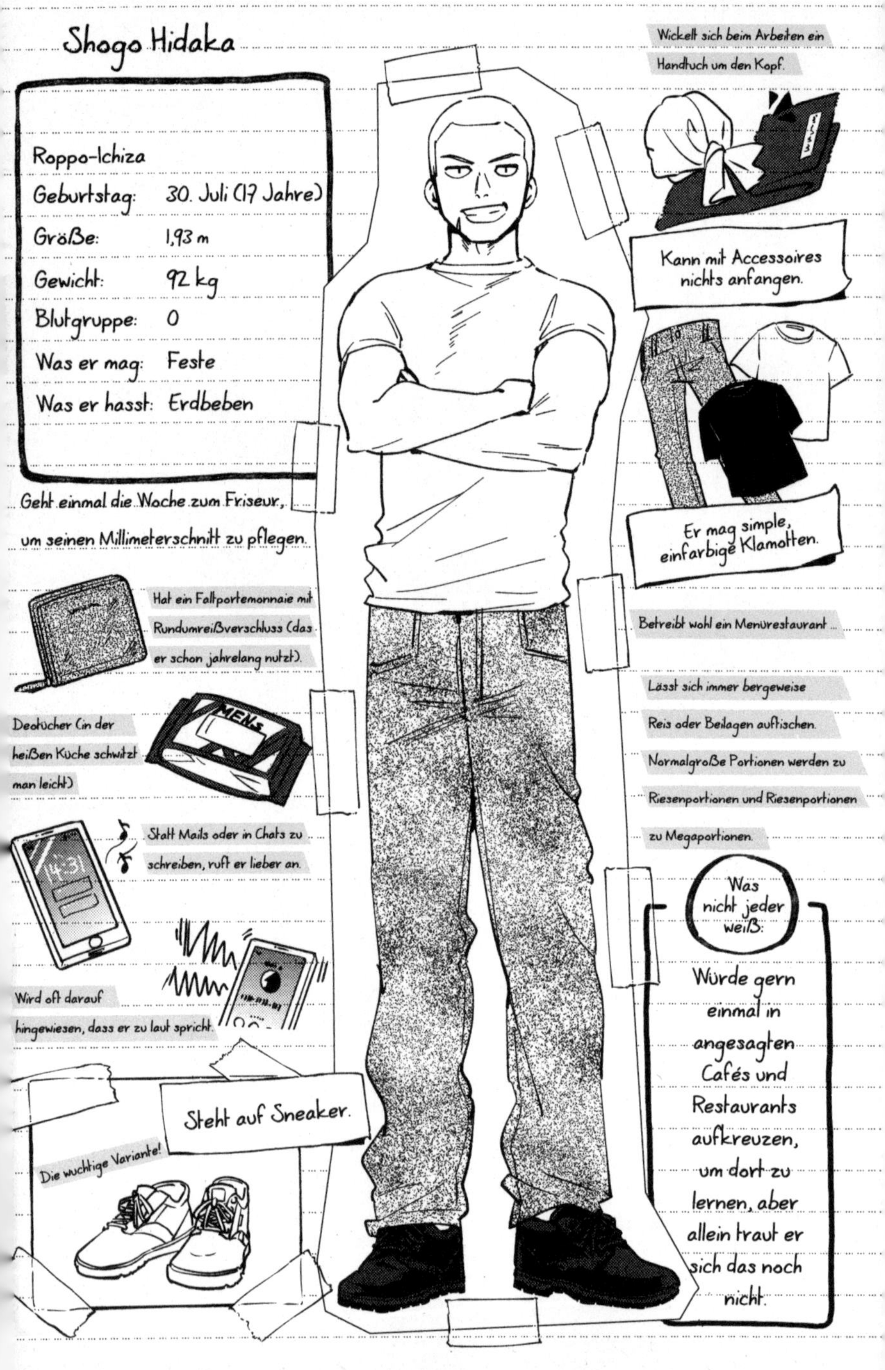
Shogo Hidaka
Roppo-Ichiza
Geburtstag: 30. Juli (17 Jahre)
Größe: 1,93 m
Gewicht: 92 kg
Blutgruppe: 0
Was er mag: Feste
Was er hasst: Erdbeben
Geht einmal die Woche zum Friseur, um seinen Millimeterschnitt zu pflegen.
Hat ein Faltportemonnaie mit Rundumreißverschluss (das er schon jahrelang nutzt).
MENs
Deotücher (in der heißen Küche schwitzt man leicht)
14:31
Statt Mails oder in Chats zu schreiben, ruft er lieber an.
Wird oft darauf hingewiesen, dass er zu laut spricht.
Steht auf Sneaker.
Die wuchtige Variante!
Wickelt sich beim Arbeiten ein Handtuch um den Kopf.
Kann mit Accessoires nichts anfangen.
Er mag simple, einfarbige Klamotten.
Betreibt wohl ein Menürestaurant ...
Lässt sich immer bergeweise Reis oder Beilagen auftischen. Normalgroße Portionen werden zu Riesenportionen und Riesenportionen zu Megaportionen.
Was nicht jeder weiß:
Würde gern einmal in angesagten Cafés und Restaurants aufkreuzen, um dort zu lernen, aber allein traut er sich das noch nicht.

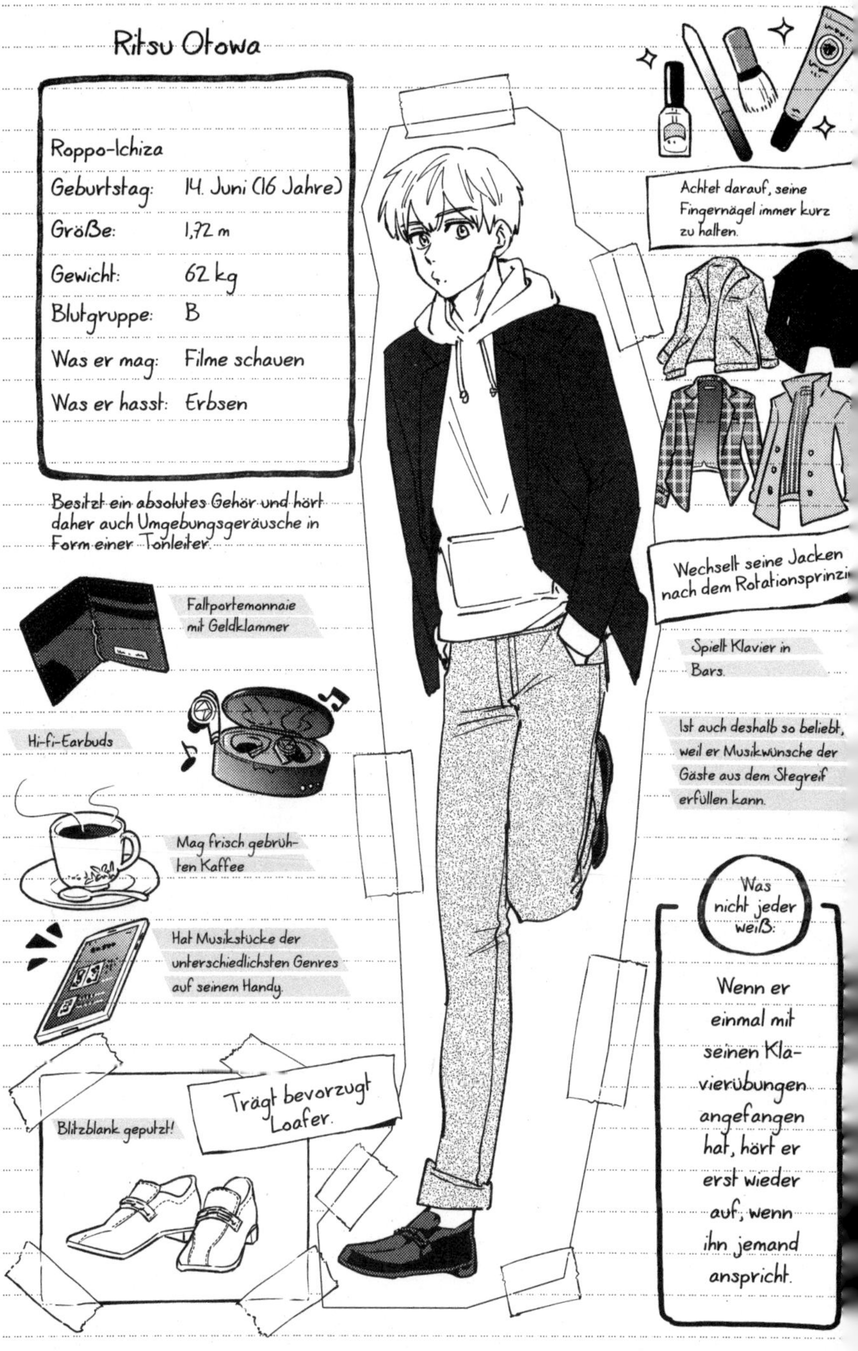

Ritsu Otowa
Roppo-Ichiza
Geburtstag: 14. Juni (16 Jahre)
Größe: 1,72 m
Gewicht: 62 kg
Blutgruppe: B
Was er mag: Filme schauen
Was er hasst: Erbsen
Besitzt ein absolutes Gehör und hört daher auch Umgebungsgeräusche in Form einer Tonleiter.
Faltportemonnaie mit Geldklammer
Hi-fi-Earbuds
Mag frisch gebrühten Kaffee
Hat Musikstücke der unterschiedlichsten Genres auf seinem Handy.
Blitzblank geputzt!
Trägt bevorzugt Loafer.
Achtet darauf, seine Fingernägel immer kurz zu halten.
Wechselt seine Jacken nach dem Rotationsprinzi
Spielt Klavier in Bars.
Ist auch deshalb so beliebt, weil er Musikwünsche der Gäste aus dem Stegreif erfüllen kann.
Was nicht jeder weiß:
Wenn er einmal mit seinen Klavierübungen angefangen hat, hört er erst wieder auf, wenn ihn jemand anspricht.

Roppo-Ichiza:

Eine Truppe aus Jugendlichen, die sich im Vergnügungsviertel ihren Lebensunterhalt verdienen. Haben es sich auf die Fahne geschrieben, das Viertel zu einem sicheren und angenehmen Ort zu machen.

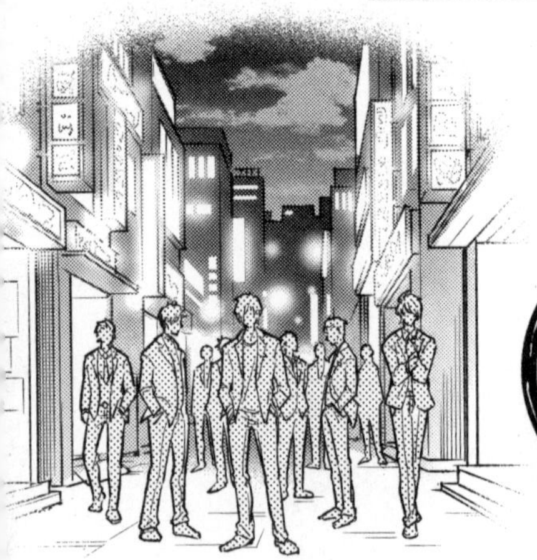

Ihr Erkennungszeichen sind Anzüge und Krawattennadeln mit Roppo-Ichiza-Emblem.

Krawattennadeln

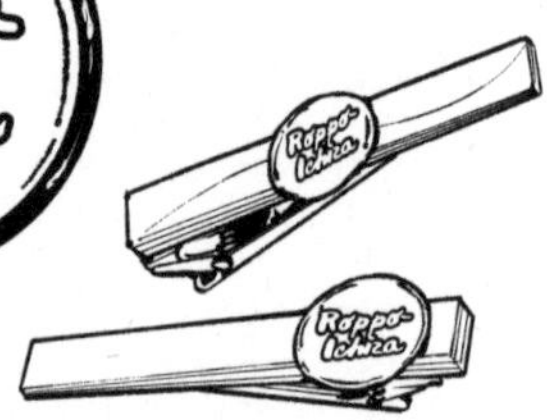

Sie betätigen sich auch als Bodyguards für die Mädels des Viertels und greifen etwa ein, wenn es bei Begrüßung oder Verabschiedung der Gäste Stress gibt.

Sie schlichten Streits.

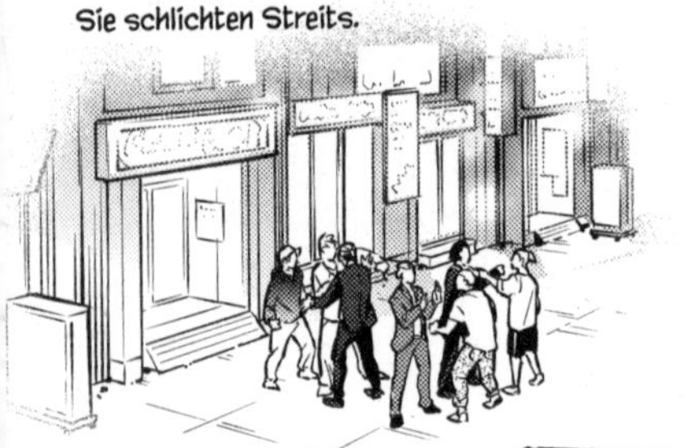

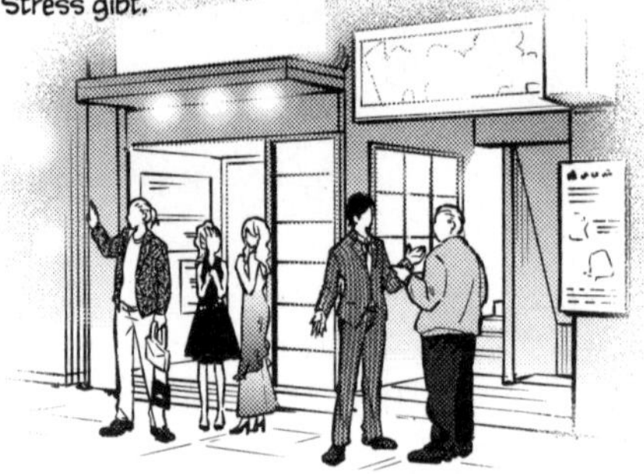

Sie helfen im Lager und bei Warenlieferungen.

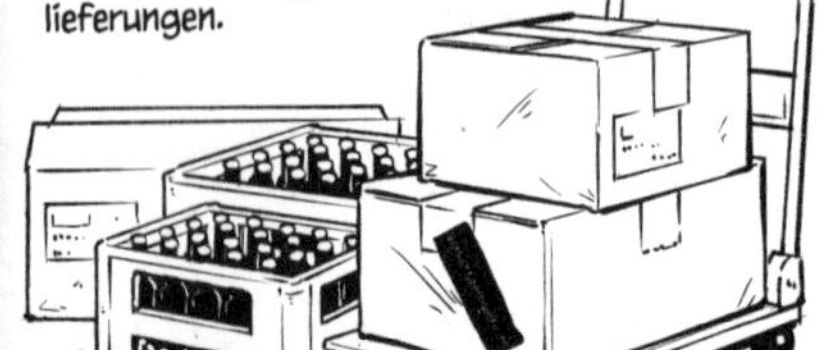

Bei Tagesanbruch säubern sie das Viertel.

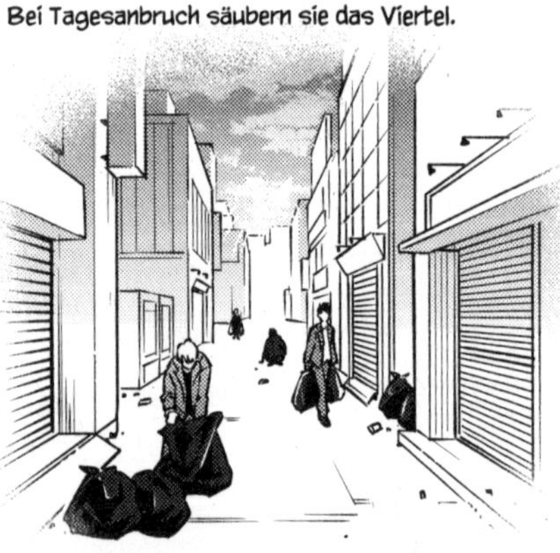

Sorgen außerdem dafür, dass betrunkene Gäste sicher nach Hause kommen (Stichwort: Taxiarrangement) oder springen ein, wenn in irgendeinem Etablissement Personalmangel herrscht.

Das Vergnügungsviertel:

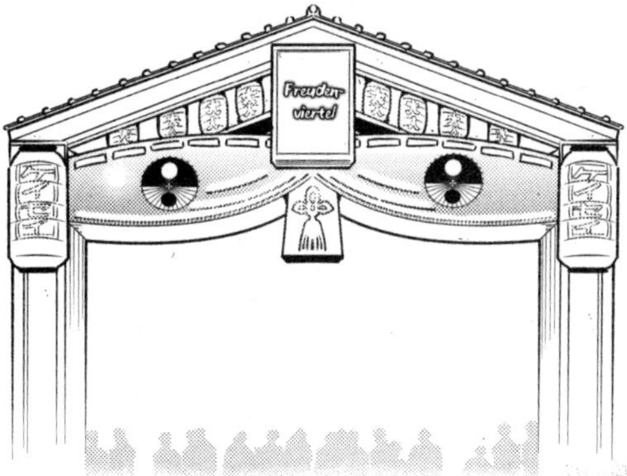

Von Kneipen, Imbissbuden, Maid-Cafés bis hin zu Karaokebars und Show-Pubs gibt es hier alles, was das Unterhaltungsherz begehrt. Der Strom an Menschen reißt nie ab.

Egal ob jung oder alt, in diesem Viertel, das niemals schläft, hat einfach jeder eine gute Zeit und die Alltagssorgen sind vergessen.

◇ Show-Pub OUGI ◇

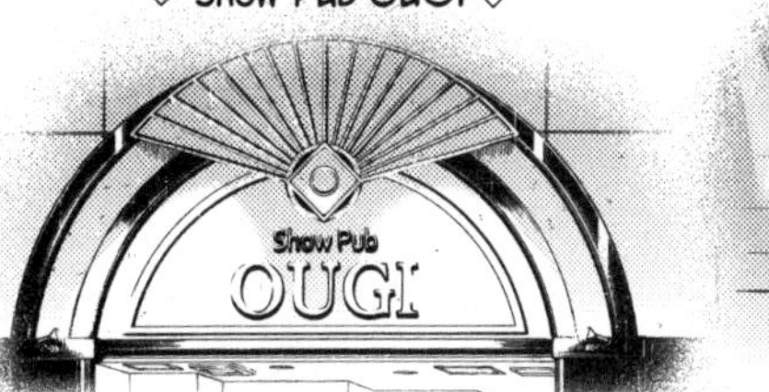

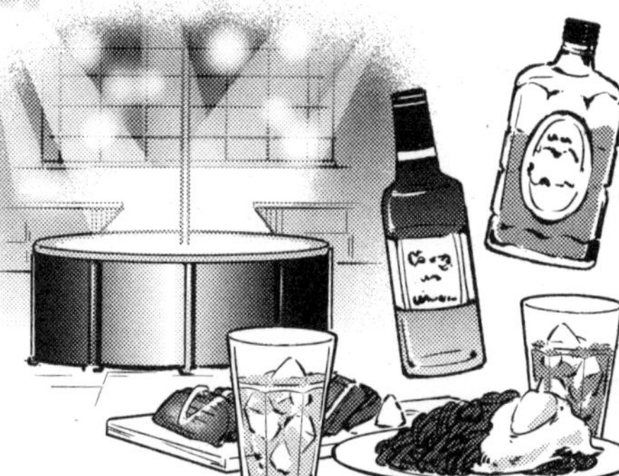

Ein beliebter Pub, in dem regelmäßig Live-Auftritte wie Tanz- oder Gesangsperformances stattfinden und man Essen und Alkohol genießen kann.

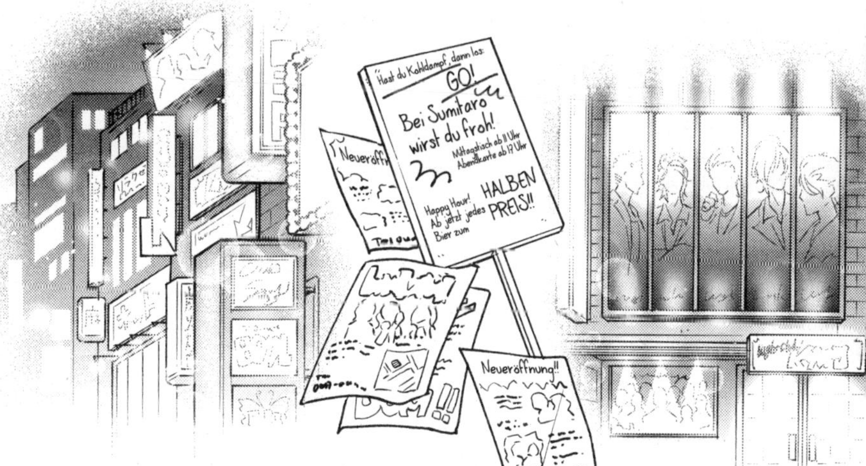

Beim Blick nach oben reiht sich eine grelle Neonreklame an die nächste.

Je länger man sich dort aufhält, desto mehr Flyer bekommt man in die Hand gedrückt.

Und das sind noch längst nicht alle Läden, die es dort gibt! Die Vielfalt ist grenzenlos!

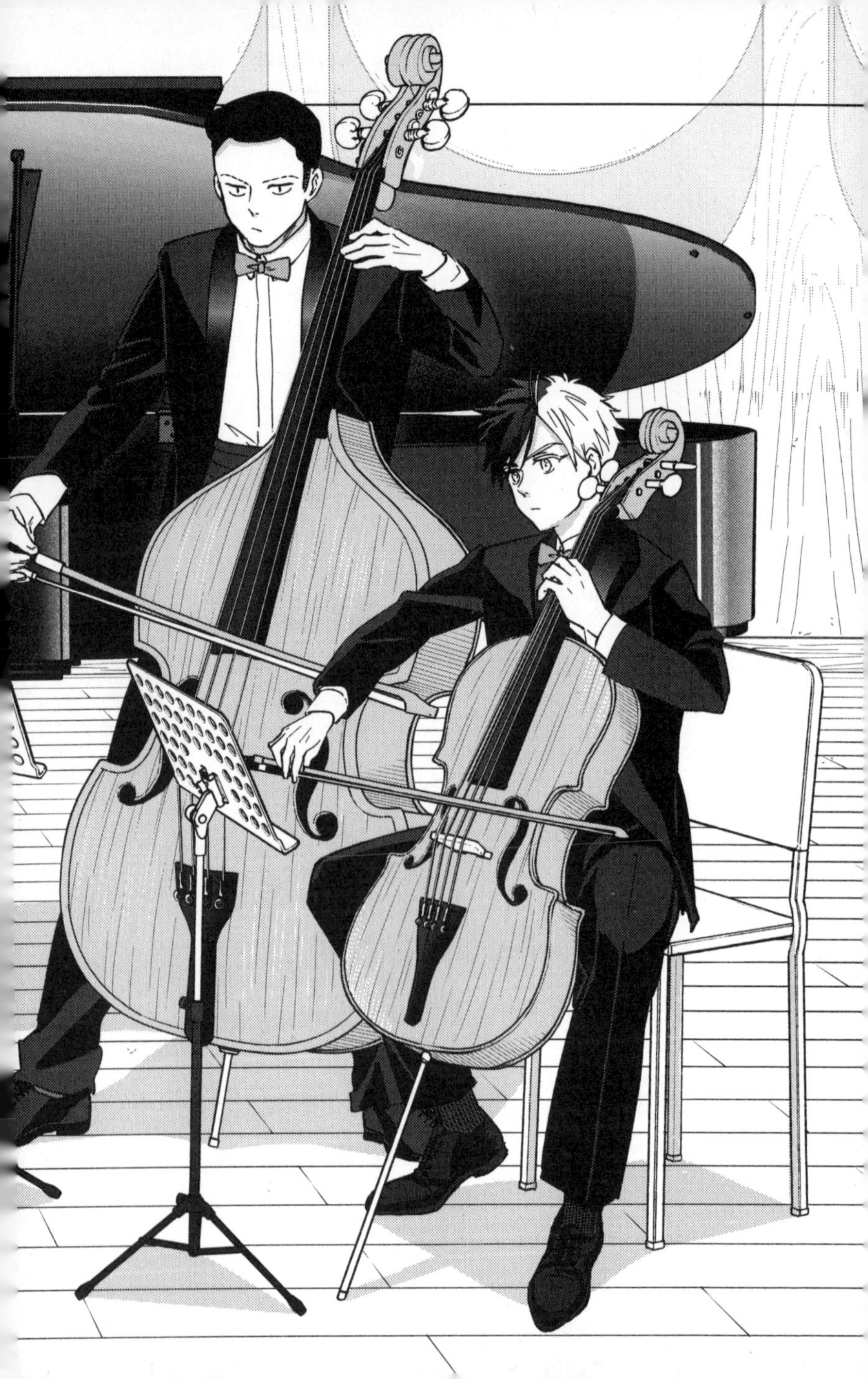

ANOTHER STYLE COLLECTION VOL.5 **WIND BREAKER**

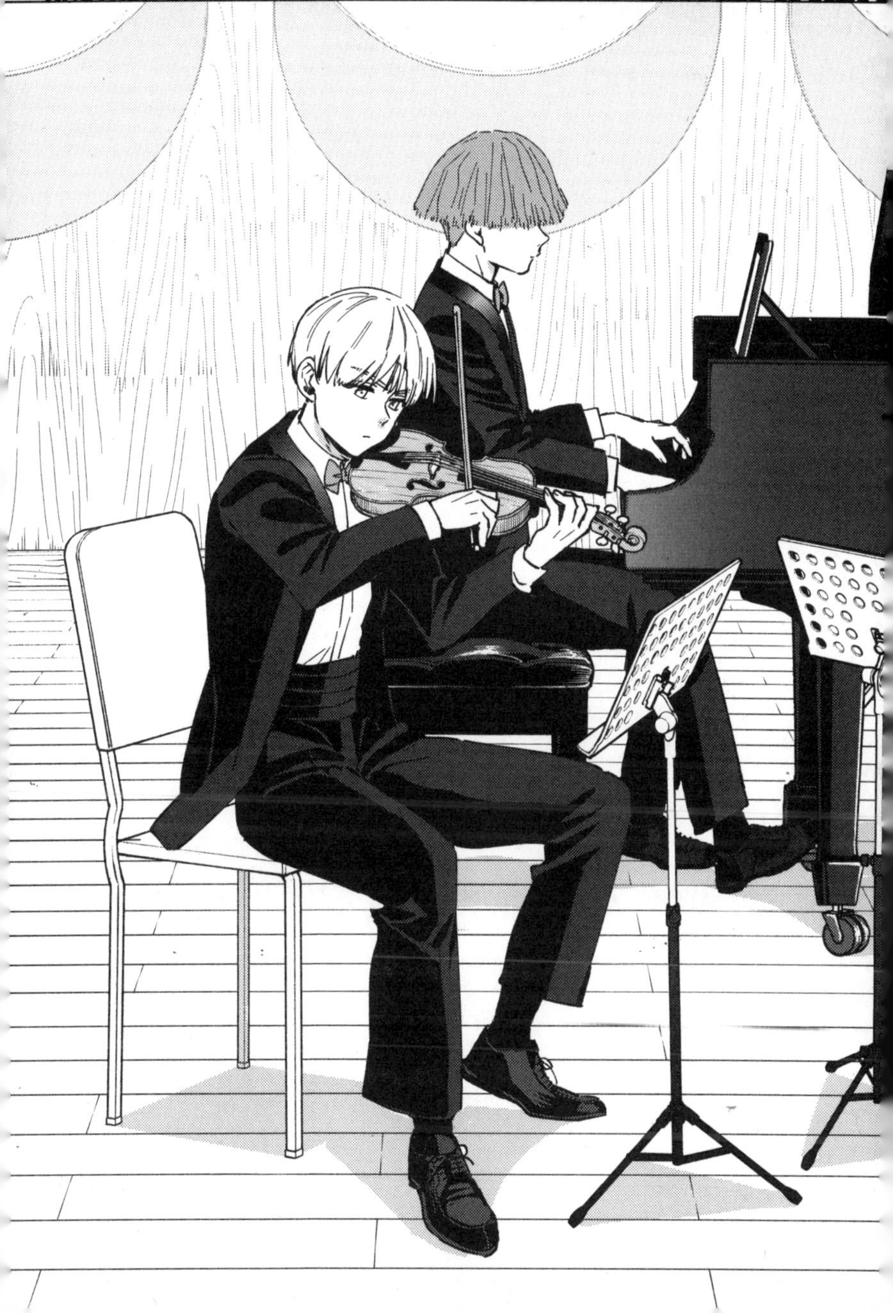

Immer mehr GRAVEL-Mitglieder bauen sich vor den Wind Breakern und Roppo-Ichiza auf.

IM NÄCHSTEN BAND

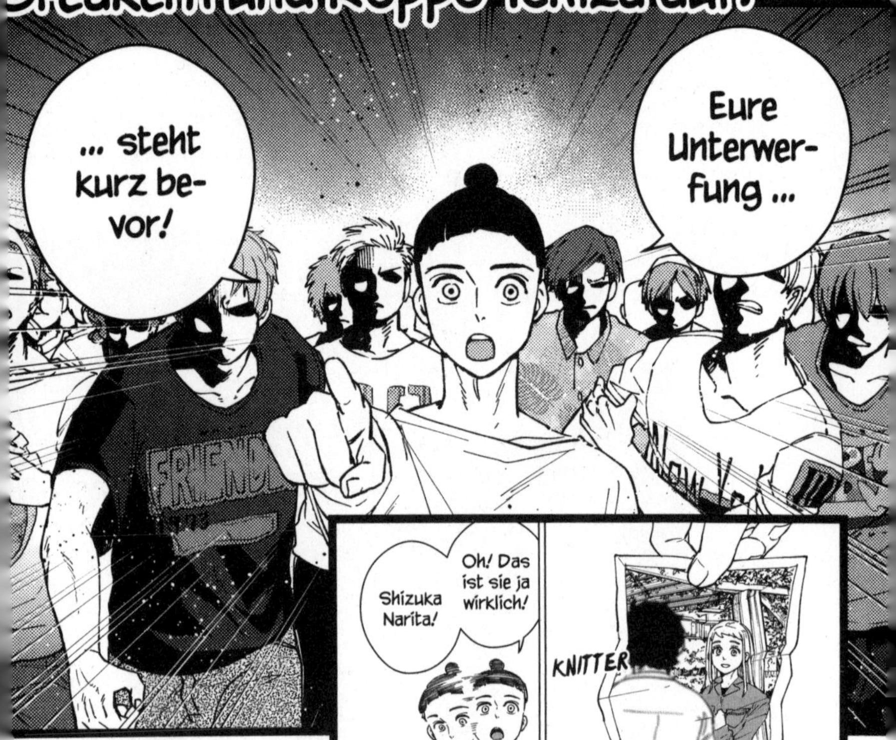

Was wollen sie nur von Shizuka?

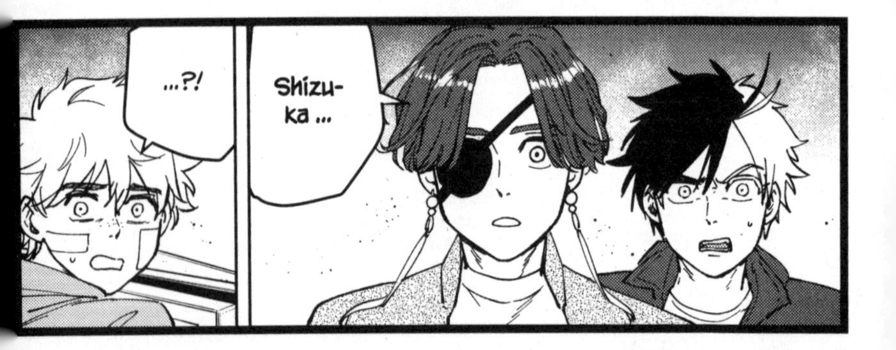

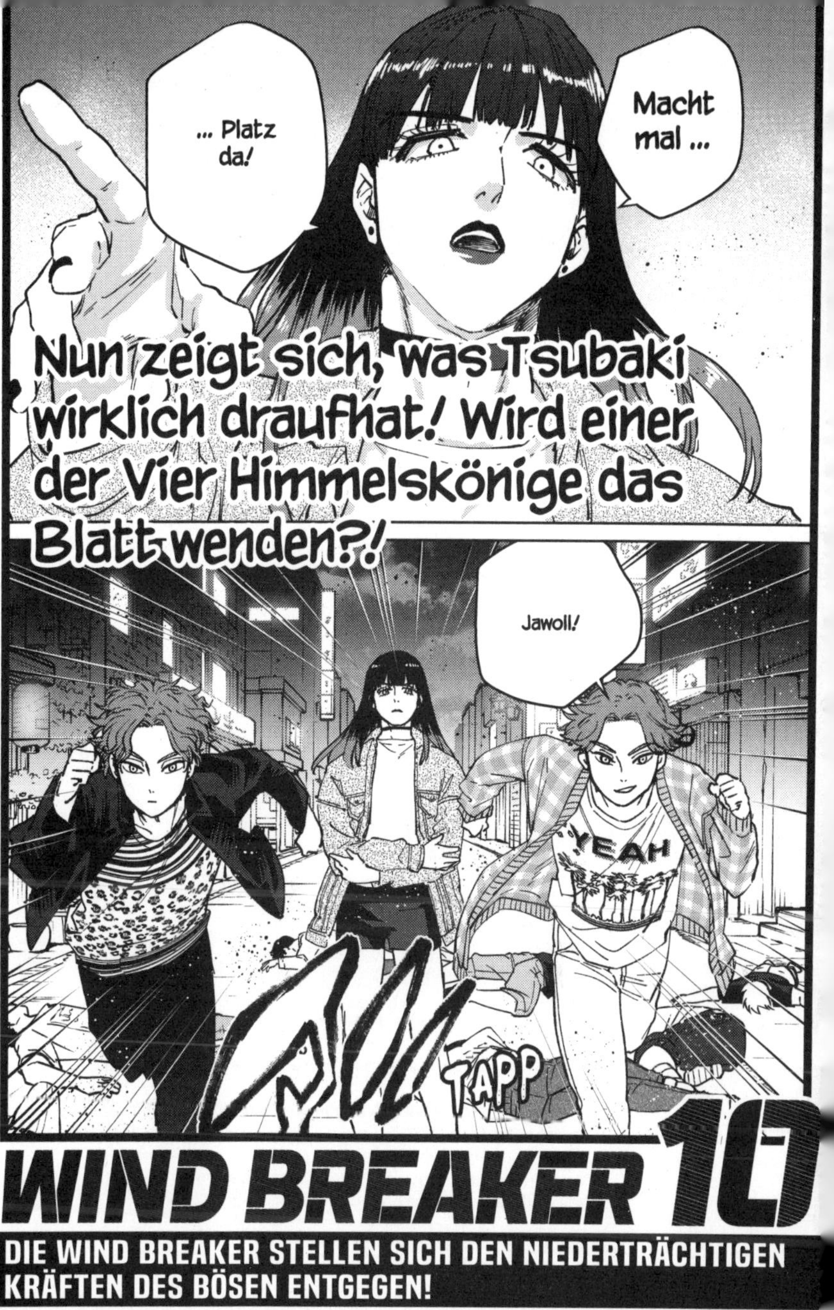
Macht mal ...
... Platz da!
Nun zeigt sich, was Tsubaki wirklich draufhat! Wird einer der Vier Himmelskönige das Blatt wenden?!
Jawoll!
TAPP
WIND BREAKER 10
DIE WIND BREAKER STELLEN SICH DEN NIEDERTRÄCHTIGEN KRÄFTEN DES BÖSEN ENTGEGEN!
BAND 10, BALD ÜBERALL ERHÄLTLICH!

TOKYOPOP GmbH
Hamburg

TOKYOPOP
2. Auflage, 2026
Deutsche Ausgabe/German Edition
WIND BREAKER
is published in the German language by TOKYOPOP
under an exclusive license granted by KODANSHA LTD.
2024 TOKYOPOP GmbH, Curienstraße 2, 20095 Hamburg
Aus dem Japanischen von Jan-Christoph Müller

KODANSHA

Redaktion: Sabine Scholz
Lettering: Vibrant Publishing Studio
Herstellung: Annika Meyer-Wülfing, Shujun Wong
GPSR: produktsicherheit@tokyopop.de
Druck und buchbinderische Verarbeitung:
CPI – Clausen & Bosse GmbH, Leck
Printed in Germany

MIX Papier FSC FSC® C083411

Wir achten auf die Umwelt.
Dieses Produkt besteht aus FSC®-zertifizierten
und anderen kontrollierten Materialien.

ISBN 978-3-7593-0091-1

www.tokyopop.de